LOFOTEN VESTERÅLEN

DUMONT REISE-TASCHENBUCH

Vordere Umschlagklappe: Lofoten

Hintere Umschlagklappe: Vesterålen

Claudia Banck
LOFOTEN
VESTERÅLEN
DUMONT

Titelbild: Hamnøy auf Moskenesøy liegt idyllisch am Auslauf des Reinefjordes
Umschlaginnenklappe vorne: Sommervergnügen am Strand von Rørvik auf Austvågøy, im Hintergrund ein Gebirgszug der Insel Vestvågøy
Umschlaginnenklappe hinten: Mit seinen schönen Rorbuer gehört das malerisch gelegene Fischerdorf Nusfjord (Flakstadøy) zu den erhaltenswerten Kulturdenkmälern
Umschlagrückseite: Grandios ist der Blick vom Reinebriggen auf die Örtchen Reine und Hamnøy (Moskenesøy; oben); Bootshäuser am Eidsfjord auf Langøya im Schein der Mitternachtssonne (Mitte); traditionelles Nordlandboot vor Reine (unten)
Vignette S. 1: Kathedralen gleich erheben sich überall auf den Inseln Holzgerüste zum Trocknen des Stockfisches
Abbildung S. 2/3: Borge auf Vestvågøy – eine alte Wikingersiedlung

Über die Autorin: Claudia Banck, geboren 1960, studierte Skandinavistik, Geschichte und Germanistik und arbeitet heute als freie Übersetzerin und Autorin in Schwerin. Bei DuMont erschienen von ihr die Reise-Taschenbücher ›Norwegens Fjordland‹, ›Ostfriesische Inseln und Nordseeküste‹ sowie ›Sylt, Föhr, Amrum‹.

4., aktualisierte Auflage 2000

Umschlaggestaltung: Groschwitz, Hamburg
Satz und Druck: Rasch, Bramsche
Buchbinderische Verarbeitung: Bramscher Buchbinder Betriebe

Printed in Germany ISBN 3-7701-2845-1

INHALT

LAND & LEUTE

Natur, Umwelt, Wirtschaft

Geschichte, Gesellschaft, Kunst und Kultur

UNTERWEGS
AUF DEN INSELN

Lofoten

Südzipfel der Lofoten

Vesterålen

TIPS & ADRESSEN

LAND & LEUTE

»Das Lofotgebirge beginnt sich blau zu färben. Ich weiß nicht, was schöner ist – ... wenn du es in der Ferne liegen siehst wie eine einzige tiefblaue Mauer mit tausend Türmen darauf ... oder wenn du dich ihm näherst und siehst, wie die Mauer sich öffnet, wie jeder Gipfel ein eigener Berg wird, einer wilder als der andere.«

Bjørnstjerne Bjørnson

Natur und Wirtschaft

Archipele des Lichts – vom Golfstrom gewärmt

Berge, Strände und Gezeitenströme

Vogelfelsen – Millionenstädte im Meer

Der legendäre Lofotfischfang

Argumente der Walfänger

Auf Lofotfischfang

Geographie

Die beiden nordnorwegischen Inselgruppen der Lofoten und der Vesterålen erstrecken sich etwa 100–300 km nördlich des Polarkreises über drei Breitengrade, den 67.–69., und verlaufen in einem leichten Bogen von Nordosten nach Südwesten vom Festland weg in das offene Nordmeer. Die hintereinandergereihten, gen Westen schmaler werdenden Lofot-Inseln liegen südlich der ineinander verzahnten, von tiefen Fjorden durchschnittenen Vesterål-Inseln. Sie sind vom Festland durch den Vestfjord getrennt. Die westlichste Lofot-Inselgruppe, Røst, liegt etwa 100 km von der Küste entfernt. Der Abstand zwischen der Insel Skomvær, dem äußersten, südwestlichsten Zipfel der Lofoten, und dem nördlichsten Punkt der Vesterål-Inseln, Andenes auf der Insel Andøya, beträgt ca. 270 km Luftlinie.

Der Name **Lofoten** (von altschwedisch *ló,* Luchs und altnordisch *fotr,* Fuß) bezeichnete ursprünglich nur die Insel Vestvågøy. Heute zählen die Insel Austvågøy, Gimsøy, Vestvågøy, Flakstadøy, Moskenesøy, Værøy, Røst sowie Skrova und Store Molla zu den Lofoten. Auch die Südwestspitze von Hinnøya, der größten Insel Norwegens, gehört administrativ zu den Lofoten, während der nördliche Teil von Austvågøy den Vesterålen zugeordnet ist. Die Gesamtfläche der Inselgruppe umfaßt 1227 km^2, die Entfernung zwischen der Lofothauptstadt Svolvær im nordöstlichen Teil der Lofoten und Å am südwestlichsten mit dem Auto zu erreichenden Lofotzipfel beträgt 130 km.

Der Name **Vesterålen** (altnordisch *Vestrálar,* vermutlich zusammengesetzt aus *vest, vestri,* Westen, und *áll,* Streifen, also ›Streifen im Westen‹) bezeichnete wahrscheinlich zunächst nur den westlichen Teil der stark zergliederten Insel Langøya. Die Inselgruppe mit einer Gesamtfläche von 2368 km^2 besteht aus Langøya, Norwegens drittgrößter Insel, Andøya, Hadseløya, dem westlichen Teil von Hinnøya, dem nördlichen Teil von Austvågøy sowie Skogsøya und den Vestbygd-Inseln. Die Entfernung zwischen dem nördlichsten Punkt, Andenes auf Andøya, und dem südlichsten Ort, Melbu auf Hadseløya, beträgt 150 km.

Geologisch betrachtet sind die Lofoten und Vesterålen ausgesprochen interessant. Die Inselgebirge sind zum Teil über 3 Mrd. Jahre alt, die verschiedenen Gesteinsarten gehören sowohl zu den ältesten wie zu den jüngsten, die es in Norwegen gibt. Auf Andøya hat man die jüngsten, etwa 120–150 Mio. Jahre alten Gesteinsarten gefunden, sie stammen aus der Jura- und Kreidezeit und enthalten Kohleschichten und viele Fossilien. Allgemein aber dominieren Gesteine wie Gneise, Mangerite und Granite, die zum Teil vor mehreren Milliarden Jahren entstanden und sehr

Nordnorwegen, Provinz Nordland

hart sind, im Gegensatz zum Gabbro, einer dunklen, leicht verwitternden Gesteinsart, die überall auf den Inseln verstreut anzutreffen ist und Pflanzen einen guten Nährboden bietet.

In den Zwischeneiszeiten gruben sich lokale Gletscher und Flüsse in die Berge und schufen eine alpine Landschaft mit tiefeingeschnittenen Tälern, scharfen Graten, spitzen Gipfeln und bizarren Felsformationen, die heute das dramatische Bild der Lofoten prägen. Inmitten dieser Landschaft liegen zahlreiche Bergseen, die – im Verhältnis zu ihrer geringen Oberfläche – zu den tiefsten der Welt gehören.

Die Inseln sind ausgesprochen zerklüftet und von Fjorden zerschnitten, einige sind so zerglie

Steckbrief Nordland

Regionen	Vesterålen, Ofoten, Lofoten, Indre und Ytre Salten, Rana und Hemnes, Ytre Helgeland, Vefsn, Sør-Helgeland
Verwaltungszentrum	Bodø
Fläche	38 237 km^2
Inseln	18 414
Seen	28 095
Straßennetz	8756 km
Brücken	12 000
Bevölkerung 1997	240 000
1970	243 000
Bevölkerungsdichte	6,6 Ew/km^2
– Lofoten	ca. 20 Ew/km^2
Anteil der Beschäftigten	
– Landwirtschaft/Fischerei	12,1 %
– Industrie	18,7 %
– Bauwesen	8,3 %
– Dienstleistungsbereich	59,8 %

dert, daß auf der Landkarte nur schwer zu erkennen ist, wo die eine aufhört und die andere anfängt. Zwischen den einzelnen Inseln befinden sich zum Teil starke Gezeitenströme, von denen der Moskenesstraumen, der sogenannte ›Mahlstrom‹, zwischen Værøy und Moskenesøy der bekannteste ist.

Die Landschaft der Lofoten und Vesterålen zeigt eine einzigartige Vielfalt verschiedener Formen, oft auf engstem Raum nebeneinander. Auf den meisten der Inseln dominieren schroffe Berggipfel, die, wenn man sich den Inseln nähert, wie eine unzugängliche, abweisend aus dem Meer ragende Wand wirken. Daneben wird das Landschaftsbild durch ältere, von Eis und Erosion rundgeschliffene Berge, bewaldete Hänge, grüne Weiden, weiße Sandstrände und ausgedehnte Moore bestimmt. Zwischen Berg und Meer erstreckt sich ein mehr oder weniger breiter Streifen Land, die sogenannte Küstenplattform oder *Strandflate,* die sich vom Fuß der Berge über Schärengärten und vorgelagerte Inseln ins Meer hinaus erstreckt. Sie entstand im

Verlauf von Millionen von Jahren, in denen die Meeresbrandung gegen die Berge schlug, Felsstücke herausbrach, sie zermahlte und als Geröll, Kies und Sand ins Meer hinaustrug. Frostsprengungen und lokale Gletscher taten ein übriges, wobei wiederum Gestein ins Meer geschoben wurde.

Nach der letzten Eiszeit, die vor etwa 20 000 Jahren ihren Höhepunkt hatte und vor ungefähr 10 000 Jahren zu Ende ging, wurde zunächst durch das Abschmelzen

Steckbrief Lofoten und Vesterålen

(Angaben für die Vesterålen stehen in Klammern)

Lage	100 bis 300 km nördlich des Polarkreises, etwa auf dem 68./69. Breitengrad. Entfernung Hamburg – Svolvær: ca. 2300 km; Hamburg – Sortland: ca. 2450 km
Länge	Skomvær (Lof.) – Andenes (Ves.): ca. 270 km Luftlinie
Gesamtfläche	1227 km² (2368 km²)
Landwirtschaftliche Nutzfläche	49 km² (62 km²)
Produktiv genutzter Wald	36 km² (135 km²)
Ungenutzter Wald	20 km² (107 km²)
Gesamtbevölkerung (1997)	ca. 24 500 Ew. (32 700)
(1950)	ca. 29 700 Ew. (34 000)
Einwohner/km²	19,9 (13,5)
Gemeinden	
– Lofoten	Vågan, Vestvågøy, Flakstad, Moskenes, Værøy, Røst
– Vesterålen	Andøy, Sortland, Øksnes, Bø, Hadsel
Verwaltungshauptorte	Svolvær (Sortland)
Anteil der Beschäftigten	
– Landwirtschaft/Fischerei	21,8 % (14,9 %)
– Industrie	16,9 % (16,8 %)
– Bauwesen	7,5 % (7,1 %)
– Dienstleistungsbereich	52,2 % (59,8 %)
Wichtigster Exportartikel	Fisch

Markante Bergformationen prägen das Bild der Inseln, bei Sund/Flakstadøy

des Eises bisher trockenes Land überschwemmt. Dann aber hob sich die von ihrer schweren Eislast befreite Erdkruste langsam, und die überfluteten Küstenstreifen tauchten wieder auf. (Noch heute hebt sich der skandinavische Festlandsockel jährlich ein paar Millimeter aus dem Meer.) Unterhalb der ›marinen Grenze‹, die den höchsten Stand des Wassers markiert und die an der von den Eismassen ungleich schwerer niedergedrückten Festlandsküste bis zu 130 m, auf den Lofot-Inseln jedoch nur zwischen 20 und 40 m über dem Meeresspiegel liegt, befindet man sich also auf dem ehemaligen Meeresboden. Die durch Muschel- und Tangablagerungen zum Teil sehr fruchtbare Küstenplattform wird landwirtschaftlich genutzt.

Besonders ausgeprägt ist die Strandflate auf den Lofot-Inseln Værøy und Røst. Auf der ›Innenseite‹ der Lofoten, d. h. der dem Vestfjord zugewandten Seite, ist die Küstenplattform dagegen meist nur ein sehr schmaler, felsiger Streifen Land, der sich am Fuße steiler Berge oft auf Holmen, Halbinseln, Schären und kleinen Inseln ins Meer zieht. An der zum Nordmeer hin liegenden ›Außenseite‹ liegt die Strandfläche sogar größtenteils

Die Mitternachtssonne

Lebenselixier des Nordens

Direkt am Polarkreis scheint die Mitternachtssonne nur eine Nacht lang, in Höhe der Lofoten und Vesterålen 6–8 Wochen, am längsten in Andenes auf Andøya, nämlich etwa vom 19. Mai–23. Juli, in Svolvær dagegen nur vom 28. Mai–14. Juli. Am Nordkap ist die Mitternachtssonne etwa 10 Wochen, von Mitte Mai bis Anfang August, zu beobachten. Prinzipiell gilt: Je weiter man nach Norden kommt, desto länger währt die Periode der Mitternachtssonne, d. h. die Zeitspanne, in der die Sonne nicht untergeht. Ursache für das Phänomen der Mitternachtssonne im Sommer sowie der entsprechenden Polarnacht im Winter, wenn die Sonne nicht mehr aufgeht, ist die leichte Neigung der Erdachse von 23,5 Grad, die bei der Wanderung der Erde um die Sonne ihre Stellung nicht verändert. Dadurch kommen die Gebiete nördlich des Polarkreises zeitweilig ganz in den Strahlenbereich der Sonne, zeitweilig ganz aus ihm heraus.

Längster Tag des Jahres ist der Tag der Sommersonnenwende am 23. Juni. Dieser Tag wird in ganz Skandinavien gefeiert, mit leiser Wehmut im Herzen, weil von da an die Tage wieder kürzer werden. Die Skandinavier hängen an der Sonne, denn die Winter sind lang, und wenn auch die geheimnisvollen, faszinierenden Polarlichter, die man auf den Lofoten und Vesterålen bereits ab September am Himmel beobachten kann, eine Abwechslung in das Dunkel bringen, das nur vom Mond und von den Sternen erhellt ist, so ersetzen sie doch nicht das Licht und die Wärme der Sonne. Im Sommer wird jeder Tag genutzt. Die Menschen schlafen weniger und holen alles nach, was sie im Winter versäumt zu haben meinen. In den Nächten, in denen die Sonne über dem Horizont steht, fahren Junge wie Alte zum Beobachten der Mitternachtssonne zu den schönen Stellen, die vor allem an der Außenseite der Inseln an der Küste liegen und während der Hauptsaison in der Regel überlaufen sind. Außergewöhnliche Erlebnisse bieten Bootsausflüge oder Wanderungen zu mitternächtlicher Stunde. Für Urlauber aber ist das Gefühl am schönsten, Zeit zu haben und nichts zu verpassen, da – egal wie spät es ist – der Tag auf alle Fälle noch andauert.

unter Wasser, die Bergwände stürzen schroff in das Meer ab. Nur die nordöstlichen Lofotinseln Austvågøy und Gimsøy verfügen an der Außenseite über weite, flache Moorgebiete. Im Norden, auf den Vesterålen, wird der Küstenstreifen breiter. Das Land öffnet sich, es wirkt auf großen Strecken freundlicher und bewohnbarer, bietet aber an Landschaftsextremen die gleiche Vielfalt wie die Lofoten. Auf beiden Inselgruppen liegen die ausgedehntesten Strände mit feinem weißem Sand oder großen abgeschliffenen runden Steinen auf der der Mitternachtssonne und dem offenen Nordmeer zugewandten Außenseite.

Klima

Die Lofoten und Vesterålen liegen auf dem gleichen nördlichen Breitengrad wie Nord-Alaska, das nördlichste Sibirien und das eisbedeckte Mittelgrönland. Was sie von diesen unwirtlichen, fast unbewohnbaren Gegenden unterscheidet, ist ihr sehr wechselhaftes Meeresklima mit milden Wintern und

Als Reisezeit noch nicht entdeckt: Winter am Kirkefjord auf Moskenesøy

kühlen Sommern, das sie dem Golfstrom verdanken, der warme Wassermassen von der Küste von Mexiko bringt. Während die vorherrschenden Winde aus Süden oder Westen meist regenreiches Wetter bringen, da die lange Gebirgswand der Lofoten viel Niederschlag abfängt (daher der Name ›Südwester‹ für die Regenhüte), bedeuten Ostwinde gute, stabile Wetterlage, d. h. im Sommer warmes Wetter, im Winter kaltes. Rasche Wechsel von sonnigem, windstillem Wetter zu kaltem Nieselwetter oder peitschenden Regenstürmen sind durchaus nichts ungewöhnliches, sondern gehören ebenso zu den Inseln wie ihre an Kontrasten reiche Natur. Der Sommer ist aber im Vergleich zum oft stürmischen Winter wesentlich windstiller.

Aufgrund des Golfstromes sind die Winter auf den Inseln relativ mild. Die Durchschnittstemperatur im Januar ist z. B. auf Røst um gut 24 °C höher als an anderen Orten auf dem gleichen Breitengrad. (Das ist vermutlich weltweit der größte Temperaturunterschied innerhalb eines Breitengrades.) Wie eng das Winterklima mit dem Golfstrom zusammenhängt, zeigen die Werte in den nordöstlichen, vom Kontinentalklima bestimmten Regionen: Während Røst keinen Tag unter Null verzeichnet, gibt es in Svolvær auf Austvågøy knapp 100 Tage unter Null, in Kautokeino im Inland über 200 Wintertage.

Im Sommer gibt es zwischen den einzelnen Inseln nicht so große Temperaturunterschiede (um 2–3 °C, je nach Lage), was daran liegt, daß die Sonne im Sommer die einzelnen Inseln ziemlich gleichmäßig erwärmt, während im Winter, wenn die Sonne fort ist, das Meer der temperaturbestimmende Faktor ist und damit die zuäußerst liegenden Inseln wie Værøy, Røst und Skomvær am meisten vom wärmenden Golfstrom beeinflußt werden. Skomvær und Røst haben denn auch das mildeste Klima von fast ganz Norwegen.

Die Durchschnittstemperatur auf den Lofoten und Vesterålen liegt im Juli und August um 12 °C. Es kann aber bis zu 30 °C heiß werden, und im letzten Jahrzehnt gab es einige ›Jahrhundertsommer‹, in denen ›Tropische Nächte‹ mit über 20 °C sowohl auf den Vesterålen als auch auf den Lofoten gemessen worden sind. Während Schönwetterperioden scheint die Sonne buchstäblich tagelang, da sie nachts nicht untergeht (s.S. 17).

Während die Sommertemperaturen auf den einzelnen Inseln kaum voneinander abweichen, variiert die Niederschlagsmenge auf Grund der zerklüfteten Bergwelt in nur wenige Kilometer voneinander entfernt liegenden Orten beträchtlich. Große Niederschlagsmengen verzeichnet man an Stellen, wo feuchte Meeresluft auf hohe, massive Bergwände trifft wie z. B. in Teilen von Moskenesøy, Hinnøya und dem nordöstlichen Teil von Austvågøy, wo jährlich über 2000 mm Niederschlag zu vermessen sind. Auf dem flachen Skomvær fallen dagegen nur 552 mm Niederschlag (s. a. Tabellen S. 220).

Zahlreich sind Flechten- und Moosarten

Flora und Fauna

Die Lofoten und Vesterålen sind mit ihrem vom Golfstrom bestimmten milden Meeresklima nördlichster Standort für viele wärmeliebende südliche Pflanzen wie z. B. Goldstern, weiße Seerose und Glockenheide. Die kühlen Sommer ermöglichen zugleich arktischen Pflanzenarten ihre südlichste Verbreitung, unter vielen anderen dem zarten Alpen-Zwergknabenkraut, einer Orchideenart. Was die Inselflora darüber hinaus aber vor allem so interessant macht, ist, daß hier die unterschiedlichen, vielfach ineinanderübergehenden Vegetationszonen – Meer, Strand, Moor, Heide, Berghänge, Hochgebirge – unmittelbar aufeinandertreffen: typische Strandpflanzen nur wenige Meter von der Moor-, Heide- oder Hochgebirgsflora entfernt.

Im **Meer** findet man mehr als 200 Tang- und Algenarten, von de-

Weidenröschen und Doldenblütler

nen einige früher als Zusatznahrung für Mensch und Vieh eine wichtige Rolle gespielt haben. Brauntang etwa wurde gesammelt und in Tonnen eingesalzen, Schweine- und Blasentang für die Versorgung des Viehs im Winter regelmäßig vom Boot aus geerntet. Der Schaftang wurde von den Schafen bei Ebbe abgeweidet. Jeder Hof hatte sein eigenes Tangrevier.

Im Winter wird viel Tang weit auf den **Strand** geworfen, wo er liegen bleibt und verrottet. Dadurch ist der Nährstoffgehalt des Bodens ausgesprochen hoch und man findet in dieser Zone viele klassische Unkräuter wie z. B. das Scharbockskraut, das früher als Medizin gegen Skorbut benutzt wurde, die Falsche Kamille und den Kriechenden Hahnenfuß. Im Sand wachsen typische trockenresistente Strandpflanzen wie Meersenf und Strandroggen, zwischen Felsen im Küstenbereich oft die Strand-Grasnelke, Scharfer Mauerpfeffer, seltener auch Rosenwurz, die früher gern auf Torfdächern angepflanzt wurde und deren nach Rosen duftende Wurzel von den Frauen ausgekocht und als Haarspülung benutzt wurde. An vielen Stränden gibt es schöne Wiesen, auf denen eine bunte Vielfalt kurzwüchsiger Blumen wie z. B. Augentrost, kleine Stiefmütterchen, Klappertopf und Hahnenfuß sowie zahlreiche Gräser und Moosarten blühen. Einen reizvollen Kontrast zum blauen Meer und dem grauen Fels bilden die ab Mitte Juli häufig an den Straßenrändern blühenden Weidenröschen mit ihren roten Blüten.

Entgegen dem ersten Eindruck gedeihen auch auf den **Vogelfelsen** Pflanzen. Hier wachsen an trockeneren, dem ätzenden Vogelkot nicht so extrem ausgesetzten Stellen die Rote Lichtnelke, das Scharbockskraut und die zartgelb blühende, Vitamin-C-haltige Engelswurz (Angelica), die von den Wikingern als Gemüse und Heilmittel gegen verschiedene Krankheiten (u. a. die Pest) geschätzt wurde. Heute wird sie zum Würzen von Likören benutzt.

Moore nehmen einen großen Teil der Lofot- und Vesterålenlandschaft ein. Die meisten Moore auf den Lofoten und Vesterålen

Wieder im Kommen

Der Lofotwald

Die Lofoten und Vesterålen waren einst von dichten Wäldern bedeckt. Auf den Vesterålen kann man sich davon in manchen Teilen noch eine ungefähre Vorstellung machen, aber auf den eher felsigen, kargen Inseln der Westlofoten könnten einem Zweifel kommen, daß Bäume hier je Wind und Wetter standhalten konnten. Sie konnten es, und obwohl sich seit jenen Zeiten auch das Klima verschlechtert hat, kann mit Fug und Recht behauptet werden, daß es vor allem der Mensch war, der das Schwinden der Wälder verschuldet hat. Mit Hilfe von Pollenanalyse hat man festgestellt, daß bereits um 4500 v. Chr. der Wald, wahrscheinlich aufgrund erster Haustierhaltung, zurückwich. (Sauerampfer und Butterblumenpollen nehmen zu, ein deutliches Indiz für Beweidung.) Aber noch im Mittelalter, als der Lofotfischfang im großen Stil einsetzte, gab es reichlich Wald, der bis zu seiner völligen Abholzung vielerlei Zwecken diente.

Die Winter sind lang auf den Inseln, und die Menschen brauchten viel Feuerholz. Erst als um 1820 ein Großteil der Wälder verschwunden war, begann man mit dem Torfstechen. Auch zum Bauen wurde Holz verwendet, besonders viel für die übermannshohen Trockengerüste: Die Fische wurden paarweise zusammengebunden und auf den Gerüsten über eine Holzlatte in den Wind gehängt. Zum Zusammenbinden verwandte man ein geschmeidiges Band, das man aus den Wurzeln junger Birken schnitt. Erst ab ungefähr 1860 benutzte man dafür Hanfseile, die man aus Bergen mitbrachte. Auch die Schwimmer, die die Fischernetze oder Leinen über Wasser hielten, schnitzte man aus Holz; sie wurden erst um 1870 durch Glaskugeln ersetzt. Und schließlich wurden im Winter neben Heu, Tang und Algen auch zerkleinerte Äste und getrocknetes Laub als Viehfutter genutzt.

Heute rücken die Wälder wieder vor. Viele der Hochebenen und steilen Berghänge sind mit Birken bewachsen. Das Vieh grast überwiegend auf Kulturweiden, und der Verbrauch von Holz für Heizzwecke und Gerätschaften liegt nahezu bei Null. Die natürlichen niedrigen Birkenwälder überwiegen, aber vor allem auf Hinnøya gedeihen auch Fichten und Kiefern gut. Die Chancen stehen günstig, daß die Lofoten und Vesterålen in einigen Jahrzehnten über weite Teile wieder von Wald bedeckt sein werden.

sind nährstoff- und daher relativ artenarm. Beeindruckend sind die weiten Wollgrasfelder. Die Moore bedeuteten für die Inselbewohner immer eine lebenswichtige Ressource, sie lieferten Torf als Heizmaterial und die Vitamin-C-haltige Moltebeere (s. Kasten S. 202). Wo die Moorlandschaft nicht zu feucht ist, sind Weiden, Heidesträucher und Birken eingestreut. Die Bäume sind meist krumm und niedrig, in ausgesetzten Lagen kriechend.

Die ausgedehnten **Heiden** bilden die dominierende Insellandschaft, die von den Mooren bis weit in die Gebirgsregion hineinreicht. Nur an Wind und Meer besonders ausgesetzten Orten aber ist die Heide die ursprüngliche Landschaftsform, in den meisten Fällen ist sie das Resultat von Eingriffen des Menschen, der den Wald, der einst die ganzen Lofoten und Vesterålen bedeckte, für seine Zwekke nutzte und durch regelmäßiges Abbrennen und Beweidung der gerodeten Flächen die Entwicklung neuen Waldes verhinderte. Neben dem rotblühenden Gemeinen Heidekraut gehören die Preisel- und Heidelbeere, die schwarze Krähenbeere und die Sumpfheidelbeere zu den gängigen Heidepflanzen.

Die **Gebirgsflora** unterscheidet sich nicht sehr von der typischen norwegischen Küstengebirgsvegetation. Auf den überwiegend nährstoffarmen, dem Wind ausgesetzten, trockenen Hängen wachsen windresistente Pflanzen wie Alpenazalee, Krähen- und Preiselbeeren, Alpenbärentraube und verschiedene Gräser. Artenreicher sind die kalkhaltigen Böden, auf denen die weißblühende Silberwurz dominiert. Hier blühen u. a. Schnee-Fingerkraut, Einblütige Glockenblume, Alpen-Arnika, Lappländischer Rhododendron und das Felsenblümchen. Auf feuchteren Böden gedeihen Alpen-Gänsekresse, Goldenes Felsenblümchen, Roter Steinbrech, Alpen-Weidenröschen und Zwerg-Hahnenfuß. Die mittel- und die hochalpine Zone, in denen keine Büsche und Sträucher mehr wachsen, gehen ineinander über. Neben vielen Gräsern, Halbgrasarten und Moosen findet man hier Gletscherhahnenfuß, Alpenehrenpreis, Alpensäuerling und Hochalpines Schaumkraut. Der Gletscherhahnenfuß ist die höchstwachsende Blütenpflanze Skandinaviens.

Das Fehlen des Waldes hat sich auch auf die **Tierwelt** ausgewirkt. Die Lofoten sind arm an größeren **Säugetieren.** In der Steinzeit sah das noch anders aus. Knochenfunde belegen, daß damals Bären, Biber, Hirsche, Wölfe und Rentiere auf dem Speisezettel der Menschen standen. Das größte an Land lebende Säugetier ist heute der Elch, der sumpfige Wälder bevorzugt. Elche wurden zum ersten Mal 1949 auf Hinnøya (Vesterålen) entdeckt. Seither hat sich dort wie auch auf Langøya eine feste Herde entwikkelt. Auf den Lofoten wollen sie sich offenbar nicht niederlassen: Elche, die sich über den Raftsund schwimmend nach Austvågøy verirrt haben, sind immer wieder auf das waldreichere Hinnøya zurückgekehrt.

Dagegen lebt auf den Inseln eine große Anzahl von Kleinnagern. Der Skandinavische Lemming ist der älteste Bewohner des Nordens, es hat ihn hier schon vor der Eiszeit gegeben. Die schwarze Ratte aber, früher eine große Plage in allen Fischerorten, ist heute in ganz Europa ausgestorben.

Rotfuchs, Hermelin, Mauswiesel und Nerz gehören zu den auf den Inseln lebenden Raubtieren. Der Nerz ist allerdings kein ›gebürtiger‹ Lofotinger, er stammt vielmehr von den Nerzfarmen, wo er wegen seines schönen Fells gezüchtet wurde und von wo einige Tiere entkamen und verwilderten. Er trägt möglicherweise die Verantwortung dafür, daß es nur noch wenige Ottern auf den Lofoten gibt, wenngleich der Bestand in den letzten Jahren wieder angewachsen ist.

Nordnorwegen war früh für seine Vielfalt an **Seevögeln** bekannt. Ursache für die Vielfalt der Arten und die Größe der Seevögelkolonien ist der außergewöhnliche Fischreichtum des Nordmeeres. Die Seevögel, Vögel also, die ihre Nahrung aus dem Meer holen, lassen sich grob in zwei Arten einteilen: Taucher und Flieger. Taucher sind gedrungene, schwere Vögel mit kurzen, kräftigen Beinen, die normalerweise weit hinten am Körper ansetzen. Ein gutes Beispiel hierfür sind der Papageientaucher, die Krähenscharbe und die Trottellumme. Sie tauchen unter die Meeresoberfläche, um sich ihr Futter zu beschaffen. Die Flieger dagegen versorgen sich an der Wasseroberfläche. Ihre Körper sind kleiner und leichter, ihre Beine meist kurz und dünn, die Flügel oft lang und schmal, so daß sie ohne große Anstrengung lange Strecken über das Meer segeln können. Typische Flieger sind Baßtölpel, Sturm- und Seeschwalbe. Im Norden, wo der Fisch oft in Schwärmen und nicht immer in der Nähe der Wasseroberfläche zu finden ist, dominieren die Taucher, während die Flieger in tropischen Gewässern überwiegen, wohin sich auch die nordischen Flieger im Winter zurückziehen.

Seevögel legen in der Regel nur wenige Eier (Baßtölpel z. B. ein Ei pro Jahr und Elternpaar). Einige Eier, z. B. die der Trottellumme, sind kegelförmig, so daß sie, wenn sie ins Rollen geraten, sich um sich selbst drehen und nicht den Felsvorsprung hinunterrollen. Die Sterblichkeit der Jungvögel ist u. a. aufgrund des Futtermangels hoch, und sie werden erst spät geschlechtsreif (Trottellumme mit 3–4, Lunde mit 5–6 und der Eissturmvogel erst mit 8–10 Jahren). Unter den erwachsenen Vögeln ist die Sterblichkeitsrate hingegen gering, und sie werden erstaunlich alt: Der Eissturmvogel beispielsweise kann über 60 Jahre alt werden und ist damit eine der langlebigsten Wirbeltierarten.

Neben den Seevögeln sind auf den Lofoten und Vesterålen aber

Kolonien in steiler Felswand

Die Vogelfelsen

Schon im 19. Jh. kamen Vogelkundler aus ganz Europa angereist, um das rege Leben auf den nordnorwegischen Vogelinseln zu studieren. Obwohl sowohl Anzahl als auch Größe der Kolonien seit Jahrzehnten im Rückgang begriffen sind, ist der Anblick der hohen, meist senkrecht abfallenden Felsen, auf deren Simsen, Absätzen und Ritzen dichtgedrängt Tausende und Abertausende von Seevögeln brüten, ein atemberaubendes Erlebnis, das allein schon eine Reise in den hohen Norden lohnt. Die bekanntesten Vogelfelsen liegen auf den Røst-Inseln Hernyken, Trenyken, Vedøya und Storfjellet sowie auf Værøy. Auf den Vesterålen findet man größere Vogelfelsen bei Nykvåg und auf der Insel Bleiksøya.

Auf den meisten Felsen dominiert die **Dreizehenmöwe,** eine kleine Möwenart mit gelbem Schnabel und schwarzen Beinen, die nur drei Zehen hat. Sie ist ein Kolonienbrüter und heckt auf schmalen Simsen oder Nischen in der steilen Felswand. Von allen Seevögeln trifft man auf sie am häufigsten, und an allen zugänglichen Vogelfelsen kann ihr umtriebiges Gesellschafts- und Familienleben von nahem beobachtet werden.

Weiter oben, auf unzugänglichen Felsvorsprüngen und in den Ritzen nisten **Tordalk** und **Trottellumme,** beide durch ihr schwarzes Deckgefieder leicht inmitten der Möwen zu entdecken. Die bis auf den gelben Schnabel völlig schwarze **Krähenscharbe** findet man, wie auch die kleine schwarze **Gryllteiste,** in der untersten Etage, auf den äußersten Klippen und großen Felsen, fern der ›überfüllten‹ typischen Vogelfelsen. Mit ihren kurzen Flügeln können die Krähenscharben nicht besonders gut fliegen, auch an Land wirken sie etwas unbeholfen. Meist sitzen sie in kleineren Gruppen auf vorgelagerten Felsen herum.

Am bekanntesten dürfte der **Lundevogel** sein, wegen seines kräftigen bunten Schnabels auch **Papageientaucher** genannt. Der schwarzweiße Vogel legt seine Eier in häufig selbst ausgegrabene unterirdische Gänge an Gras- und Geröllhängen zum offenen Meer hin. Er ist mit seiner bunten ›Nase‹ der Clown unter den Seevögeln, und es ist ein lustiges und unvergeßliches Erlebnis, diesen gedrungenen Vogel beim tolpatschigen Fliegen und Tauchen nach Fischen zu beobachten.

So verständlich der Wunsch ist, den Vögeln und ihrem Lebensraum so nah wie möglich zu kommen, sollte man sich doch immer der Verantwortung bewußt sein, die man für dieses äußerst gefährdete Stück Natur mitträgt. Da sich die Zunahme des Vogeltourismus als eine direkte Gefahr für ihre Bewohner erwiesen hat, ist das Betreten der meisten Vogelinseln während der Brutzeit, von Mai bis Mitte August, verboten. Obwohl die Inseln unter Naturschutz stehen, sind viele Vogelarten von der Ausrottung bedroht. Der Bestand ist bei einigen Arten in den letzten Jahren drastisch zurückgegangen. Ursachen dafür gibt es viele, und sie haben alle mehr oder minder direkt mit menschlichen Aktivitäten zu tun.

Die Vogeljagd sowie das Eier- und Daunensammeln, schon in der Steinzeit in Nordnorwegen ein wichtiges Zusatzeinkommen zu Fischfang und Landwirtschaft, machten den Anfang. Daher wurden die leichter zugänglichen Felsen von den Vögeln bereits nach der ersten rücksichtslosen Ausbeutung verlassen, eine Entwicklung, die die Menschen vorläufig zur Besinnung brachte, denn sie brauchten die Vögel als Nahrungsquelle, um durch den Winter zu kommen. Sie teilten also die Felsen unter sich auf und sorgten dafür, daß kein Raubbau mehr betrieben wurde. Erst die Einführung von Schußwaffen führte wieder zu einer kräftigen Reduzierung mancher Arten. Noch in den 70er Jahren wurden jährlich bis zu 20 000 Krähenscharben, 30 000–40 000 Alkvögel und 50 000–100 000 Möwen erlegt. Heute ist die Jagd auf die meisten Seevögel verboten oder zumindest stark eingeschränkt.

Die modernen Schrecken sind indirekter, aber ebenfalls durch den Menschen verursacht. Viele Vögel verfangen sich beim Tauchen in den für Fische und Vögel unsichtbaren Fischernetzen und ertrinken. In Nordnorwegen scheint der Netztod eine der häufigsten Todesarten für Alkvögel, Eiderenten und Krähenscharben zu sein, denn leider ziehen die fischreichen Stellen im Meer sowohl die Fischer mit ihren Netzen als auch viele Seevögel an. Zudem sterben jährlich Zehntausende von Vögeln in verlorengegangenen Netzen. Ein so gut wie unverrottbares Nylonnetz kann jahrelang ›weiterfischen‹, wenn es im Meer treibt.

Weitere Zehntausende von Vögeln fallen dem Öl zum Opfer. Ein kleiner Ölfleck reicht aus, um die wärmeisolierende Schicht auf den Federn zu zerstören. Auch die zunehmende Konzentration von Umweltgiften wie Quecksilber, Blei, DDT, PCB zeigt verheerende Wirkungen. Die Stoffe wirken sich auf die Reproduktionsfähigkeit der Vögel aus, sie legen weniger Eier und die Jungvögel sind weniger widerstandsfähig.

Kolonie von Dreizehenmöwen

Nicht zuletzt führt der Futtermangel aufgrund der Überfischung der Meere zum Aussterben vieler Arten. Von dem Ausbleiben der Heringsschwärme waren unter anderem die Papageientaucher auf Røst stark betroffen. Von 1969 bis 1982 gab es nur ein Jahr, in dem es genügend Nahrung für die Jungen gab und sie nicht verhungerten. Die Papageientaucher haben daraufhin ihren Speisezettel umgestellt. Viel hat es aber nicht genützt, da seit den 70er Jahren der Fang von ›Industriefisch‹, d. h. von bis dahin nicht lohnenden, kleineren Arten, die von den Seevögeln gefressen werden, stark zugenommen hat. Der Fisch aber ist ein bestandsregulierender Faktor für die Seevögel. Mit der Zahl der Fische sinkt die Zahl der Seevögel, die Folgen der internationalen Überfischung sind zählbar.

auch viele **Sumpf-, Wald-** und **Heidevögel** zu finden, und Tausende von Zugvögeln rasten hier auf ihrem Weg nach Norden oder Süden. Die sehr dichte Nachbarschaft verschiedenster Vegetationsformen und Biotope bietet einer erstaunlichen Vielzahl unterschiedlicher Vogelarten auf kleinstem Gebiet einen Lebensraum.

Die Inseln mit ihren vielen Mooren und Seen sind ein Paradies für Wat- und Entenvögel. Besonders charakteristisch für die Lofoten sind die großen braunen (weiblichen) bzw. schwarzweißen (männlichen) Eiderenten, deren Daunen und Eier in früheren Zeiten gesammelt und als Zahlungsmittel benutzt wurden. Überall präsent, sowohl auf Äckern als auch am Strand, ist der Austernfischer, ein schwarzweißer Zugvogel mit rotem Schnabel und roten Beinen, der im Februar als erster zurückkehrt. Viele Singvogelarten, unter ihnen Drosseln, Finken und Lerchen, tauchen bei uns als Wintergäste auf. Auch das Rotkehlchen und der Buchfink sowie ihre arktischen Kollegen, das Blaukehlchen und der Bergfink, sind vertreten. Im Bergwald kann man dem Auerhuhn oder dem Schneehuhn begegnen. Sie sind die einzigen Vögel auf den Lofoten, die im Herbst gejagt werden. Die früher sehr zahlreichen Adler sind der Ausrottung u. a. wegen des auf fast allen Inseln intensiv betriebenen Adler-

Der Kabeljau

(Gadus morrhua)

Der sogenannte arktische Kabeljau gehört zur Familie der Dorschfische und heißt auch im Jugendalter Dorsch. Der norwegische Name lautet *skrei,* was sich vom Altnordischen *skrida,* ›wandern‹ ableitet. Die regelmäßigen Wanderungen des Kabeljaus bilden nämlich die Grundlage für die zwei wichtigsten Saisonfischereien im Norden, den Fischfang vor der Finnmarkküste und den Lofotfischfang.

Im Gegensatz zum Küstendorsch lebt der arktische Kabeljau im offenen Meer, in der Barentssee. Als Jungfisch schwimmt er im Frühjahr auf der Suche nach Nahrung vor der Finnmarkküste, als ausgewachsener Kabeljau wandert er im Winter entlang der norwegischen Küste Richtung Süden, wo der größte Teil der Laichfische in der Zeit von Januar bis April vor den Lofoten und Vesterålen, bevorzugt im Vestfjord, seinen idealen Laichplatz findet. Hier, im Übergangsbereich des kalten, von den Flüssen gespeisten Küstenwassers und des vom Golfstrom erwärmten salzigen Atlantikwassers beträgt die Wassertemperatur zwischen 4 und 6 °C, der Salzgehalt des Wassers liegt etwa bei 34 ‰. Dies sind die optimalen Laichbedingungen für den Kabeljau.

Ein weiblicher Kabeljau hat etwa 3 Mio. Eier, und die meisten von ihnen werden befruchtet. Diese sinken nicht ab, sondern entwickeln

fangs (s. Kasten S. 154) nur knapp entgangen. Heute ist der Seeadlerbestand wieder recht groß und gilt als gesichert.

Die **Säugetiere des Meeres** waren früher eine wichtige Nahrungsquelle der Inselbewohner. Schon in der Steinzeit standen Robben auf dem Speisezettel der Menschen und wurden gejagt, bis sie ganz verschwunden waren. Heute sieht man sie wieder, vor allem an der Außenseite der Lofoten. Dort bringen Bart- und Kegelrobben ihre Jungen zur Welt. Vor der nördlichen Vesterålen-Küste tummeln sich einige größere Seehundkolonien. In den küstennahen Gewässern leben mehrere Arten von Walen, u. a. Zwergwale, Schwertwale (fälschlich oft Mörderwale genannt), Pottwale (vor Andenes), Kleine Tümmler und Weißschnauzendelphine (s. Kasten S. 205).

Von allergrößter Bedeutung aber waren und sind die **Fische,** von denen es über 100 verschiedene Arten gibt. Neben dem arktischen Kabeljau, der im Winter zum Laichen zu den Lofoten kommt, schwim-

sich im Wasser schwebend. Sie sind sehr anfällig gegen Zerstörungen durch Fischfraß und Unwetter, aber wenn nur zwei Eier überleben, bleibt der Kabeljaubestand bewahrt. Nach etwa drei Wochen entschlüpft dem Ei die Larve, die mit dem Golfstrom nordwärts treibt. Wenn die Larven acht Tage alt sind, beginnen sie sich von Plankton zu ernähren, das gerade zu dieser Zeit, in den Monaten März und April, ebenfalls anfängt zu wachsen. Wenn die Plankton›blüte‹ aber, z. B. auf Grund zu niedriger Temperaturen, zu spät einsetzt, verhungern viele Larven und es wird ein schlechter Fischjahrgang.

Die Reise der Larven zur Barentssee, wo die Dorsche dann aufwachsen, kann bis zu drei Jahre dauern. Wenn sie drei bis vier Jahre alt sind, bilden sie Schwärme und ziehen auf Futterstreifzügen zur Finnmarkküste. Im Alter von etwa sieben Jahren wird der Kabeljau geschlechtsreif und begibt sich auf die Reise zur norwegischen Küste, um zu laichen. Dort wird er ab Januar von den Fischern erwartet. Wenn die Laichfische, die nicht ins Netz oder an die Leine gegangen sind, im April den Vestfjord Richtung Norden verlassen, schwimmen sie um einiges schneller als die Larven und passieren bereits im Sommer die Finnmarkküste, wo sie zur Beute für den dortigen Sommerfischfang werden.

Im Herbst kehren die Davongekommenen in die Barentssee zurück. Ein Laichfisch kann viele Jahre hintereinander an den Wanderungen entlang der norwegischen Küste teilnehmen.

men in den Küstengewässern Dorsch, Köhler, Lengfisch, Lumb, Schellfisch, Rotbarsch und Heilbutt. In den Binnengewässern sind vor allem Forellen und Saiblinge zu finden. Der Lachs lebt im Meer und wandert nur zum Laichen die Flüsse und Bäche hinauf. Der Lachsfang hat früher eine wichtige Rolle gespielt. In einer alten Beschreibung vom Dverberg Pfarrhof aus dem Jahre 1835 heißt es in einer Auflistung der Erwerbsmöglichkeiten »... außerdem hat der Hof einen Lachsfluß«.

Der Fischfang

Die Fischerei, in Nordland hauptsächlich die Küstenfischerei, war und ist der wichtigste Wirtschaftszweig der Lofoten und Vesterålen. Er ist jedoch nicht nur in Nordnorwegen durch schwindende Fischbestände im letzten Jahrzehnt in eine tiefgreifende Krise geraten, die bis heute trotz teilweise wieder ansteigender Fischmengen noch nicht überstanden ist. Die Entwicklung des letzten Jahrhunderts ging dahin, daß auf Grund enormer technischer Fortschritte immer weniger Menschen immer mehr Fisch fangen konnten, wodurch viele Fischarten derart drastisch dezimiert wurden, daß die Bestände fast aller wichtigen Fische in der Nordsee nach Meinung vieler Meeresbiologen in ihrer Existenz bedroht sind. Die Hauptgründe liegen u. a. in der Nichteinhaltung der auf internationaler Ebene abgesprochenen Fangquoten sowie darin, daß den

Wichtigste Einnahmequelle ist seit jeher der Fischfang

Trawlern auf der Jagd nach ›Industriefisch‹, der zu Fischmehl und Fischöl verarbeitet wird, auch viele Jungtiere geschützter Fischarten ins Netz gehen. Diese Fischereiflotten sind u. a. in der Barentssee unterwegs, in der der für die Lofoten und Vesterålen so wichtige Kabeljau seine Heimat hat. Nach einem absoluten Bestandstief Ende der 80er Jahre haben sich die Fischbestände durch strenge Quotenregulierung in den letzten Jahren wieder regenerieren können.

Die Anzahl der Fischer ist seit dem Zweiten Weltkrieg stark zurückgegangen, die Zahl derjenigen, die die Fischerei als ihren einzigen Beruf angeben, jedoch gestiegen. Gerätschaften und Boote sind ständig teurer geworden, die Investitionen mittlerweile so hoch, daß sich nur noch ganzjährig betriebener Fischfang lohnt.

Fast ein Jahrtausend bestimmte der **Lofotfischfang,** wichtigster Saisonfischfang der Nordlandfischer, das Leben, die Geschichte und die Kultur der Menschen auf den Lofoten und Vesterålen. Vom Mittelalter bis in das 20. Jh. hinein war der Kabeljau der Hauptexportartikel des Nordens, regierte er über Wohlergehen oder Not der Menschen im Nordland. Gegen Ende des 19. Jh. zog er jedes Jahr zwischen Januar und April Zehntausende von Fischern aus Møre, Trøndelag, Nordland, Troms und der Finnmark an. Teilweise war fast ein Viertel der gesamten Nordlandbevölkerung auf Lofotfischfang. Während dieser Zeit wohnten die Fischer eng zusammengepfercht, unter primitivsten Verhältnissen, in kleinen Fischerhütten (s. S. 67 ff.), die zusammen mit den übermannshohen Trockengerüsten bis heute das Bild der Fischerorte auf den Lofoten prägen.

Die Teilnahme am Lofotfischfang war in der Zeit, in der die Fischer noch mit offenen Ruderbooten ausfuhren, immer hoch, nach guten Kabeljaujahren wuchs sie ins Astronomische. Ende des 19. Jh. nahmen in manchen Jahren weit über 30 000 Fischer teil, die über 30 Mio. Stück Kabeljau, ungefähr 120 000 t, aus dem Meer holten. 1896 war eines der Rekordjahre: 32 000 Fischer landeten 139 000 t Kabeljau an, wohlgemerkt mit von Hand eingeholten Leinen und Netzen. Die Einführung des Motors und neuer Gerätschaften zu Beginn des 20. Jh. steigerte zunächst die Erträge noch. 1947 wurden 146 000 t Fisch an Land gebracht, die größte je in einer Saison gefangene Menge, nachdem der Kabeljaubestand allerdings infolge des Krieges einige Jahre geschützt war. Bereits Ende der 50er Jahre war klar, daß zu viel gefischt wurde, und die Erträge sanken, trotz eiliger Regulierung der Fangmenge, bis auf ein Minimum von nur 11 500 t im Jahre 1988. Durch die sinkenden Erträge, die niedrigen Fangquoten, die jedem Boot zugeteilt werden, und die neuen Fischerboote, die nur zwei bis drei Mann Besatzung erfordern, ist die Zahl der Fischer auch im letzten Jahrzehnt rapide gesunken. Nahmen 1981 immerhin noch 1556 Boote und 4033 Fischer am Lofotfischfang teil und fischten 38 743 t Kabeljau, so waren es 1989 nur noch 777 Boote und 1960 Fischer, welche 13 625 t Kabeljau an Land brachten.

Wirtschaftlich gesehen hat der Lofotfischfang für die Ölnation Norwegen heute keine große Bedeutung mehr, für die Lofotfischer bedeutet er aber immer noch die Grundlage ihrer Existenz.

Der größte Teil des gefangenen Kabeljaus wurde getrocknet und zu **Stockfisch** verarbeitet. Dazu wurden die Fische ausgenommen, paarweise an den Schwänzen zusammengebunden und auf hohe Holzgerüste gehängt, wo sie in Wind und Wetter knochenhart trockneten. Seinen Namen hat der Stockfisch nicht daher, daß er trocken und hart wie ein Stock wird, sondern von den Stöcken, auf die er gehängt wird.

Eine weitere, in Nordland erst gegen Ende des 18. Jh. verwandte Konservierungsmethode stellte der **Klippfisch** dar. Er wurde der Länge nach aufgeschnitten, von Rückgrat und Eingeweiden befreit, eingesalzen und ausgebreitet auf den Klippen getrocknet. (Heute gibt es dafür spezielle Trockenanlagen.)

Die abgeschnittenen und getrockneten Kabeljauköpfe wurden

zu Fischmehl verarbeitet, Rogen und Leber in großen Tonnen verwahrt. Aus der Leber kochte man Tran, der Rogen wurde entweder als Köder verwendet oder eingesalzen. An diesen Verarbeitungsmethoden hat sich im Verlauf der Jahrhunderte erstaunlich wenig geändert. Auch heute noch wird der größte Teil des Lofotfisches, über 40 %, zum Trocknen aufgehängt. Jeder gefangene Kabeljau wird nach wie vor einzeln von Hand ausgenommen, aufgehängt, abgenommen, geprüft und qualifiziert und schließlich für den Versand stapelweise in Jutesäcke eingenäht. Es gibt über 20 verschiedene Güteklassen des Trockenfisches. Über 90 % der besten ›Prima‹-Klasse werden seit Jahrhunderten nach Italien verschickt, wo der Stockfisch bis heute u. a. als Fastenspeise beliebt ist, die schlechten sind die sogenannten ›Afrikaqualitäten‹, die hauptsächlich von devisenschwächeren Ländern wie z. B. Nigeria importiert werden.

Der Walfang

Von Beginn der 30er bis Anfang der 80er Jahre war der Fang von Zwergwalen vor allem für die Lofotorte Skrova und Reine neben

Keine Fluke gleicht der anderen

dem Fischfang ein wichtiger Wirtschaftsfaktor. Ende der 80er Jahre mußten die Walfänger ihre Harpunen abmontieren, ihre Zukunft ist ungewiß.

1971 hatte Norwegen bereits den Fang großer Wale offiziell eingestellt; er war unrentabel geworden und die meisten Arten standen schon am Rande der Ausrottung. Seither werden nur noch Zwergwale abgeschossen, eine kleine Bartenwalart, die 8–10 m lang wird. 1986 hat die Internationale Walfangkommission, der auch Norwegen angehört, ein Totalverbot des kommerziellen Walfangs erlassen. Norwegen aber weigerte sich, diesem Verbot nachzukommen, und wurde dafür von Greenpeace scharf angegriffen. Die Umweltschutzorganisation startete in den USA eine Anzeigenkampagne, in der sie zum Boykott von norwegischen Fischprodukten aufrief. Die US-Regierung kündigte an, den norwegischen Lachsimport zu stoppen. Der wirtschaftliche Druck zeigte Wirkung, Norwegen versprach das Ende des kommerziellen Walfangs, behielt sich aber für das Jahr 1986 noch den Abschuß von zunächst 400 Tieren und ab 1987 den Fang von 200 Tieren pro Saison zu wissenschaftlichen Zwecken vor. 1988 wurden 29, 1989 17, 1990 fünf, 1991 null und 1992 wieder 95 Wale zu wissenschaftlichen Zwecken geschossen.

Trotz des von der IWC im Jahre 1993 verlängerten Fangverbots (›Moratorium‹) nahm Norwegen

Erneuerbare Ressourcen

Argumente der Walfänger

Die Norweger und der Walfang, dazu hat der aufgeklärte, ökologiebewußte Mitteleuropäer eine klare Meinung. Vornehmlich von Greenpeace und aus einigen gefühlsbetonten Filmen über den blutigen Walfang stammen unsere Informationen. Doch wenn alles so eindeutig ist, warum halten die Norweger dann so beharrlich am Walfang fest, der wirtschaftlich minimale Bedeutung hat (Mitte der 80er Jahre nur 0,01 % des Gesamteinkommens aus dem Export), ihnen ihr internationales Renommee aber gründlich verdirbt?

Dem Staat liegt vor allem daran, die Abwanderung aus dem ohnehin menschenleeren Norden zu bremsen. Die Ressourcen des Meeres bieten die wirtschaftliche Grundlage für die Besiedlung. Fallen sie weg, dann bleibt nicht viel. Fisch- und Walfang bestimmten und bestimmen jedoch auch das Alltagsleben und die Kultur der Menschen auf den Lofoten, und sie zu erhalten hat für die Lofotbewohner nicht allein wirtschaftliche Gründe. Auch der zunehmende Tourismus findet seine Grundlage nicht nur in der gewaltigen Lofotnatur, sondern ebenso in der einzigartigen Fischerkultur.

Der seit 1930 auf den Lofoten betriebene Fang von Zwergwalen war immer nur Nebenverdienst, ein guter allerdings. Für einen Zwergwal (im Durchschnitt etwa 1500 kg schwer) wurden 1983 umgerechnet um die 10 000 DM gezahlt. Die Hälfte des Erlöses ging an den Schiffsbesitzer, der sein Boot abbezahlen und unterhalten mußte, der Rest wurde nach einem bestimmten Schlüssel an die Mitglieder der Mannschaft verteilt. In zwei Monaten verdiente ein Walfänger zwischen 50 000 und 70 000 Kronen, im Schnitt 20 000 DM, mehr als ein halber Jahreslohn in der Industrie. Den Walfängern ging es also besser als anderen Fischern, denn wenn im April der Lofotfischfang zu Ende war, rüsteten die Walfänger aus Skrova und Reine ihre Boote für die Walsaison um. Die meisten betrieben den Walfang in kleinen 12–24 m langen Küstenkuttern, auf denen vier bis sieben Männer Arbeit fanden. Daran hat sich bis heute nichts geändert. Die Lofotfänger betonen, daß sie mit den riesigen internationalen Fabriktrawlern, die die geschossenen Tiere gleich an Bord verarbeiten, überhaupt nicht verglichen werden können. Internationale Kapitalinteressen und Massenabschlachtungen stehen Familienbetrieben gegenüber, für die ein paar Wale ein Jahreseinkommen bedeuten. In ganz Norwegen lebten Mitte der 80er Jahre etwa 330 Fischer mit 53 Walfangbooten vom Walfang, noch einmal so viele waren in der Walindustrie beschäftigt.

Das Hauptargument für die erneute Aufnahme des Walfangs ist der Walbestand selbst. Das Verbot der IWC im Jahre 1986 beruhte auf der Annahme, es gäbe nur noch 20 000 Zwergwale. Die Beobachtungen der norwegischen Fischer, die in den letzten Jahren in den Küstengewässern zunehmend mehr Wale entdeckten, werden von allgemein anerkannten wissenschaftlichen Untersuchungen unterstützt, die von einem Walbestand von mindestens 68 000–86 000 Tieren in den nordatlantischen Fanggründen ausgehen. Der Zwergwal, dessen Bestand in den Gewässern um die Antarktis auf weit über 700 000 Tiere geschätzt wird, gehört nicht zu den bedrohten Spezies. Für die gefährdeten Walarten gilt weiterhin ein striktes Abschußverbot, das auch von den Norwegern nicht in Frage gestellt wird. Der Druck der Öffentlichkeit, die – wenn sie an Walfang denkt – immer noch den grausamen, industriellen Walfang der 60er und 70er Jahre vor Augen hat, hält dennoch unvermindert an. Einige dieser Vorstellungen beruhen größtenteils auf Unwissenheit. So wurde beispielsweise die zu Recht umstrittene sogenannte Kaltharpune, das heißt eine Harpune ohne Sprengstoff, nur bis 1983 benutzt. Seit 1984 ist die Verwendung einer neu entwickelten Harpunengranate zwingend vorgeschrieben, die mit einem Sprengstoffkopf versehen ist, der innerhalb weniger Sekunden zum Tod des angeschossenen Wales führen soll.

Die Entscheidung der norwegischen Regierung, den kommerziellen Walfang, der ausschließlich auf den Fang von Zwergwalen beschränkt ist, wieder aufzunehmen, beruht auf dem Prinzip, daß alle erneuerbaren Ressourcen des Meeres auf gut fundierter wissenschaftlicher Grundlage bewirtschaftet werden können und müssen. Denn nicht zu unterschätzen sind die Folgen für das ökologische Gleichgewicht des Meeres, wenn ein wachsender Wal- und auch Robbenbestand sich durch Fisch ernährt. Die zunehmende Anzahl von Zwergwalen frißt den Lofotfischern den Fisch weg – nach norwegischen Schätzungen weit über 1 Mio. t pro Jahr. Greenpeace hält dagegen, daß es sich dabei vor allem um kranke, wirtschaftlich unbedeutende Fische handele und weist außerdem darauf hin, daß die Fischbestände nicht durch die Wale, sondern durch zu hohe Fangquoten für die Fischindustrie gefährdet seien. Vor dem Hintergrund solcher Argumentationen befürchten die Pessimisten, daß auch der Fischfang verboten werden könnte. In den USA gibt es schon Bestrebungen unter Tierschützern, den kommerziellen Fischfang völlig einzustellen – der Fisch soll den Säugetieren des Meeres vorbehalten sein. So etwas ähnliches steht zu befürchten, meinen einige der Walfänger und Fischer zum Walfangverbot: Heute der Wal, morgen der Fisch, wo ist da der Unterschied, wenn es Wählerstimmen bringt.

Die Lofotfänger betonen, daß niemand ein größeres Interesse daran habe, den Bestand der Zwergwale zu bewahren, als die, die von ihm lebten. Man möchte es glauben, weil es plausibel klingt, aber die lange Geschichte des Fisch- und Walfangs hat immer wieder das absolute Gegenteil bewiesen.

Am meisten verbittern die Fischer die gefühlsbetonten, auf rein symbolischer Ebene geführten Argumentationen vor dem Hintergrund praktischer Überlegungen. In der Politik, vor allem der US-amerikanischen, verkörpert der Kampf gegen den Walfang kritisches Umweltdenken, das Wählerstimmen einbringt und andere Umweltsünden sowie politische Pleiten übertünchen kann, im eigenen Land aber kaum jemandem wehtut. Auch Greenpeace werden in ihrem Kampf gegen den norwegischen Walfang praktische Erwägungen unterstellt, denn es sei nicht von der Hand zu weisen, daß Aktionen, die auch nur entfernt im Zusammenhang mit dem weltweit zum Totemtier avancierten Wal stehen, die Spendenbereitschaft mächtig ankurbeln.

1993 den gewerblichen Walfang demonstrativ wieder auf. Insgesamt 296 Zwergwale wurden zum Abschuß freigegeben. Für den Sommer 1994 war der Fang von 301 Walen genehmigt, davon 189 zu kommerziellen und 112 zu wissenschaftlichen Zwecken. Die Wellen der internationalen Empörung schlugen hoch. Die Umweltorganisationen Greenpeace und Sea Shepherd drohten mit Gewaltaktionen und riefen zum Tourismus-, Waren- und Olympia-Boykott auf. Große Handelskonzerne und Fast-Food-Ketten in den USA, Großbritannien und Deutschland nahmen norwegischen Fisch aus ihrem Angebot, Touristen stornierten geplante Norwegenreisen. Der Verlust für Norwegen durch die Boykotte betrug ein Vielfaches der Einnahmen durch den Walfang.

Das Hauptargument der Lofotwalfänger – der laut wissenschaftlichen Schätzungen erfreulich hohe Zwergwalbestand – wird von der Mehrheit der IWC-Mitgliedsländer, vom World Wildlife Fund (WWF) und Greenpeace ignoriert. Deren Gegenargument: In der langen Geschichte des Walfangs hat man sich öfters ›verzählt‹, was zur drohenden Ausrottung mehrerer Walarten

Fischfarm im Austnesfjord

führte. In der Tat sind die Schätzungen eine heikle Sache: Da werden tatsächlich gesehene und gezählte Wale mit einem Faktor multipliziert, der für die nichtentdeckten Tiere steht (s. a. Kasten S. 35).

Aquakultur

Ein expandierender und trotz aller Probleme zukunftsträchtiger Wirtschaftszweig ist die Aquakultur. Diese Form der Fischaufzucht ist auf Salzwasserfische spezialisiert. Außer atlantischem Lachs und, zu einem geringeren Teil, Regenbogenforelle befinden sich auch Heil- und Steinbutt in der kommerziellen Aufzucht. Jüngsten Forschungen zufolge gelten auch Kabeljau, Wels und Rotforelle als weitere für die Aufzucht geeignete Arten. Die Fischaufzucht hat neue sichere Arbeitsplätze geschaffen und stellt einen wichtigen Beitrag zur Arbeits- und damit Lebenserhaltung entlang der nordnorwegischen Küste.

Erste erfolgversprechende Versuche mit der Aquakultur wurden in der Provinz Nordland erst zu Beginn der 70er Jahre gemacht, 1994 wurden bereits 36 183 t Lachs von 120 Betrieben produziert. Der Anteil der aus norwegischen Fischfarmen stammenden Fische an der Gesamtfischausfuhr des Landes lag 1980 bei 6,9 %, 1990 hatte sich die ausgeführte Menge verzehnfacht und war mit 40,5 % an den gesamten Fischlieferungen ins Ausland beteiligt.

Die enorme Produktionssteigerung führte Mitte der 80er Jahre zu einem Preisverfall des exportierten Fisches, was den Optimismus bezüglich einer weiteren Expansion etwas dämpfte. Zur gleichen Zeit traten auch die mit der Aufzucht verbundenen Umweltprobleme offen zutage. Die Aufzuchtanlagen, meist Familienbetriebe, liegen in windgeschützten Fjorden und Buchten in runden, von Netzen begrenzten Abschnitten. Durch das

offene System gelangen organische, das Wachstum der Algen fördernde Abfälle ebenso wie die regelmäßig verabreichten Antibiotika in großen Mengen direkt ins Wasser. Die häufig unter den Zuchtlachsen ausbrechenden Krankheiten können direkt auf die durch entschlüpfte Zuchtlachse ohnehin schon zum Teil degenerierten Wildlachse, die wegen des abfallenden Futters um die Aufzuchtkäfige herumschwimmen, übertragen werden. In vielen der klassischen Lachsflüsse ist dieser Fisch bereits ausgerottet. Umweltschützer fordern die Entwicklung umwelt- und fischgerechterer Aufzuchtanlagen und -methoden; Umweltschutz statt Expansion – an beidem wird gearbeitet.

Landwirtschaft

So groß die Bedeutung des Fischfangs für die Küstenbewohner des Nordlandes auch immer war, die tatsächliche Lebensgrundlage konnte er doch nur in Kombination mit der Landwirtschaft schaffen. Trotz des nördlichen Breitengrades eignen sich besonders Teile der Lofoten und der Vesterålen dafür, da das Klima mild und der Boden – ehemaliger Meeresboden – fruchtbar ist.

Die verschiedenen Tätigkeiten der Fischer-Bauern gingen zeitlich ineinander über. Nach dem Lofotfischfang von Januar bis April wurde der Hof bestellt. In der Zeit bis zur Heuerernte betrieb man Küstenfischerei auf Dorsch, Köhler, Heilbutt, Schellfisch, Rotbarsch, Leng- und Lumbfisch, den man wie den ›Winterfisch‹ zum Trocknen aufhängte oder einsalzte. Den Trockenfisch tauschte man seit dem Mittelalter gegen Korn und andere notwendige Waren ein.

Die Landwirtschaft war hauptsächlich von Viehzucht geprägt. Die meisten Fischerfamilien besaßen ein paar Schafe und Kühe, die sie im Winter mit dem auf den Bergen und Inseln geernteten Heu, mit Tang und Algen sowie gekochten Fischabfällen ernährten und die Fleisch, Milch, Käse und Wolle lieferten. Getreide wurde zwar angebaut, brachte aber sehr wechselhafte, meist kärgliche Erträge und wurde in Zeiten, in denen der

Streitfrage Europa

Die weltberühmte schwedische Kinderbuchautorin Astrid Lindgren hatte für ihren 87. Geburtstag, der auf den Tag genau mit dem Referendum der Schweden über den Beitritt zur Europäischen Union (EU) zusammenfiel, nur einen Wunsch: ein kräftiges Nein zur EU. Sie wurde enttäuscht – die Schweden entschieden sich, wie schon die Finnen zwei Wochen vor ihnen, f ü r Europa. Die Terminsetzung des norwegischen Referendums, zwei Wochen nach den Schweden, hatte schon im Vorfeld viel Verbitterung hervorgerufen, denn obwohl die Mehrheit der norwegischen Bevölkerung entschieden gegen den Beitritt war, so stand doch zu befürchten, daß – im Falle eines schwedischen Ja – die Vorstellung von der Isolation Norwegens in Skandinavien auch den Europa-Gegnern die Lust am kräftigen Nein vermiesen könnte. Norwegen geriet in den Sog des sogenannten Schwedenswings, Europa hatte wieder eine Chance, der Showdown lief.

Ende November des Jahres 1993 hatte das norwegische Parlament mit der eindeutigen Mehrheit von 104 gegen 55 Stimmen für einen Beitritt des Landes zur Europäischen Union gestimmt. Dieses Ergebnis war ein Erfolg der norwegischen Ministerpräsidentin Gro Harlem Brundtland, die eine »historische Chance« darin sah, gleichzeitig mit den nordischen Nachbarländern Schweden und Finnland über den EU-Beitritt verhandeln zu können. Die Mehrzahl der norwegischen Bevölkerung teilte ihre Europa-Euphorie nicht.

Seit das norwegische Volk den bereits vereinbarten Beitritt zur Europäischen Gemeinschaft im Jahre 1972 mit einer Mehrheit von 53,4 % überraschend ablehnte, war und ist das Land gespalten. Während der Süden mit seiner auf Export ausgerichteten Industrie allen Abstimmungen zum Trotz weiterhin hoffnungsvoll nach Brüssel blickt, desto größer ist die Zahl der hartnäckigen Nein-Sager je weiter man sich von Oslo entfernt und nach Norden kommt. Vor allem die vom Öl-Staat Norwegen hochsubventionierten Fischer und Bauern, die etwa 6 % der norwegischen Bevölkerung ausmachen, lehnen den EU-Beitritt aus Angst um ihre Existenz vehement ab. Zu Recht, denn die meisten Bauern wären ohne weitreichende Sonderabsprachen von heute auf morgen ruiniert – sie genießen die höchsten Subventionen des Kontinents und ihr Einkommen würde gemäß geltenden EU-Regeln um fast die Hälfte reduziert werden. Den Fischern wiederum graust bei der Vorstellung, Eurokraten in Brüssel könnten die kostbaren Fangquoten für ihre Gewässer anderweitig verteilen und rücksichtslos leerfischen lassen. Ein EU-Beitritt könnte dem ohnehin von der Landflucht bedrohten Nordnorwegen den Gnadenstoß geben. Kein Wunder also, daß am Tag der Entscheidung, dem 28. November 1994, die Nordnorweger (in manchen Gemeinden bis zu 90 %), einem bitter enttäuschten Europa ein kräftiges Nein entgegendonnerten. Insgesamt stimmten 52,3 % aller Norweger gegen den Beitritt zur Europäischen Union, 47,7 % dafür.

Nach Meinung der triumphierenden Europa-Gegner läßt es sich in Norwegen auch außerhalb der Union ganz gut leben. Mit seinen Einnahmen durch Erdöl und Erdgas steht Norwegen ganz oben auf der Weltrangliste, die Holzwirtschaft verzeichnet Rekordumsätze, weil die Papierpreise steigen, und auch um den Fischabsatz müssen die Norweger nicht fürchten: Ihr Fisch ist bekanntermaßen gesünder und bekömmlicher als der Fisch aus wärmeren Gegenden. Die ausländische Presse faßte Norwegens wirtschaftliche Situation kurz und bündig zusammen: Anders als in Schweden und Finnland fehlt – solange das Öl fließt – ganz einfach der Elendsdruck.

Wirtschaftlich ist Norwegen schon weitgehend in die Europäische Gemeinschaft und den europäischen Binnenmarkt integriert. Im Mai 1992 schloß Norwegen zusammen mit den übrigen EFTA-Staaten das Abkommen über den Europäischen Wirtschaftsraum (EWR), der freien Verkehr von Waren, Kapital, Personen und Dienstleistungen zuläßt. Die EU nimmt Norwegen zusammen mit Schweden, Finnland und Österreich bereits 78 % der Exporte ab und stellt 68 % der Importe.

Die norwegische Regierung strebt weiterhin ein möglichst enges Verhältnis zur EU an. Der Wirtschaft geht es bestens – der nach dem Nein prophezeite wirtschaftliche Kollaps fand nicht statt. Im Gegenteil, die Zahl ausländischer Investoren ist gestiegen. Fast alle norwegischen Betriebe verbuchen Rekordprofite.

Tauschhandel Stockfisch gegen Getreide zwischen Bergen und dem Nordland problemlos funktionierte, aufgegeben.

Der Kombinationsberuf des Fischers und Bauern dominierte auf den Lofoten und Vesterålen bis nach dem Zweiten Weltkrieg. Danach begann sich die Beschäftigungsstruktur wie überall in Norwegen zuungunsten der primären auf die sekundären Wirtschaftszweige wie Dienstleistungsberufe und Industrie zu verschieben. 1980 waren nur noch etwa 12 % der erwerbstätigen Nordländer in Fisch-

Gemüseanbau auf Vestvågøy

fang und Landwirtschaft, dagegen 27 % in Industrie und Bauwesen und knapp 60 % im Dienstleistungssektor tätig.

Am stärksten betroffen vom Rückgang in den primären Wirtschaftszweigen ist die Landwirtschaft. Trotz staatlicher Subventionen nimmt die Anzahl der kleinen Höfe (wie auch im übrigen Norwegen) ab. Große Investitionen wie die Anschaffung neuer Maschinen lohnen sich nur für Höfe mit größeren Flächen und vielen Tieren. Das Land wird zum größten Teil als Grünfutterlieferant für das Vieh genutzt. Die meisten Bauern haben sich auf die Milch- und Fleischproduktion spezialisiert. Auf den Lofoten und Vesterålen wird genügend Milch für den Eigenbedarf produziert. Anders sieht es mit allen anderen landwirtschaftlichen Produkten aus. Neben dem Gras spielt nur die Kartoffel eine größere Rolle, Gemüse wird wenig, Getreide gar nicht angebaut.

Industrie

Die Industrie auf den Lofoten und Vesterålen entwickelte sich erst spät und zögerlich. Um die Mitte des 19. Jh. wurden erste Fischguano-Fabriken gegründet, die Fischabfälle wie Köpfe und Gräten zu Dünger verarbeiteten. Mit dem Aufkommen des ersten Kunstdüngers um die Jahrhundertwende verloren sie ihre angestammten Absatzmärkte und wurden wieder geschlossen. Ebenfalls in der zweiten Hälfte des 19. Jh. schossen Salzereien, Trankochereien und Heringsölfabriken aus dem Boden, die nach dem Versiegen der großen Heringsschwärme gegen Ende des Jahrhunderts wegen Rohstoffmangels schließen mußten.

Erst nach dem Zweiten Weltkrieg entwickelte sich die heutige fischverarbeitende Industrie mit Gefrieranlagen und Filetierfabriken, die weit über der Hälfte aller in der Industrie Beschäftigten einen Arbeitsplatz verschafft. In der Wintersaison ist sie gut ausgelastet. Ein Problem aber ist die nicht gleichmäßig über das ganze Jahr verteilte Zufuhr von Rohstoffen. Wenn die Quoten erfüllt sind, liegen die Trawler an Land. Der Staat unterstützt ihre Verschrottung, so daß die Boote, die übrig bleiben, möglichst das ganze Jahr hindurch unterwegs sein können. In den letzten Jahren aber standen die Fabriken mangels Fischnachschub monatelang still. Darüber hinaus gibt es eine Vielzahl von verschiedenen Industriebetrieben für Fertighäuser, Kunststoffboote, Zement- und Betonprodukte usw. sowie Werkstattbetriebe und Werften.

Begleitindustrie der Fischerei: Bootswerft in Svolvær auf Austvågøy

KAKAO

Geschichte, Gesellschaft, Kunst und Kultur

Wikinger – Reich durch Handel

Stockfisch: Hansemacht und Schuldenberge

Künstler – Fasziniert vom Licht

Rorbu-Romantik und Nordlandboote – Erinnerungen an Heldentaten

Kramladen auf Svinøya, Svolvær/Austvågøy

Daten zur nordnorwegischen Geschichte

8.–9. Jt. v. Chr. Erste Spuren menschlicher Anwesenheit in Nordnorwegen. Die Komsa-Kultur nördlich von Tromsø und die Fosna-Kultur, die sich von Süden her bis Bodø ausgebreitet hat, sind Jäger- und Fischerkulturen, die in die Zeit von etwa 7000–2500 v. Chr. datiert werden.

5.–3. Jt. v. Chr. **Ältere Steinzeit**. Erste Anzeichen für Haustierhaltung auf den Lofoten, ansonsten bis zum Beginn der jüngeren Steinzeit keine Spuren menschlicher Existenz. Ältere Spuren könnten eventuell zerstört worden sein, als um 3000 v. Chr. der Meeresspiegel um 6–7 m stieg.

Ab 3. Jt. v. Chr. **Jüngere Steinzeit**. Ab 3000 v. Chr. direkte Hinweise auf menschliches Leben auf den Lofoten/Vesterålen. Ackerbau und Viehzucht halten Einzug ins tägliche Leben. Jagd und Fischerei sowie das Sammeln von Beeren, Wurzeln, Muscheln und Vogeleiern bilden die Ernährungsgrundlage.

Bis 600 n. Chr. **Ältere Eisenzeit**. (Aufgrund der wenigen Bronzefunde kann man in Nordskandinavien nicht wie in Südskandinavien von einer Bronzezeit reden.) Die Funde aus der älteren Eisenzeit sind auf den Lofoten nicht sehr zahlreich. Die ausgegrabenen größeren Hausanlagen deuten darauf hin, daß sich mehrere Familien um eine Art Häuptlingssitz herum niedergelassen haben. Die Lage der Höfe zeigt, daß für ihre Ansiedlung nicht nur das Meer, sondern auch die Nähe guter Weideplätze für das Vieh sowie trockener Boden für den Kornanbau ausschlaggebend waren.

700–900 Entlang der Küste entwickelt sich ein lukrativer Handel. Pelze aus dem Norden sind in ganz Europa begehrt und werden gegen Getreide, Salz und Werkzeug eingetauscht.

870–890 Ottar, Wikingerhäuptling und Händler, fährt nach England und berichtet dem englischen König vom nordnorwegischen Leben und Handel (s. Kasten S. 47). Eine weitere, allerdings nicht zeitgenössische schriftliche Quelle für die späte Wikingerzeit und das folgende Mittelalter sind die Königsagas des isländischen Dichters, Historikers und Politikers Snorri Sturluson, der von 1179–1241 lebte. Für die ganze **Wikingerzeit** zeugen archäologische

Allroundunternehmer des 9. Jh.

Wikingerhäuptling Ottar

Eine der ersten ausführlichen schriftlichen Quellen, die vom Nordland handelt, ist der Bericht des Wikingerhäuptlings Ottar aus dem Ende des 9. Jh. n. Chr. Er macht deutlich, daß der Norden selbst in einer Zeit, als das Hauptverkehrs- und Transportmittel noch das offene Boot war, keineswegs von der Umwelt abgeschnitten war.

Ottar stammte vermutlich aus der Gegend um Tromsø und war zu seiner Zeit einer der reichsten und mächtigsten Häuptlinge Nordnorwegens. Als er ca. 870/890 n. Chr. nach England segelte und dort König Alfred dem Großen von seinem Leben und seinen Abenteuern berichtete, war er schon weit herumgekommen. Auf seinen Fahrten gelangte er über das Nordkap hinaus bis ins Weiße Meer, im Süden nach Dänemark und Deutschland. König Alfred, der sein Leben lang gegen die einfallenden Wikingerscharen kämpfte, zu friedlichen Händlern aber freundlichen Kontakt unterhielt, fand die Berichte Ottars so interessant, daß er sie vom Hofschreiber aufzeichnen und in eine von ihm persönlich übersetzte und bearbeitete Weltgeschichte einfügen ließ.

Ottar hatte wie die meisten seiner Landes- und Zeitgenossen eine Vielzahl von Berufen. Er war als Bauer im Besitz von 20 Kühen, 20 Schafen und 20 Schweinen und besaß eine Herde von 600 Rentieren, darunter sechs zahme Locktiere, die besonders wertvoll waren, da man sie zum Einfangen von wilden Rentieren brauchte. Darüber hinaus war er Jäger, Walfänger und Händler. Seine Tätigkeit als Händler führte ihn schließlich auch nach England, wohin er auf Wunsch des Königs ›Elfenbein‹ (Walroßzähne) und Seehundfelle, die, in Streifen geschnitten, sehr haltbare Taue ergaben, lieferte. Wie bedeutend die Walroßzähne als Handelsware und Zahlungsmittel waren, zeigen die zahlreichen, in ganz Europa gemachten Funde von Perlen aus Walroßzahn. Das Walroß lebte in großen Herden im Weißen Meer, und so war es denn sicherlich nicht nur Wissenslust, die Ottar zu seinen weiten Reisen Richtung Norden veranlaßte, sondern ebenso die Aussicht auf den lukrativen Erwerb des nordischen Elfenbeins.

Eine der wichtigsten Einnahmequellen Ottars aber war die ›Finnsteuer‹, die das Volk der Samen an ihn wie auch an andere landbesitzende nordnorwegische Häuptlinge entrichten mußten. Die Samen

kamen aus dem Norden und Osten, um auf Ottars Gründen in Hålogaland zu jagen. Sie bezahlten den Tribut »wie es ihrem Rang entsprach«, mit Pelzen, Häuten und Daunen, im Ausland hochbegehrten und gutbezahlten Waren.

Es war bereits zu Ottars Zeit unter den nordnorwegischen Häuptlingen üblich, Händler mit Kabeljau und Pelzen nach England zu schikken, um sie dort gegen Luxusgüter wie Stoffe, Honig und Wein zu tauschen, aber auch gegen lebensnotwendige Ware wie Getreide. Denn die enorme Fülle an Naturressourcen, die die Besiedlung des hohen Nordens ermöglichte, stand wegen natürlicher und klimatischer Bedingungen einem eklatanten Mangel an Anbaumöglichkeiten gegenüber. Und diese Ambivalenz bestimmte über Jahrtausende die Besiedlungsstruktur und -geschichte des Nordlands.

Funde in Hålogaland, das in etwa dem Gebiet des heutigen Nordland und Troms entsprach, von einer wohlhabenden und einflußreichen Oberklasse, die den Gebiets- und Steueransprüchen der norwegischen Könige lange trotzte.

11. Jh. Wichtige Häuptlinge im Norden sind Tore Hjort aus Vågan, der erste namentlich erwähnte Lofotinger, Hårek von Tjøtta und Tore Hund aus Bjarkøya, beide Lehensmänner, d. h. Repräsentanten des norwegischen Königs Olav Haraldsson. Tore Hund gerät wie viele andere nordnorwegische Häuptlinge in Konflikt mit dem König, der ins Ausland flieht, als Knut der Große, König über Dänemark und England, 1028 mit einer Flotte anrückt. Knut wird in Norwegen als König anerkannt. Als Ex-König Olav im Jahre 1030 mit einem kleinen Heer zurückkehrt, wird er von einem überlegenen Heer von Bauern und Häuptlingen in der Schlacht von Stiklestad (Trøndelag) geschlagen. Laut Snorri versetzte der Nordländer Tore Hund dem König den entscheidenden Todesstoß.

12./13. Jh. Die Lofoten und Vesterålen haben sich zu einem politisch und wirtschaftlich mächtigen Landesteil entwickelt. Der Trockenfischhandel gewinnt an Bedeutung. In Vågan auf Austvågøy (s. S. Kasten S. 88) treffen sich Händler aus Troms und Bergen, dort finden auch wichtige politische Versammlungen statt. In dieser Zeit basiert der Nordhandel noch auf Gegenseitigkeit.

Um 1250 Deutsche Kaufleute etablieren sich in Bergen. Die Hanse versorgt den Norden mit Getreide (s. Kasten S. 50).

14. Jh. Die Hanse gewinnt an Macht, Vågans große Zeit ist vorbei. 1340 werden die Lofoten und Vesterålen dem Steuerbezirk Bergen unterstellt. 1349 gelangt die Pest auf englischen Schiffen nach Bergen und verbreitet sich rasch im ganzen Land. Fast die Hälfte der norwegischen Bevölkerung fällt ihr zum Opfer. 1350 wird der Hanse, die nach der Pestzeit endgültig den gesamten Trockenfischhandel in Bergen übernimmt, verboten, nördlich von Bergen Handel zu treiben. Der innernorwegische Handel geht einer schwarzen Zeit entgegen. Gegen Ende des Jahrhunderts müssen die Nordländer ihren Stockfisch selbst nach Bergen transportieren und sich von dort alle Waren holen, die sie brauchen. Das durch die Pest, Hungersnöte und stagnierenden Handel geschwächte Nor

Herr über den Stockfisch

Die Hanse

Es war der Stockfisch, der die deutschen Hansekaufleute nach Norwegen brachte. Schon seit dem Mittelalter war Bergen der Umschlagplatz für den Lofotfisch. Als Ende des 12. Jh. skandinavische Kreuzfahrer die Stadt besuchen, schreibt einer der Teilnehmer über die Stadt: »Diese Stadt ist dort die berühmteste im Lande . . . viele Menschen wohnen dort, sie ist reich und hat mancherlei Überfluß. An Stockfisch, den man Skreith nennt, ist so viel da, daß man ihn weder messen noch zählen kann . . .«

Um 1250 erhielten die deutschen Kaufleute vom norwegischen König Håkon IV. die Erlaubnis, in Bergen Handel zu treiben. Diese Handelsrechte wurden der Hanse zwar nur unwillig und gegen den Widerstand des norwegischen Kaufmannsstandes eingeräumt. Doch Norwegen war auf das Getreide angewiesen, das die Hanse mit ihren weitreichenden Handelsbeziehungen im Osten importieren konnte. So saßen die hanseatischen Kaufleute aus Hamburg und Lübeck also schnell an einer Schlüsselstelle wirtschaftlicher Macht, sie bestimmten Preise und Abnahmebedingungen. Um aber nicht ganz ihrer Willkür ausgeliefert zu sein, wurde die Stockfisch- und Butterausfuhr im Jahre 1282 von der Getreideeinfuhr abhängig gemacht.

Gegen Ende des 13. Jh. sind an die 2000 deutsche Kaufleute in Bergen ansässig, sie machen zeitweise fast ein Viertel der gesamten Stadtbevölkerung aus. Um ihre Macht einzuschränken, wird ihnen verboten, nördlich von Bergen Handel zu treiben; der Handel im Norden sollte allein den norwegischen Kaufleuten überlassen bleiben. Die Folge war, daß die Lofotfischer oder autorisierte Stellvertreter nun selbst nach Bergen fahren und dort den Handel abwickeln mußten. So konnten sie auch gleich kontrollieren, ob beim Wiegen und Schätzen der Qualitätsklasse des Fisches alles mit rechten Dingen zuging. Es kursierten viele Geschichten von Hanseaten, die unauffällig mit Knie oder Daumen die Waage manipulierten. Umgekehrt gab es auch für die Nordländer Wege und Möglichkeiten, die Kaufleute zu betrügen: Ein bißchen Wasser auf den Trockenfisch, und dieser wog schnell etwas mehr. Ob es wahr ist, daß die Fischer sogar auf den Fisch pinkelten, um ihn schwerer zu machen, sei dahingestellt.

Nach dem Abschluß des Geschäfts belud man das Boot mit allerlei im Norden kaum verfügbaren, aber lebensnotwendigen Dingen wie

Wappen des Hansekontors in Bergen

Mehl, Stoffen, Baumaterial, Werkzeug, Fischereigerätschaften und Branntwein. Die Abrechnung sorgte häufig für Streit: Die Hanseaten legten immer schon im voraus die Preise für Trockenfisch und Tran sowie für ihre eigenen Waren fest; die Fischer waren mit den Preisen oft unzufrieden, wurden aber bei ihrer Festsetzung nie gehört.

Bis ungefähr 1550 behielten die deutschen Kaufleute die Vorherrschaft über den Trockenfischhandel in Bergen. In diesen 200 Jahren existierte im Nordland selbst so gut wie überhaupt kein Handel. Wirtschaftlich gesehen war es aber eine Blütezeit. Die Stockfischpreise blieben dauerhaft hoch, die Getreidepreise niedrig, die Bevölkerungszahl auf den Lofoten stieg. Die Kirchen wurden mit Kunstschätzen aus den deutschen Hansestädten, allen voran Lübeck, ausgestattet. Vor allem in Andenes und Hadsel, aber auch auf Værøy und Røst findet man noch eindrucksvolle Beispiele dafür.

Die Bedeutung der Hanse für das Nordland wird unterschiedlich beurteilt. Einige Historiker sind der Ansicht, daß sie mit ihren weitreichenden Handelsbeziehungen dafür sorgte, daß der Trockenfisch in weiten Teilen Europas bekannt wurde und die Nachfrage nach dem Stockfisch als Fastenspeise in einem Maß förderte, wie es den Norwegern selber nie gelungen wäre. Andere beklagen die unselige Abhängigkeit des einst politisch und wirtschaftlich mächtigen Nordlandes, die in dieser Zeit begründet und vertieft wurde und noch über Jahrhunderte Geschick und Geschichte der Nordländer bestimmen sollte.

wegen wird 1380 mit König Olav VI. (dem Sohn des norwegischen Königs Håkon VI. und der dänischen Königstochter Margarete), der in Personalunion König von Dänemark und Norwegen ist, von Dänemark abhängig. Die Union mit dem hegemonialen Dänemark dauert bis 1814.

15./16. Jh. Wirtschaftlich folgen gute Jahre. Der Hansehandel ist etabliert, der Absatz von Lofotfisch gewährleistet, die Getreidepreise bleiben stabil. Mit der Reformation 1536 wird die Macht der Kirche gebrochen, der dänische König übernimmt einen Teil der großen Eigentümer der Kirche. Für die Lofotinger ändert sich wenig, die Hauptstadt Kopenhagen ist fern, die meisten der alten Priester bleiben im Amt. 1562 erhalten die Bürger von Trondheim und Bergen das Handelsmonopol für das Nordland. Die Nordländer bleiben auf der Strecke, ihre Abhängigkeit von Bergen wächst. Gegen Ende des 16. Jh. brechen Krisenzeiten an, die zur Verelendung beitragen und das ganze folgende Jahrhundert fortdauern: Die Getreidepreise steigen, die Trockenfischpreise sinken.

17. Jh. Die Zeit der Hanse geht ihrem Ende entgegen, obwohl sie offiziell noch bis zum Beginn des 18. Jh. ihr Kontor in Bergen aufrechterhält. Norwegische Kaufleute übernehmen das Trockenfischgeschäft. Die sinkenden Preise werden zum Teil mit steigender Produktion aufgefangen. Die Schuldenlast der Lofotfischer wächst ins Unerträgliche (s. Kasten S. 53). Wegen einer Klimaverschlechterung 1635–50, der sogenannten ›kleinen Eiszeit‹, muß auf den ohnehin mageren Getreideanbau fast völlig verzichtet werden. Hunderte von Menschen verhungern. Mitte des 17. Jh. verkauft die Krone königlichen Grund und Boden. Teile der Lofoten und Vesterålen kommen nun in die Hand kapitalkräftiger, zum Teil ausländischer Unternehmer. 1697 erhalten die Nordländer zum ersten Mal die Erlaubnis, selber Handel zu treiben. In den nächsten hundert Jahren entstehen zahlreiche Handelsplätze. Viele der Krämer kaufen selber Fisch auf und bringen ihn auf eigenen Frachtschiffen nach Bergen.

18. Jh. Sinkende Fischpreise veranlassen viele, die Lofoten und Vesterålen zu verlassen, um sich an Orten anzusiedeln, wo es bessere Möglichkeiten für die Landwirtschaft gibt. 1762 wird die königliche Erlaubnis erteilt, im Norden

Mit der Mütze in der Hand

Schuldenlast in Bergen

Nordfargjelden, die ›Nordfahrtschuld‹, ist eines der dunkelsten Kapitel in der Geschichte des Lofotfischfangs. Der Kaufmann in Bergen, bei dem der Lofotfischer seinen Trockenfisch ablieferte, war durch ein ungeschriebenes Gesetz dazu verpflichtet, den Fischer auch in schlechten Jahren mit den lebensnotwendigen Waren, zu denen übrigens auch der berüchtigte Branntwein gehörte (s. Kasten S. 108), zu versorgen und ihm Kredit zu gewähren.

Die Schuld wurde bis zum nächsten Jahr angeschrieben. Dafür war der Fischer seit 1572 gesetzlich verpflichtet, mit dem Kaufmann, dessen Schuldner er war, im nächsten Jahr wieder zu handeln. Nach einer Reihe von schlechten Jahren war der Fischer also fest an einen einzigen Kaufmann gebunden und da es, wie schon zu Hansezeiten, immer der Kaufmann war, der die Preise bestimmte, konnte es dem Fischer geschehen, daß er auf Jahre hinaus in Abhängigkeit gehalten wurde. Er durfte nicht zu einem anderen Händler, der ihm einen günstigeren Preis für seinen Fisch bot, überwechseln. Auf der anderen Seite konnte der Bergen-Kaufmann aber auch betrogen werden, denn es war schwierig zu kontrollieren, ob der Lofotfischer auch wirklich den gesamten Fang beim Schuldenkaufmann ablieferte.

Ganze Lofotregionen wurden, besonders im 17. Jh., von ihrer ›Bergenschuld‹ schier erdrückt. Ende des 17. Jh. versuchte der König, der größten Not abzuhelfen, in dem er anordnete, daß alle Bergenschuld, die älter als vier Jahre war, ersatzlos gestrichen werden sollte. Schulden gab es dennoch weiterhin genug. Das »verteufelte System« hielt sich dann noch bis 1813, als endgültig alle Bergenschuld gestrichen wurde.

Ende gut, alles gut? Eher nicht. Der Lofotfischer gelangte vom Regen in die Traufe. Von den Bergenkaufleuten unabhängig geworden, geriet er in die Abhängigkeit der Großunternehmer und Grundbesitzer vor Ort, die ihm fortan in schlechten Zeiten Kredit gewährten. Schnell war er in ein noch dichteres Netz von Schulden und Verpflichtungen verstrickt. Das Bild des Fischers, der mit der Mütze in der Hand beim Kaufmann um Kredit bittet, ist untrennbar mit der Geschichte des Lofotfischfangs und des Alltags der Fischerfamilien im gesamten Nordland verbunden.

Gasthäuser *(Gjestgiveri)* einzurichten. Um die Gasthöfe, deren Besitzer oft auch Kaufleute und Fischaufkäufer sind, entstehen kleine, blühende Handelsorte. Im letzten Drittel des Jahrhunderts steigen die Fischpreise, der Wohlstand wächst. Auch die Lofotfischer verdienen gut und entwickeln große Kauflust, die vor allem den Kaufleuten vor Ort zugute kommt. Als die Krone gegen Ende des Jahrhunderts wieder einmal Geld braucht und weiteres Krongut verkauft, erwerben Vertreter des reichgewordenen Kaufmannsstandes in erheblichem Umfang Kronland.

19. Jh. Zu Beginn des Jahrhunderts sind alle ehemals königlichen Fischerorte auf den Lofoten in privatem Besitz. Es ist ein Kaufmannsstand entstanden, der viele Berufe in einem vereint: Gastwirt, Händler, Fischaufkäufer, Frachtschiffer und nun in vielen Fällen auch noch Fischereidorfbesitzer *(væreier)*.

1810 Die napoleonischen Kriege beenden die Zeit wirtschaftlicher Prosperität: Norwegen steht auf der ›falschen‹ Seite und wird von englischen Kriegsschiffen blockiert. Kein oder nur wenig Getreide kommt ins Land. Wieder sterben Hunderte am Hunger, der Auszehrung, an Fieber oder Typhus. Der zunächst verbotene Handel mit den Russen, die Nordnorwegen mit Mehl versorgen, gewinnt an Bedeutung.

1813 Auf königlichen Beschluß werden alle Schulden der Lofotfischer in Bergen gestrichen. Der Lofotfischer ist nun zwar finanziell unabhängig von den Bergenkaufleuten, er wird dafür jedoch zum Schuldner des Fischereidorfbesitzers, der ihm fortan Kredit gewährt (s. Kasten S. 53).

1814 Nach den napoleonischen Kriegen muß Dänemark im ›Frieden von Kiel‹ Norwegen an Schweden abtreten. Die Norweger erkennen den Vertrag nicht an und bilden statt dessen eine verfassungsgebende Versammlung, die am 17. 5. 1814 in Eidsvoll (nördlich von Oslo) eine eigene norwegische Verfassung verkündet. Diese erklärt Norwegen zum selbständigen konstitutionellen Königreich. Obwohl Norwegen die Union mit Schweden erst 1905 endgültig löst, feiern die Norweger den 17. Mai als Nationalfeiertag.

1857 Ketil Motzfeldt setzt ein neues Fischereigesetz durch. Die Grundsätze: freies Meer, freier Fisch, öffentliche Aufsicht.

Umzug am Nationalfeiertag in Sortland/Langøya

1860–1890 Abenteuerlich üppige Heringsfänge bringen Reichtum und Wohlstand.

1893 Das Nordland erhält mit der Eröffnung der Hurtigrute (s. Kasten S. 194) zwischen Trondheim und Hammerfest das erste Mal sommers wie winters eine regelmäßige Verbindung mit der Außenwelt.

Ab ca. 1910 Einzelne Dorfbesitzer/Fischaufkäufer beginnen, den Fisch selbst zu exportieren und damit die Abhängigkeit von den Bergenkaufleuten endgültig abzuschütteln.

1926 Gründung des *Norges Fiskarlag* (Interessenverband der norwegischen Fischer) mit Vertretern im Storting.

1930 Einigung der Walfänger, die auf Grund der dezimierten Walbestände die eigene wirtschaftliche Grundlage bedroht sehen, auf eine Reduzierung der Fangquoten sowie auf bestimmte Fangzeiten. (Auf diese Bestimmungen gründete sich 16 Jahre später die Internationale Walfang-Kommission.)

1938 Das *Råfiskloven* (Frischfischgesetz) entzieht erstmalig den übermächtigen Großgrundbesitzern das Recht, die Fischpreise zu bestimmen. Die Organisationen der Fischer handeln die Preise aus, der Staat garantiert einen Mindestpreis. Auf der Grundlage dieses Gesetzes erfolgt

Überfall durch Freunde

Die Lofoten im Zweiten Weltkrieg

Bis zum März 1941 waren die Lofoten, im Gegensatz zu den Städten auf dem Festland, vom Krieg ziemlich verschont geblieben. Zwar hatten bereits 1940 deutsche Kriegsschiffe auf ihrem Weg nach Narvik den Vestfjord passiert, die Inseln dabei aber links liegen lassen. Auch als die Deutschen später als Besatzer auf die Lofoten kamen, waren sie vor allem an den Fabriken für Heringsöl interessiert, die ein Ausgangsprodukt für die Sprengstoffherstellung lieferten. Doch im weiteren Verlauf des Krieges führten britische Truppen immer wieder Angriffe auf Norwegen durch, um zu zeigen, daß die lange Küstenlinie ungeschützt sei, und die Deutschen dazu zu zwingen, Truppenkontingente von den Hauptkriegsschauplätzen in Mitteleuropa abzuziehen.

So wurden am 4. März 1941 die Lofotorte Svolvær, Stamsund, Henningsvær und Brettnes von 550 britischen und 50 norwegischen Soldaten angegriffen. Sie zerstörten Fabriken, Fischerei- und Tankanlagen, versenkten deutsche Kriegsschiffe und verließen mit über 200 Gefangenen die Inseln. Mehr als 300 Norweger gingen mit ihnen nach England ins Exil. Die deutschen Besatzer reagierten mit starken Repressionen. Die Häuser der geflohenen Lofotinger wurden niedergebrannt, es folgten Verhaftungen und Verhöre, Folter und Verturteilungen wegen »Feindbegünstigung«. Auf den Inseln wimmelte es fortan von deutschen Soldaten, SS und Gestapo.

Als der norwegischen Exilregierung das Ausmaß der Zerstörungen und folgenden Repressalien bekannt wurde, verlangte sie von England Mitspracherecht bei Operationen, die Norwegen betrafen. Zu Weihnachten des gleichen Jahres erfolgte ein zweiter britischer Angriff. Diesmal gingen etwa 300 britische und norwegische Soldaten in Sørvågen und Reine sowie in Sund auf Flakstadøy an Land. Die Bevölkerung, die die Truppen beim ersten Mal noch freudig als Befreier begrüßt hatten, war nun wesentlich zurückhaltender. An eine Befreiung durch die Engländer glaubte man nicht noch einmal, und obwohl die Engländer ursprünglich vorgehabt hatten, einen Stützpunkt einzurichten, verließen sie auch dieses Mal die Insel bereits nach wenigen Tagen. Wieder folgten ihnen fast 300 norwegische Männer, Frauen und Kinder.

Die Rechnung der Alliierten ging auf. Auf ihre Angriffe folgte die Aufrüstung Nordnorwegens inklusive der Lofoten zur waffenstarrenden Festung, ein Strom von deutschen Soldaten zog nach Norden.

die Gründung des *Råfisklag* (Erzeugerorganisation für Frischfischverarbeitung).

1939 Wie schon im Ersten Weltkrieg erklärt Norwegen auch im Zweiten Weltkrieg seine Neutralität. Auf Grund seiner strategisch günstigen Lage für Operationen gegen England und Frankreich sowie für die Ausfuhr schwedischer, für die Deutschen kriegswichtiger Eisenerze über den eisfreien norwegischen Hafen Narvik ist diese Neutralität jedoch von Anfang an gefährdet.

April 1940 Norwegen (v. a. die Städte Oslo, Stavanger, Bergen, Trondheim und Narvik) wird von deutschen Truppen besetzt. Die norwegische Regierung und die Königsfamilie fliehen nach England ins Exil, um von dort aus den Kampf gegen die Deutschen weiterzuführen. Die norwegische Nazipartei unter Vidkun Quisling findet in der Bevölkerung keinen großen Zuspruch. In ganz Norwegen ist bis zum Ende des Krieges eine zunehmende Zahl von Widerstandskämpfern aktiv.

Mai 1940 Mit Hilfe britischer, polnischer und französischer Truppen wird Narvik zurückerobert. Bereits Anfang Juni werden die alliierten Truppen aber wieder nach England und Frankreich abgezogen, wo zusätzliche Kräfte gegen Hitlers große West-Offensive benötigt werden.

Mai 1945 Erst die deutsche Kapitulation bringt die Befreiung Norwegens. Der Abzug der deutschen Truppen aus Nordnorwegen ist vor allem in der Finnmark und in Nord-Troms mit furchtbaren Verwüstungen verbunden. Ganze Landstriche werden ›mit deutscher Gründlichkeit‹ dem Erdboden gleichgemacht.

Ab 1945 Norwegische Rekordfänge: zum einen auf Grund technischer Fortschritte, zum anderen wegen des starken Anwachsens der während des Krieges jahrelang notgedrungen ›geschonten‹ Fischbestände.

1946 Gründung der Internationalen Walfang-Kommission (IWC).

1949 Beitritt Norwegens zur NATO.

Ab ca. 1960 Der drastische Rückgang der Fischbestände, vor allem des Kabeljaus, macht deutlich, daß die Ressourcen des Meeres nicht unerschöpflich sind. Ab Anfang der 60er Jahre regulieren Quotenbestimmungen die erlaubte Fangmenge der durch Überfischung bedrohten Fischarten.

1962/67 Norwegen bewirbt sich um Aufnahme in die Europäische Wirtschaftsgemeinschaft (EWG), die Anträge werden abgelehnt.

1963 Eröffnung des ›Lofotweges‹ (E 10), der in Verbindung mit mehreren Fähren erstmals die Durchquerung der Lofot-Inseln von Austvågøy bis Moskenesøy mit dem Auto ermöglicht.

1970 Nach dem dritten Antrag: Beginn der Beitrittsverhandlungen zwischen der EWG und Norwegen. Der Entschluß zum Beitritt, von der Industrie erwünscht, ist in Norwegen heftig umstritten, da man befürchtet, daß ohne weitreichende Sonderregelungen die staatlich subventionierte Landwirtschaft sowie die Fischerei im ohnehin von der Landflucht bedrohten Nordnorwegen nicht mehr konkurrenzfähig sei. Der norwegische Antrag, an der für September 1970 angesetzten Diskussion über die geplante Fischmarktordnung teilzunehmen, wird von der EWG abgelehnt.

1971 Norwegen stellt den Fang der großen Wale endgültig ein. Erlaubt bleibt der Fang von Kleinwalen (weniger als 12 m lang), was die Beschränkung auf den Fang der Zwergwale *(vågehval)* bedeutet.

1972 In einer Volksabstimmung lehnen 53,5 % der Norweger die bereits vereinbarte EWG-Mitgliedschaft ab.

1977 Erweiterung der norwegischen Fischereizone auf 200 Seemeilen.

1980 Eröffnung des Bø-Weges im südwestlichen Teil Langøyas, der Bø fährfreie Anbindung zum Rest der Vesterålen verschafft. 94 % der Vesterålenbewohner sind nun durch ein dichtes Netz von Brücken und Tunnels an das Hauptverkehrsnetz angeschlossen.

1986 Totalverbot des kommerziellen Walfangs durch die Internationale Walkommission. Erst nach massivem wirtschaftlichem Druck durch die USA beugt sich die norwegische Regierung für die Zeit nach der Fangsaison 1987 bis 1990 dem Verbot.

1990 Eröffnung des Nappstraumtunnels, der die Lofot-Inseln von Austvågøy bis Moskenesøy erstmals fährfrei miteinander verbindet und zu einer vielversprechenden Steigerung des Tourismus auf den Westlofoten führt.

1991 Die Internationale Walfangkommission erneuert in Reykjavik das Zwergwal-Fangverbot. Forderungen der Walfänger, die von *Norges Fiskarlag* unterstützt werden, nach Norwegens Austritt aus der IWC werden laut.

1992 Wegen erholter Kabeljaubestände erstmals wieder Anhebung der Fangquoten. Wiederaufnahme des Zwergwal-Fangs zu Wissenschaftszwecken. Im Juni kündigt Norwegen bei der Jahrestagung der IWC in Glasgow die Wiederaufnahme des kommerziellen Walfangs für 1993 an.

Mai 1992 Abkommen über den Europäischen Wirtschaftsraum (EWR) zwischen den EFTA-Staaten und der EU.

Ab 1993 Wiederaufnahme des kommerziellen Walfangs, womit sich Norwegen über das von der IWC 1986 ausgesprochene, 1993 verlängerte Fangverbot (›Moratorium‹) hinwegsetzt. Proteste aus aller Welt (s. S. 33 ff.).

Nov. 1994 Volksabstimmung über den Beitritt Norwegens in die EU: Ablehnung mit 52,3 % (s. Kasten S. 40).

1998 Im Herbst Eröffnung der Brücke über den Raftsund, ein wichtiger Bauabschnitt der geplanten Festlandanbindung der Lofoten; Fertigstellung nach 2000.

2000 Anfang des Jahres wird die Quote für den Zwergwalfang von 753 im Jahr 1999 auf 655 begrenzt.

Bevölkerung und Besiedlung

Auf den Lofotinseln leben insgesamt nicht mehr Menschen als in einer deutschen Mittelstadt, nämlich rund 24 500, auf den Vesterålen etwa 32 500. Da die Ernährungsgrundlage der Inselbewohner seit dem Mittelalter der Kabeljau war, der von Januar bis April bevorzugt im Vestfjord laicht, ist die Bevölkerungskonzentration auf den Lofoten zum Vestfjord hin relativ hoch, da von hier aus der Weg zu den guten Fischgründen am kürzesten war. Hier liegen die engbebauten Fischerdörfer, soweit es die geographischen Gegebenheiten zulassen, dicht an dicht auf dem schmalen, felsigen Küstenstreifen, im Rücken die schroffen, steilen Berge. Auch auf den Vesterålen war der Zugang zu guten Fischgründen ausschlaggebend für die Besiedlungsstruktur. Wo das Land weiter ist und landwirtschaftlich genutzt werden kann, überwiegen Streusiedlungen, einzelne Höfe oder kleinere Hofansammlungen. Die Außenseiten der Inseln und das gebirgige Landesinnere sind nur dünn bzw. gar nicht mehr besiedelt. Viele der auf der Außenseite oder in schwer zugänglichen Inselteilen gelegenen Orte, die zum Teil nie eine Straßenverbindung er-

Häufig an den Insel-›Außenseiten‹ trifft man auf verlassene Anwesen

halten haben, sind heute verlassen (s. Kasten S. 132), andere, z. B. auf Vestvågøy oder den Vestbygd-Inseln in der Øksnes-Gemeinde auf den Vesterålen sind von Abwanderung bedroht. Die Einwohnerzahlen nehmen dort vor allem aus wirtschaftlichen Gründen ab: Die jungen Leute wandern auf der Suche nach Arbeit und einer gesicherten Zukunft in die Zentren und großen Orte wie Bodø und Tromsø auf dem norwegischen Festland. Am wenigsten von dieser Entwicklung betroffen sind die ›Hauptstädte‹ wie Svolvær und Sortland, wo neben der fischverarbeitenden Industrie zahlreiche Verwaltungs- und Dienstleistungsbetriebe Arbeitsplätze gewähren.

Verwaltung und Verkehr

Die Lofoten und Vesterålen gehören zu der nordnorwegischen Provinz Nordland, deren Hauptstadt Bodø auf dem Festland etwa in Höhe der südlichsten Lofot-Insel Røst liegt. Administrativ sind die Lofoten in sechs Gemeinden eingeteilt: Vågan, Vestvågøy, Flakstad, Moskenes, Værøy und Røst; die Vesterålen in die Gemeinden Andøy, Øksnes, Bø, Sortland und Hadsel. Die Gemeindegrenzen richten sich nicht immer nach den Inselgrenzen, sondern in mehreren

Zwischen Langøya und Hinnøya: die Sortland-Brücke unterm Januarmond

Fällen nach Zugänglichkeit und Straßenanbindung. Teilweise sind die Grenzen auch noch von früher überliefert, als das Boot Hauptverkehrsmittel war; ein extremes Beispiel dafür ist die Hadsel-Gemeinde, die auf vier Inseln verteilt ist.

Die Verbindung zur Außenwelt gestaltete sich in dieser zerklüfteten Inselwelt immer schwierig. Bis im 19. Jh. die Dampfschiffe aufkamen, beschränkte sich der Verkehr mit dem Süden auf die Trockenfischfrachter und die wenigen Postschiffahrten. Erst die Hurtigrute brachte Ende des 19. Jh. tiefgreifende Änderungen (s. Kasten S. 194).

Die meisten Fischerorte waren bis weit in das 20. Jh. hinein auf das Boot als Verkehrsmittel angewiesen. Erst ab Mitte der 40er Jahre hat der billigere Transport über Land den Schiffsfrachtverkehr immer mehr abgelöst. Für die Lofoten und Vesterålen war diese Entwicklung mit der Überwindung zahlreicher unlösbar erscheinender Schwierigkeiten verbunden und im wahrsten Sinne des Wortes mit Problemen gepflastert. Zusätzlich zu den Straßen, die zum Teil in den Felsen gesprengt sind, mußten unzählige Brücken gebaut werden.

Den ersten großen Durchbruch bildete der Lofotweg (E 10), der im Jahre 1963 eröffnet wurde und erstmals die Inseln Austvågøy, Vestvågøy, Flakstadøy und Moskenesøy miteinander verband, ohne jedoch die Fährfahrten zwischen den einzelnen Inseln zu ersparen. Inzwi-

Gemeinde	Fläche km²	Einwohner	Verwaltungs-zentrum
Andøy	660	ca. 6 300	Andenes
Sortland	577	ca. 8 500	Sortland
Øksnes	317	ca. 4 800	Myre
Bø	248	ca. 3 700	Straume
Hadsel	566	ca. 8 600	Stokmarknes
Vågan	477	ca. 9 360	Svolvær
Vestvågoy	422	ca. 10 800	Leknes
Flakstad	180	ca. 1 630	Ramberg
Moskenes	120	ca. 1 420	Reine
Væroy	18	ca. 840	Sørland
Røst	11	ca. 700	Røstlandet

schen sind alle größeren Lofot- und Vesterål-Inseln, ausgenommen Værøy und Røst, durch Brücken bzw. Tunnel miteinander verbunden. Dadurch sind neue Verkehrszentren entstanden wie Leknes/Gravdal oder Sortland, die einen klaren Vorsprung vor den alten, der See zugewandten Zentren wie etwa Henningsvær, Stokmarknes und Andenes gewonnen haben. Svolvær als Fährhafen hält weiterhin seine zentrale Position, um so mehr, als die Lofoten noch keine Festlandanbindung haben. Diese soll von Fiskebøl im Norden Austvågøys an der Küste entlang nach Hanøy und weiter über Fjorde, durch Berge und Täler hinüber nach Hinnøya und Lødingen verlaufen. Svolvær als Einfallstor zu den Lofoten wird von Bedeutung bleiben, etwa 180 000 Besucher pro Jahr zählt man mittlerweile auf den Lofoten.

Literatur

Die Lofoten und Vesterålen werden wegen der großen wirtschaftlichen Bedeutung, die der Lofotfischfang für Nordnorwegen hatte, in vielen Werken norwegischer Schriftsteller beschrieben. Die Ausfahrt der Fischer und ihre Rückkehr, das Leben der zurückgelassenen Familien und der wartenden Frauen, der Kampf der Fischer gegen die übermächtigen Naturgewalten sowie ihre materielle Abhängigkeit von den kapitalkräftigen Kaufleuten – alles dies sind stetig wiederkehrende Motive in der Literatur. Nicht zuletzt ist es auch die gewaltige, dramatische Natur, vor allem die der Lofoten, die von Dichtern geschildert, von Künstlern gemalt wird. Sogar **Bjørnstjerne Bjørnson**, welcher im Romsdalen aufwuchs und die wildesten Gipfel von Trollheimen vor Augen hatte, wurde beim Anblick der Naturschönheiten der Lofoten zu schwärmerischen Beschreibungen hingerissen. Wer aber die nordnorwegische Kultur und Geschichte nicht kennt, überliest diese Beschreibungen leicht, da sie in den meisten Fällen nicht handlungstragend sind.

Anders ist es mit dem 1921 erschienenen Roman ›Die Lofotfischer‹ von **Johan Bojer** (1872–1959). Bojer kannte das Leben der Fischer während der Lofotsaison gut und beschreibt es ausführlich. Hauptfigur des Buches ist Kristaver Myran und seine Mannschaft auf dem Boot ›Kobben‹. Sie bereiten die Ausfahrt vor, nehmen Abschied von ihren Familien, segeln vom Festland aus über den Vestfjord und beziehen für die Wintersaison ein *Rorbu* in Henningsvær. Ihnen widerfährt so ziemlich alles, was Lofotfischern passieren kann: Eine lange Reihe von Landtagen, an denen das Meer »schwarz«, der Kabeljau verschwunden ist, dann wieder riesige Fischschwärme, die harte Arbeit auf dem Vestfjord mit sich bringen, Tage, in denen sich der Traum vom großen Verdienst zu erfüllen scheint. In einem Sturm kentert das Boot Kristavers, ein Mann ertrinkt. Sie erleben die historische Schlacht im Trollfjord (s. Kasten S. 214) sowie eine Schlägerei zwischen zugereisten Südländern und einheimischen Nordländern. Sehr genau wird der Fischeralltag im Rorbu beschrieben: Heimweg, zerschlagene und wieder aufkeimende Hoffnung auf lohnenden Fang, aber auch die Freude der Frauen und Kinder, wenn Briefe ankommen, und die Heimkehr auf die größtenteils armseligen Höfe, für die der Lofotverdienst Sein oder Nichtsein bedeutet.

Knut Hamsun (1859–1952), als Knud Pedersen im Gudbrandsdal geboren, verlebte seine Kindheit auf dem auf der Festlandseite des Vestfjords gelegenen Hamarøy. Die meisten Männer fuhren von dort aus im Winter zum Lofotfischfang über den Vestfjord. Hamsun hat viele Jahre seines Lebens im Nordland zugebracht, als Heranwachsender arbeitete er als Wanderhändler und Hausierer, danach als Schuhmacherlehrling in Bodø, als

Knut Hamsun

Zwanzigjähriger als Amtsgehilfe in Bø auf den Vesterålen. In einigen seiner Werke, vor allem in ›Die Landstreicher‹ (1927) und ›Benoni‹ (1908), spielt der Lofotfischfang eine Rolle, oft beginnen Kapitel mit Schilderungen der Ausfahrt oder Heimkehr der Lofotfischer, die neue Zeitabschnitte einleiten. Hamsun beschreibt den Alltag der Fischerfamilien, der eitlen Aufsteiger und mächtigen Kaufleute. Er schildert den Reichtum, den die Heringsschwärme bringen, die Frachtfahrten in den Süden, den Sturm auf dem Vestfjord, den Markt in Stokmarknes. Den beständigen, mit ihrer Heimat verwurzelten Lofotfischern stellt er die wurzellosen hamsunschen Wanderer entgegen. So läßt er in einer ruhigen Stunde im Rorbu den alten Fischer Martinus zum unruhigen, weit herumgekommenen Edevart sagen: »Nun habe ich mein ganzes Leben in der Bucht zugebracht, so wie mein Vater dort lebte und mein Großvater dort lebte und dessen Vater vor ihm wiederum. Wir sind alle alte Leute geworden, es werden jetzt bald dreihundert Jahre sein, daß wir den gleichen Himmel und die gleiche Erde sehen . . . Wir haben nicht die Welt umsegelt, sondern in der Bucht gelebt, und wir sind im Winter auf den Fischfang hinausgezogen und haben so gut gelebt, wie wir konnten, Jahr für Jahr. Das war gut genug für uns. Wir hatten keine Ursache, uns vor Gott zu beklagen, er hat uns am Leben erhalten und uns nicht verlassen.«

Andreas Markusson (1893–1952) stammt aus der Gegend um Narvik und war in seiner Jugend lange auf Fischfang, und zwar sowohl auf den Lofoten wie auch in der Finnmark; später wechselte er seinen Beruf und ließ sich zum Lehrer ausbilden. Seine zahlreichen Werke (übersetzt wurde bisher nur *Han som kjempet mot mørket,* ›In der Finsternis wohnen die Adler‹) handeln vom Nordland, im Fischer- und Bauernmilieu. Oft thematisiert er den Lofotfischfang und die Fischer, die um die Verbesserung ihrer Lebensverhältnisse und gegen die Ausbeutung durch andere kämpfen. Es ist weniger der einzelne, der beschrieben wird, als vielmehr der Fischer als soziale Klasse. In *Flåten går ut* (›Die Flotte läuft aus‹) heißt es: »Die Lofoten sind und bleiben das, was sie immer waren. Alle strömen dorthin und wollen ihren Anteil. Und jetzt so wie zu allen Zeiten ist es der Fischer, der sein Leben und seine Kräfte einsetzt, der am wenigsten erhält.«

Aus der neueren, ins Deutsche übersetzten Literatur ist besonders **Herbjørg Wassmo** (1942) zu erwähnen, die aus Øksnes/Vesterålen stammt. In ihrer Romantrilogie ›Das Haus mit der blinden Glasveranda‹, ›Der stumme Raum‹ und ›Gefühlloser Himmel‹ schildert sie das Schicksal der jungen Tora, Tochter eines deutschen Besatzungssoldaten, die auf einer kleinen Fischerinsel im Nordland aufwächst und von ihrem Stiefvater sexuell mißbraucht und mißhandelt wird. Weniger dieses zentrale Thema des Buches als vielmehr die Beschreibung des sozialen Umfelds und des Alltags geben Einblick in das Leben der Fischer, Frauen, Kinder und der Arbeitslosen in Nordnorwegen: Tora und ihre Mutter wohnen mit mehreren anderen Familien in einem verfallenen Herrenhaus, das einst einem der mächtigen Kaufleute gehörte: »Der große Holzbau aus der Zeit der Jahrhundertwende zeigte Reste aus stolzer Vorzeit und menschlicher Dummheit. Man konnte beides deutlich an den alten, verwitterten Dachvorsprüngen sehen. Von dem mit Steinen beschwerten Dach mit Moos und Möwendreck bis zu den Grundmauern aus handbehauenen Steinen und bis auf einen Meter tief in die Erde hinein roch es nach einem Fischereibesitzer alten Stils und nach Großkapital. ... Aber Großverdiener gab es keine mehr. Sie waren bereits in den schwierigen dreißiger Jahren verschwunden. Und danach blieb das Haus allein mit dem Verfall ...«

Neben der vor allem durch die Zeichen des Verfalls allgegenwärtigen Vergangenheit stellt Herbjørg Wassmo den Existenzkampf der Gegenwart dar. Die Frauen bekommen, wenn sie Glück haben, Arbeit in der Fischfabrik, zur Ausbildung müssen die Kinder die Insel verlassen und aufs Festland gehen. Das Leben der schweigsamen, verschlossenen Inselgemeinschaft ist trostlos und grau, ein Lachen selten zu hören. Geldsorgen, Arbeitslosigkeit und Mangel an Perspektiven prägen den Alltag.

Auf den Lofoten und Vesterålen wird darüber hinaus viel über die eigene Geschichte, Kultur und Gesellschaft geschrieben und veröffentlicht. 1978 wurde auf Værøy der *Nordnorsk Forlag* (Nordnorwegischer Verlag) gegründet. Dort wird das Lofotenjahrbuch *Lofotboka* mit Artikeln zu verschiedenen Themen wie Erinnerungen, Sagen, geschichtlichen Ereignissen, Kunst, Architektur usw. herausgegeben.

Bildende Kunst

Die Lofoten nehmen eine Sonderstellung in der Geschichte der norwegischen Bildkunst ein. Landschaft, Licht und eine große Offenheit für die Belange der Künstler und Kunsthandwerker haben dazu geführt, daß viele Maler hier Inspiration, Ausstellungsmöglichkeiten und Unterkunft gefunden haben. Zahlreiche sehenswerte Galerien und wechselnde Ausstellungen vermitteln dem Touristen ein vielseitiges und in Teilen sicher ungewohntes Bild der Inseln, da die meisten Künstler ein Nordland darstellen, das zu erleben der Tourist häufig keine Zeit hat: die Lofotberge im Winter, das Meer im Sturm, Fischer, ihre Boote und Rorbuer zu allen Jahreszeiten, in jedem Licht.

Einer der bekanntesten frühen Lofotkünstler ist sicherlich **Gunnar Berg**, Sohn der reichen Handelsfamilie Berg auf Svinøya vor Svolvær, der 1883 als Zwanzigjähriger nach Düsseldorf reiste, um sich dort an der Kunstakademie ausbilden zu lassen. An den einträglichen Familiengeschäften hatte er kein Interesse. Er wollte die phantastische Lofotnatur, die Lebensumstände der Fischer, die einzigartigen Stimmungen des Nordens unter der Mitternachtssonne und in der Polarnacht malen. Sein siebenteiliges Bild von der Schlacht im Trollfjord im Jahre 1890 gilt als sein Hauptwerk. Gunnar Berg wurde nur 30 Jahre alt.

Angeregt durch die Bilder Gunnar Bergs und des Trollmalers **Theodor Kittelsen**, der 1887 und 1888 auf der Leuchtturminsel Skomvær Hauslehrer war und zwei Bücher über die Lofoten veröffentlichte, kam der sozialkritische norwegische Maler, Journalist und Schriftsteller **Christian Krohg** (1852–1925) Ende des 19. Jh. auf die Lofoten und malte Bilder, die den Alltag der Fischer zum Thema haben. Ausführlich schildert er seine Ankunft in Svolvær, die erste beeindruckende Begegnung mit den Bergen, dem reinen Licht faßte er so zusammen: »Schwierig – schwierig, das zu malen. Die Hoheit, Großartigkeit und die unerbittliche, unbarmherzige Ruhe und Gleichgültigkeit der Natur.«

Seit Gunnar Bergs Tagen hat Svolvær seine zentrale Stellung im

Berglandschaft von Svolvær, Ölgemälde von Gunnar Berg (1863–1893)

künstlerischen Leben der Lofoten beibehalten. Auf Svinøya/Svolvær wurde 1985 das **Nordnorsk Kunstnersentrum** (Nordnorwegisches Künstlerzentrum, s. S. 80f.) erbaut. Es beherbergt das **Atelier Lofoten** mit festen und wechselnden Ausstellungen, ist aber auch Agentur und Archiv, das von Kunden, Künstlern und Kunstinteressierten genutzt werden kann. Nordland ist Kunstland. Im Rahmen des Projekts **Skulpturenlandschaft Nordland** (s.a. S. 104, 178) schufen Künstler aus 15 Ländern Werke für den kunstinteressierten Norden. Einige Skulpturen sind beeindruckend, andere schwer zu deuten, was auch immer – sie stehen inmitten schöner Landschaft und regen die Phantasie und zu Gesprächen an.

Kulturgut zwischen gestern und heute

Rorbuer

Untrennbar mit der Geschichte des Lofotfischfangs verbunden, heute Markenzeichen für Individualferien in echtem Milieu und reiner Natur, verkörpern die Rorbuer mehr noch als Berge und Boote die Lofotkultur. Diese Hütten wurden von den Fischern, die oft von weither angereist kamen, während des Lofotfischfangs in der Zeit von Januar bis April bewohnt. Über die ersten schriftlich erwähnten Rorbuer, die König Øystein Anfang des 12. Jh. in Vågan errichten ließ, weiß man nichts Genaues. Die ersten bekannten Hütten hatten Fußböden aus gestampfter Erde mit einer Feuerstelle in der Mitte und ein kleines Lüftungsloch im Dach, das zum Schutz gegen Regen und Kälte mit Fischhaut, die kaum Licht durchließ, abgedeckt war. Die meisten Rorbuer waren direkt am Wasser auf Felsen oder auf Pfählen gebaut. Die Fischer mieteten sich für die ganze Saison in der gleichen Hütte ein. Der Besitzer dieser Unterkünfte war bis zum 18. Jh. in fast allen Fällen die Krone, die Ende des 18. Jh. die Fischerdörfer samt Hütten an kapitalkräftige Privatpersonen verkaufte. Dafür, daß sie die Rorbuer mieten durften, mußten sich die Fischer verpflichten, ihren Fisch an den Vermieter zu verkaufen, der allein den Preis bestimmte.

Über diese Dorfbesitzer (norw. *væreier*), auch *nessekonger*, ›Könige der Landzunge‹ genannt, ist viel geschrieben worden, überwiegend Negatives. Es gab unter ihnen geldgierige, gemeine, aber auch hilfsbereite, sozial engagierte Menschen. Manche von ihnen hielten die Fischerhütten in einem erträglichen Zustand, andere nicht. Vermietet aber wurden alle Rorbuer, ungeachtet ihres Zustandes, denn vor der Tür lauerte der Lofotwinter.

In der Regel bestand ein Rorbu aus einem Vorraum, in dem die Gerätschaften und Verpflegungskisten (s. Kasten S. 69) untergebracht

Historische Fischerhütte, Lofot-Museum in Storvågan auf Austvågøy

waren, und einem Wohnraum, in dem geschlafen und gearbeitet, geraucht und getrunken, gekocht und gegessen wurde. In diesem engen, meist unter 20 m^2 großen Raum wohnten im Schnitt acht bis zwölf Männer, die sich zu je zweien oder dreien die Bettkojen, die dicht unter der Decke angebracht waren, teilten. Ein Ofen diente als Kochherd und sorgte für Wärme, was aber nicht hieß, daß morgens die feuchten Fischerhosen nicht doch wieder gefroren gewesen wären. In diesem nach Schweiß, Tabakqualm, muffigen Kleidern, Blut und Fisch riechenden, abends überhitzten, morgens eiskalten Raum konnte von Hygiene nicht die Rede sein, von sanitären Anlagen gar nicht zu sprechen. Johan Bojer beschreibt die Ankunft der Lofotfischer in ihrem Rorbu: »Schnee stiebte ins Haus, als sie endlich die Tür öffnen konnten, und der erste Raum war leer, denn hier sollten Mehlsäcke, Tonnen, Vorratskisten und Netze aufgestapelt werden. Aber als sie im nächsten Raum ein Streichholz angezündet hatten, sahen sie auch hier Schnee, der hereingeschneit war, auf dem Fußboden, wie auch auf den Pritschen an der Wand. Ein kleines Fenster nach dem Sund zu war ganz blind vom Seewetter

»Weit, weit fort von Lofot und Sturm«

Die Vorratskisten

Für die Zeit des Lofotfischfangs brachte jeder Fischer seine Lebensmittel in einer Vorratskiste mit auf die Lofoten. Diese Kiste stand im Vorraum der Fischerhütten, bei Platzmangel aber auch draußen im Schnee vor der Hütte. Die Vorratskisten bargen nicht nur Nahrung, sondern bedeuteten immer auch ein Stück Heimat, die oft genug weit weg war und wo die Familie in Angst und Spannung auf den Ausgang des Lofotfischfangs wartete. Johan Bojer beschreibt die Gefühle der Lofotfischer: »Die Mutter oder die Frau hat die Kiste gepackt. Und wenn man den Deckel öffnet, strömt einem der heimatliche Duft entgegen. . . . Es wird fast kein Wort gesprochen, man ist jetzt ja weit, weit fort von Lofot und Sturm, man ist wieder bei den Seinen und hat es gut . . .«

Den Inhalt der Kisten betreffend gab es natürlich Unterschiede, und man konnte anhand der Vorräte gut erkennen, wie es um den Fischer in der Heimat bestellt war: ». . . Einer aber wird vor seiner Kiste ganz klein und das ist Kaneles Gomon. Er hat keine Mutter, keine Frau, die oben auf dem kleinen Berghof für ihn sorgt, nur den alten halbblinden Vater und die kleine Schwester . . . Die Ärmste hatte nicht viel gehabt, was sie ihrem Bruder in seine Kiste packen konnte . . . Bekamen sie im Winter keine Fische, so war es aus mit dem kleinen Hof, ehe das Jahr zu Ende ging.« Mitte des 19. Jh. hatte der anreisende Lofotfischer etwa folgende Lebensmittel in seiner Kiste: 6 kg Butter, 6 kg Schaffleisch, 2 kg Speck, 2 kg Molkenkäse, 1/2 kg Tabak, einen Krug dunklen Tran, ein Faß gesäuerte Molke, die zum Trinken mit 4 oder 5 Teilen Wasser verdünnt wurde, 1/4 Tonne Heringe, 18 kg Gerstenmehl, 1/2 Tonne Kartoffeln, 1/2 kg Hartkäse, 48 kg *flatbrød*, 6 kg Biskuit und 20 *lefser*, runde weiche Fladenbrote.

Kaffee gab es erst ab etwa 1860, und er wurde rasch sehr populär und in großen Mengen konsumiert. Auch der Verbrauch von Tabak war nicht unerheblich, und schon Peter Dass (1647–1707) schreibt, daß die Nasen selbst der Frauen so schwarz seien, daß Schornsteine sich dagegen sauber ausnähmen. Wirklichen Schaden aber richtete der Branntwein (s. Kasten S. 108) an. Es wird erzählt, daß so mancher Fischer über ein Viertel seines Verdienstes in Branntwein umsetzte und nach einer sogenannten ›schwarzen Saison‹ nicht nur mit leerer Kiste, sondern auch mit leeren Händen nach Hause kam.

draußen und von Spinngeweben, der Fußboden war schwarz, es roch hier nach Fischen, nach Fellen, nach Moder. In diesem Raum sollten die beiden Besatzungen, zwölf Männer im ganzen, den Winter über hausen. Hier war es eiskalt wie in einem Schuppen.«

Waren die Verhältnisse in den Hütten nicht eben gemütlich, so waren sie außerhalb der Hütte doch weit schlechter. Der Vogt Erik Hansen Schønnebøl schreibt 1591 über die Lofotfischer: »... Die Fäustlinge, die sie an den Händen haben, sind von Eis so hart als seien sie aus Eisen, und es ist ein Wunder Gottes, daß sie sich nicht die Hände abfrieren, aber hier gibt es viele, die sich ihre Gesundheit wegfrieren.« Über ihre ›Unterkünfte‹ berichtet er: »Das Elend, das sie hier ertragen müssen, ist unsagbar. Sie liegen in der Nacht unter ihren offenen Booten, so daß sie am Morgen, wenn sie aufwachen, oft mit über einem halben Meter Schnee bedeckt sind.« Noch aus dem Jahr 1935 ist ein Fall bekannt, daß zehn Männer auf Skrova unter dem Wrack eines Bootes wohnten. Erst gegen Ende des 19. Jh. besserten sich die Verhältnisse, aber es dauerte noch bis zur Mitte des 20. Jh., bis sie gut genannt werden konnten.

Heute hat der Fischer die Qual der Wahl. Im Winter wird nur noch knapp die Hälfte der vorhandenen Hütten von Fischern angemietet. Viele schlafen auf den Booten, nur die Leinenfischer gehen über Nacht an Land, weil die Leinen beködert werden müssen. Wie in alten Zeiten rot angemalt, meist auf Felsen oder Pfählen im Wasser stehend, sind die armseligen Fischerhütten von damals heute mit mehr oder minder großem Komfort ausgestattet und als Übernachtungsstätten auch für anspruchsvolle Individualtouristen bestens geeignet.

Nordlandboote und Fischereigerätschaft

Bis weit in das 20. Jh. hinein ruderten die Lofotfischer in offenen Nordlandbooten, deren Konstruktion an die seetüchtigen Wikingerschiffe erinnert, über den Vestfjord und holten die Angelleinen und Netze mit der Hand ein. Die Zeiten haben sich geändert: Die Boote sind heute mit Motoren ausgestattet, neue Technik hat die Arbeit auf den Fischerbooten erleichtert. Das Nordlandboot aber hat sich zum Symbol für die nordnorwegische Fischerkultur und das wachsende Bewußtsein für den Wert der eigenen Vergangenheit entwickelt und ist häufig als Emblem auf Anzeigen, Eintrittskarten, Plakaten, Industrieprodukten, Einladungskarten und nicht zuletzt in fast allen Museen zu finden.

Das Nordlandboot wurde im gesamten Gebiet zwischen Finnmark und Trøndelag benutzt, wobei jede Gemeinde ihre kleinen Baueigenarten pflegte. Es gab acht verschiedene Bootstypen, deren Namen

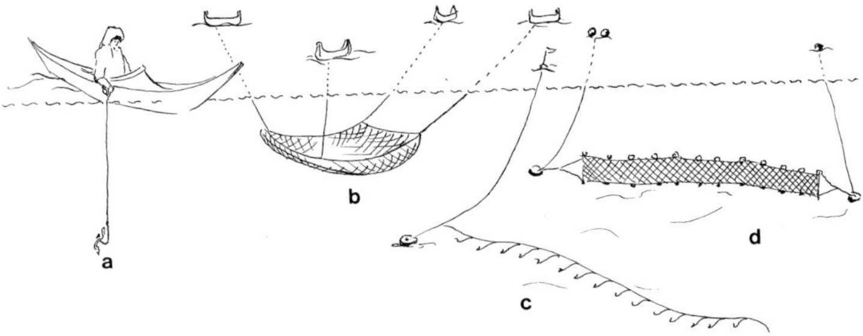

Fischereigerätschaften:
a gewöhnliche Handschnur
b Senknetz c Grundleine d Stellnetz

sich in den meisten Fällen aus der Anzahl der Ruderer herleiteten. Sie waren mit einem viereckigen Rahsegel ausgestattet, das sich zum Kreuzen schlecht eignete, vor dem Wind aber die ersten Dampfschiffe gegen Ende des 19. Jh. leicht überholen konnte. Bei Windstille oder Gegenwind mußte gerudert oder an Land auf günstigen Wind gewartet werden. (Auf dem Weg zu den Lofoten mußten anreisende Fischer in Grøtøy schon einmal bis zu fünf Wochen auf günstigen Wind warten, um über den Vestfjord zu gelangen.)

Mit dem größten Nordlandboot, dem *fembøring,* einem Zehnruderer von 10–15 m Länge, wurde vor allem Netzfang betrieben. Die Ruder waren so groß und schwer, daß jedes einzelne von einem Mann bedient werden mußte. Der kleinere *åttring,* ein Achtruderer, diente zum Angeln mit Grundleinen. Der kleinste Bootstyp, *kjeks,* war nur für den Hausgebrauch bestimmt.

Alle Nordlandboote waren offen, ohne Deck und Kajüte. Wenn die Fischer mit ihren Booten unterwegs waren, hatten sie – ebenso wie die Wikinger – so gut wie keinen Schutz vor den Unbilden des Wetters. Um sich vor Kälte zu schützen, hüllten sie sich in ein Fell oder einen geknüpften Teppich, den sie sowohl im Boot als auch in ihrer Rorbu-Koje benutzten. Diese geknüpften Decken *(ryer)* gehörten zu den kostbarsten Habseligkeiten eines Fischers.

Das Wasser, das bei Sturm über Bord schlug, konnte man ausschöpfen; wenn das Boot kenterte, hatten die Fischer nur eine Überlebenschance, wenn sie sich auf den treibenden Bootsrumpf retten konnten. Der Volksforscher Eilert Sundt, der sich Mitte des 19. Jh. mit dem »Nordlandboot als Unglücksboot« beschäftigte, faßte düster zusammen: »Von vier Männern in Tromsø, die über 10 Jahre alt sind, findet einer den Tod in den Wellen.« Unglücksfälle trafen oft ganze Familien und Dörfer, da vor allem auf Lofotfahrt immer mehrere Boote, meist aus einem Ort, zusammen ruderten. Eine der größten Katastrophen geschah am 11. Feburar 1849, als in einem plötzlich hereinbrechenden Schneesturm von Nordwesten im Vestfjord 300 Mann ertranken. Bei vielen Unglücksfällen, so stellte Sundt fest, hätte der Tod vermieden werden können, wenn die Ertrunkenen des Schwimmens kundig gewesen wären. Eine öffentliche Kampagne für das Schwimmenlernen scheiterte jedoch, weil vor dem Bau öffentlicher Hallenbäder das Sommerklima im Nordland, wo der Schwimmunterricht am notwendigsten gewesen wäre, nur selten zum aktiven Badeleben anregte.

Ende des 19. Jh. wurden erstmalig Dampfboote eingesetzt, die sich jedoch für den Fischfang als zu schwerfällig erwiesen. Zu Beginn des 20. Jh. setzte sich dann auf den Nordlandbooten der motorisierte Antrieb durch. Es handelte sich um kleine Motoren, die zunächst nur bei Windstille oder zum Einbringen der Netze und Leinen benutzt wurden. Da sich die meisten der Lofotfischer nicht einen Motor *und* ein neues Boot leisten konnten, wurden die größeren Boote, vor allem der *åttringer*, aufgestockt und ein Deck eingezogen. Dieser so entstandene Bootstyp, *sjark*, der mit Steuerhaus und Kajüte ausgestattet wurde, entwickelte sich zum Gebrauchsboot für den Leinen- und Netzfischfang und ist auch heute noch, mit einigen Veränderungen, in Gebrauch, wenn auch die neuen Boote aus Kunststoff mit technischen Raffinessen wie Echolot, automatischer Steuerung, Kraftblock zum Einholen der Netze usw. ausgerüstet sind.

Die Einführung des Motors war zunächst auf starken Widerstand bei den Fischern gestoßen, die befürchteten, der Lärm würde die Fische vertreiben. Das gleiche Argument wurde jedes Mal bei der Einführung neuer teurer, aber effektiver Fischereigerätschaften wie z. B. Grundleinen oder Netz angeführt: Die Fischer sahen ihre Existenzgrundlage bedroht. Das älteste Fischereigerät waren die gewöhnlichen Handschnüre. Grundleinen hielten erst gegen Ende des 16. Jh. ihren Einzug, Netze wurden nicht vor Ende des 17. Jh. eingeführt. Sowohl Grundleine als auch Netz wurden mehrere Male sogar verboten, bis ihre Benutzung im Jahre 1816 endgültig in festgelegten, voneinander getrennten Meeresabschnitten erlaubt wurde.

Ebenso wie die Boote werden auch die Gerätschaften heute aus Kunststoffen hergestellt. Sie haben den Vorteil der längeren Haltbarkeit und des geringeren Gewichtes, bergen aber auch viele Gefahren für die Umwelt (s. S. 26). Es wird nicht mehr viel repariert, die Arbeit lohnt nicht. Was kaputt oder verschlissen ist, wird weggeworfen und neu gekauft. Wer Investitionen nachweisen kann, spart Steuern.

UNTERWEGS AUF DEN INSELN

Lofoten –
Legendäres Land
im Eismeer

Südzipfel der
Lofoten – Jenseits
des Mahlstroms

Vesterålen –
Die unbekannten
Schönen

Lofoten

Austvågøy – Das Tor zu den Lofoten

Gimsøy – und die Wut eines Trolls

Vestvågøy – Fruchtbares Land in wilder Bergwelt

Flakstadøy – Zeugnisse alter Fischerkultur

Moskenesøy – Uralte Gipfel und verlassene Siedlungen am Nordmeer

Auch ›Venedig des Nordens‹ genannt – der Fischerort Henningsvær auf Austvågøy

Austvågøy – Alpines Märchenreich

Spaziergang durch Svolvær, Hauptstadt der Lofoten, und durch die traditionsreichen Fischerorte Kabelvåg und Henningsvær. Auf der Fährte früher Händler und Wikingerhäuptlinge in Vågan, der ersten Stadt nördlich des Polarkreises. Ausflüge zum imposanten Trollfjord und nach Skrova, Insel der Walfänger. Abstecher nach Gimsøy mit weißen Sandstränden; Bootshäuser und Bautasteine erzählen von den Wikingern und Fabeln von der Entstehung einer Landschaft.

Austvågøy ist die nördlichste Insel der Lofoten. Der schmale Raftsund, von dem aus der berühmte Trollfjord abgeht, trennt sie von Hinnøya. Der weitgehend unbewohnte Nordosten Austvågøys ist geprägt von dramatischer Bergwelt mit unzähligen Spitzen, gezackten Graten, engen Tälern. Die gewaltigen Bergketten ziehen sich durch das Inselinnere und an der gesamten dem Vestfjord zugewandten Innenseite Austvågøys hin. Die Küste ist meist nur ein schmaler Streifen Land am Fuße der steilen, über 750 m hohen Berge. Auf dem Küstenstreifen, auf vorgelagerten Holmen und Inseln, liegen die großen Fischerorte Svolvær, Kabelvåg und Henningsvær.

Im von der Mitternachtssonne beschienenen Westen und dem zu den Vesterålen gehörenden Nordwesten der Insel, wo der Küstenstreifen viel breiter ist, gibt es nur kleine Orte, einzelne Höfe. Von hier aus war der Weg zu den guten Fischgründen im Vestfjord zu weit.

Svolvær und Umgebung

Das Verwaltungszentrum der Vågan-Gemeinde, einer der größten Fischereigemeinden Nordnorwegens, liegt am Fuße über 700 m hoher Berge. Die Bebauung Svolværs ist auf mehrere Inseln und Halbinseln, die erst in den 30er Jahre verbunden wurden, um einen weitverzweigten, gut geschützten Hafen verteilt. Svolvær ist ein lebendiger Fischerort mit ca. 4100 Einwohnern und Hauptverkehrsknotenpunkt der Lofoten. Im Hafen legen die Dampfer der nord- und süd-

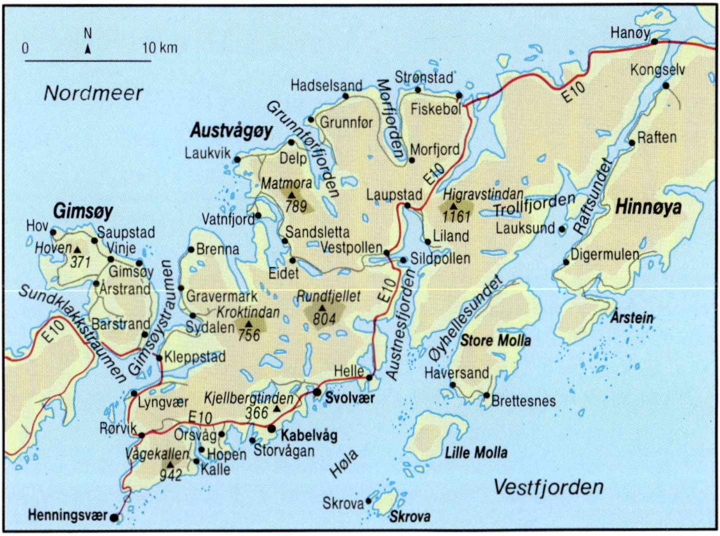

Austvågøy und Gimsøy

Zwischen den ›Hörner‹ der Svolvær-Geiß, links unten der Ort Svolvær ▷

wärtsgehenden Hurtigrute an, die Fähren aus Skutvik, die Expreßboote sowie die Ausflugsboote zum Trollfjord. Direkt am Fähranleger ist das Zentrum des Ortes, wo sich auch alle Versorgungsmöglichkeiten finden. In Svolvær erscheint die wichtigste Tageszeitung der Lofoten, die renommierte *Lofotposten.*

Viele der Häuser Svolværs sind neu; die Architektur ist nicht atemberaubend, aber die Schären, das Wasser, die Holzgerüste zum Fischtrocknen, die umliegenden Bergketten, die weißen Fähren sind allgegenwärtig. Oberhalb der Stadt erhebt sich das etwas schwer zu entdeckende Wahrzeichen der Stadt, die **Svolvær-Geiß** *(Svolværgeita)*, eine bizarre, ca. 40 m hohe, 1919 erstmalig bestiegene Felsformation, deren zwei ›Hörner‹ das Ziel vieler Kletterer sind.

Der Ort, der Mitte des 16. Jh. zum ersten Mal erwähnt wird, gehörte bis 1763 der Krone, danach ging er in privaten Besitz über. 1781 wurde ein Gasthaus eingerichtet, um das sich in der Folgezeit ein florierender Handel entwickelte. Um 1850 hielt die Industrie mit einer Guanofabrik ihren Einzug. Der aus Fischabfällen künstlich hergestellte Guano wurde nach Frankreich exportiert, wo man ihn zum Düngen der Weinstöcke be-

Die weiße Steinkirche von Svolvær

nutzte. Im Jahre 1918 wurde Svolvær Stadt und bildete bis 1964 eine eigene Gemeinde. Im Zweiten Weltkrieg wurden in Svolvær von Engländern und Deutschen große Zerstörungen angerichtet.

Svolvær bietet die einzige Gelegenheit für einen ›Stadt‹-Bummel auf den Lofoten. Die weiße **Steinkirche** wurde im Jahre 1939 mit Hilfe von Spenden fertiggestellt, die 18 Jahre lang von der Bevölkerung gesammelt worden waren. Sie liegt auf einer kleinen Anhöhe und hat seit ihrem Bau den Seeleuten als Landzeichen gedient. **Dagfinn Bakkes Galleri** in der Roald Amundsens Gate 17 lohnt einen Besuch (Mo–Fr 11–16, Sa 11–14 Uhr). Dagfinn Bakke ist Grafiker, Zeichner und Maler, sein Werk umfaßt ein breites Spektrum von Lofotmotiven und -stimmungen. Im Gemeindesaal des **Rathauses,** in dem auch das Kino untergebracht ist, hängt Gunnar Bergs siebenteiliges Gemälde *Trollfjordslaget* (›Die Schlacht im Trollfjord‹). Es vermittelt einen lebendigen Eindruck von der Dramatik der Schlacht (s. Kasten S. 214) und der gewaltigen Natur im Raftsund. Im **Kriegserinnerungsmuseum Lofoten,** 100 m vom Hurtigruten-Anleger entfernt, findet man eine Dokumentation über die Geschichte der Lofoten im Zweiten Weltkrieg (Mitte Juni–Mitte Aug. 11–16 und 18–22 Uhr).

Auf **Svinøya,** dem ältesten bewohnten Teil des Ortes, der durch eine Brücke mit Svolvær verbunden ist, liegt das 1985 erbaute **Nordnorsk Kunstsenter** mit wechselnden Kunstausstellungen (Di–So 11–15 Uhr, im Sommer tägl. 10–20 Uhr). Unweit davon steht als eine Kombination von Atelier und Unterkunft das **Künstlerhaus**. Seinen Ursprung hat es in einem kleinen Haus, das sich die schwedische Malerin Anna Boberg kurz vor dem Beginn des Ersten Weltkriegs auf einer Felsinsel vor Svolvær für ihre Lofotaufenthalte errichtet hatte. Die Boberg-Hütte wurde zum Begegnungszentrum für schwedische Künstler und zur Keimzelle für eine schwedisch-norwegische künstlerische Zusammenarbeit. 1934 schenkte die Malerin ihr Haus dem Verein für Bildende Künste, der es sowohl schwedischen als auch norwegischen Künstlern zur Verfügung stellte. Im Zweiten Weltkrieg wurde es von den Deutschen zugunsten einiger Kanonenstellungen abgerissen, 1953 wurde das neue Künstlerhaus eingeweiht. Es steht Künstlern vieler Nationalitäten für Aufenthalte zwischen einer Woche und zwei Monaten offen.

Auf dem **Gunnarholmen,** der mit Svinøya durch eine Brücke verbunden ist, liegt der Maler Gunnar Berg begraben. Kurz hinter der Brücke führt ein schmaler, unscheinbarer Pfad nach links zu der einsamen Grabstelle, von der aus man einen schönen Blick über das Meer und die Schärenküste hat.

Anreise und Verkehr: Verbindung zum Festland (Narvik, Bodø) mit Hurtigrute, Schnellboot, Fähre, Bus, Flugzeug sowie Busverbindung zu allen größeren Lofotorten.

Fähren und Schnellboote fahren vom Kai im Zentrum ab, Ausgangspunkt aller Buslinien ist der Busbahnhof hinter der Post. Der Flughafen liegt auf der Insel Helle, 5 km vom Stadtzentrum entfernt.

Unterkunft/Restaurant: Havna Vertshus, ✆ 76 07 10 55, Fax 76 07 28 50; Hotel Havly, Sjøgate, ✆ 76 07 03 44, Fax 76 07 07 95; Marina Hotel, ✆ 76 07 07 77, Fax 76 07 22 15; Royal Hotel Lofoten, ✆ 76 07 12 00; Rainbow Vestfjord Hotel, mit Restaurant, ✆ 76 07 08 70, Fax 76 07 08 54; Svolvær Hotell Lofoten, Austnesfjordgt. 12, ✆ 76 07 19 99.

Preiswerter: Svinøya Rorbuer, ✆ 76 07 08 80, Fax 76 07 21 11, Boots- und Fahrradverleih; Marinepollen Sjøhus, ✆ 76 07 18 33, Fax 76 07 17 58.

Svolvær Sjøhuscamping, ✆/Fax 76 07 03 36; Knutmarka Feriesenter, Leirskoleveien 16, ✆ 76 07 21 64, Fax 76 07 26 32, Hütten, Camping, Fahrrad- und Kanuverleih.

Versorgung: Kioske, Buchläden, Geschäfte aller Art, u. a. für Angel- und Campingausrüstung. Mehrere Banken, Post, Polizei, Arzt, Apotheke, *Vinmonopolet* (Wein/Schnaps). Mehrere große Tankstellen, Autowerkstätten und Abschleppdienst. Autovermietung: Avis Lofoten, ✆ 76 07 11 40, Fax 76 07 75 99; Budget Nordvik Bilutleie, ✆ 76 07 00 00, Fax 76 07 24 24; Hertz, ✆ 76 07 07 20, Fax 76 07 17 36.

Touristeninformation: Zwischen Markt und Hurtigrutenkai, ✆ 76 07 30 00, Fax 76 07 30 01, Anfang Juli–Mitte Aug.

Mo–Fr 9–16, 17–21.30, Sa 9–16, 17–20, So 10–21.30 Uhr, Vor-/Nachsaison Mo–Fr 9–19, Sa 10–14, So 16–19 Uhr, Rest des Jahres Mo–Fr 8–16 Uhr.

Bootsausflüge: Ausflugs- und Angelfahrten, u. a. zum Trollfjord: ›Lofotcruise‹ (max 50 Pass.), ›Lofotcruise 2‹ (30 Pass.), ✆ 76 07 09 63, Fax 76 07 27 55; ›Trollfjord‹ (30 Pass.), ›Trollfjord 2‹ (12 Pass.), ✆ 76 07 17 90, Fax 76 07 52 32; ›Gullet‹ (12 Pass.), ✆ 76 07 10 72.

Wanderung und Ausflüge

Auf den Kjellbergtinden: Von Svolvær aus ist die insgesamt etwa 2stündige Besteigung des Kjellbergtinden empfehlenswert. Der Weg ist zwar steil, aber nie ausgesetzt und daher auch für Kinder geeignet. Der Aufstieg beginnt am Ortsende von Svolvær, Richtung Kabelvåg. Man biegt beim Schild *biltilsynet* (›Autoaufsicht‹) von der E 10 ab, der erste links abzweigende, berganführende Weg ist der Beginn der Wanderung. Von oben hat man eine grandiose Aussicht auf das Meer, die Bergketten sowie die Orte Svolvær und Kabelvåg mit der ›Lofot-Kathedrale‹.

Ausflüge Richtung Vesterålen: Eine Fahrt zum **Trollfjord** (s. S. 214ff.), der zu den Vesterålen gehört, sollte man sich auch bei kleinem Urlaubsbudget leisten. Die Ausflüge dorthin, die von verschiedenen Gesellschaften organisiert werden, dauern etwa drei Stunden (Information und Buchung in der Touristeninformation), und in Ergänzung werden verschiedene Attraktionen (wie Angeln, Abstecher nach Lauksund) angeboten. Interessant ist der

Abstecher nach **Lauksund,** einem kleinen, heute verlassenen Handelsplatz mitten im Raftsund, der, zu Beginn des 20. Jh. eingerichtet, später auch den Post-, Telegraf- und Telefondienst übernahm und erst im Jahre 1982 aufgegeben wurde. Dieser abgelegene Kramladen war in der Zeit, als das Boot noch als Hauptverkehrsmittel diente, keineswegs aus der Welt. Ein langer Tisch mit Bänken im Verkaufsraum zeugt noch heute von der Freude am geselligen Beisammensein, wenn die Einkaufenden ihre Neuigkeiten untereinander austauschten.

Empfehlenswert sind auch ein Abstecher nach **Digermulen** (s. S. 216) auf dem südwestlichen Zipfel der Insel Hinnøya. Seit Ende 1998 ist Digermulen auf Hinnøy von Svolvær/Austvågøy direkt per Auto zu erreichen. Von Fiskebøl im Norden Austvågøys geht es ostwärts bis zur 1998 eröffneten Brücke, die über den Raftsund nach Hinnøy hinüberführt. Grandiose Natur bietet die Fahrt gen Süden am **Raftsund** entlang nach Digermulen.

Ausflug nach Skrova: Der kleine Fischerort Skrova auf der gleichnamigen Insel war einst die größte Zwergwal-Fangstation Norwegens. Von hier fuhren nicht nur Walfänger aus, hier wurde auch Walfleisch und Tran angelandet, verarbeitet und vertrieben. Neben dem Lofotfischfang von Januar bis April bot die Walsaison von Mai bis August den Bewohnern Beschäftigung

Skrova, Insel der Walfänger

und guten Verdienst. Als 1986 der Walfang verboten wurde, sah es schlecht für Skrova aus. Eine Alternative bietet die Fischzucht: Skrova hat eine der größten Lachsaufzuchten in Nordnorwegen und exportiert u. a. in die USA. Eine andere Alternative ist die fischverarbeitende Industrie, die in Walfangzeiten auch das Walfleisch verarbeitet hat. Skrova, das bereits 1760 ein privilegierter Handelsplatz und zeitweise der größte Fischerort auf den Lofoten war, liegt nahe der besten Fischgründe der Lofoten.

Noch viele der alten Fisch- und Walannahmeanlagen, Wohnhäuser und Kais aus Holz sind erhalten. Ein Denkmal erinnert an den Meeresbiologen G. O. Sars, der auf Skrova 1864–78 die Laichgewohnheiten des arktischen Kabeljaus untersuchte und hier auch die erste meeresbiologische Forschungsanstalt des Landes einrichtete.

Anreise nach Digermulen: Die neue Brücke zur Ostseite des Raftsunds auf Hinnøy bietet eine fährfreie Verbindung ab Fiskebøl. Von der E 10 bei Fiskebøl sind es 42 Straßenkilometer nach Digermulen. Die Fähre Svolvær–Digermulen wurde eingestellt. Tägl. 2–3 x Fähre von Hanøy nach Kaljord/Vesterålen, eine gute Gelegenheit zur Weiterreise auf die Vesterålen. Schnellbootverbindung (Nordlandsekspressen) 1 x tägl. zwischen Svolvær, Digermulen und Stokmarknes.

. . . nach Skrova: 3 × tägl. mit der Fähre von Svolvær nach Skutvik auf dem Festland. 1 x tägl. Schnellboot von Svolvær und Bodø.

Rundreise von Svolvær über Fiskebøl/Laukvik

Die Fahrt von Svolvær auf der E 10 nach Fiskebøl und von dort auf der Straße 888 an der Außenseite Austvågoys nach Svolvær zurück ist in einem Tag zu bewältigen und auch in umgekehrter Variante möglich. Bei der Wahl der Fahrtrichtung sollte zumindest bei gutem Wetter die Tageszeit entscheiden: Am Abend liegt die E 10 im Bergschatten, die Straße 888 auf der Außenseite bietet dagegen Aussicht auf die Mitternachtssonne.

Die 33 km lange Strecke ist vor allem im nördlichen Abschnitt, der administrativ zu den Vesterålen gehört und am Fuße steil abfallender Berge zunächst am Austnesfjord, dann am Sløverfjord entlangführt, landschaftlich sehr reizvoll. Die Rastplätze bieten grandiose Aussicht auf die dramatische Bergwelt im Nordosten Austvågøys, liegen allerdings direkt an der Straße und zudem meistens ein gutes Stück oberhalb der Fjorde. In **Vestpollen,** 16 km nördlich von Svolvær, wo die Straße 888 zur Außenseite abzweigt, liegt die Kapelle von **Sildpollnes** malerisch auf einer schmalen Landzunge mitten im Fjord.

Kurz vor dem kleinen Dorf Higrav am Fuße des mächtigen **Higravstinden** (1161 m), der 1901 von englischen Bergsteigern das erste Mal bestiegen wurde, verläuft die Verwaltungsgrenze zu den Vesterålen.

Auf einer Landzunge im Austnesfjord: die Kapelle von Sildpollnes

Fiskebøl ist Fährort mit Kiosk und Touristeninformation im Sommer, ansonsten gibt es hier keine Versorgungsmöglichkeiten. Die Fähren nach Melbu verkehren etwa alle 1½ Std. In Fiskebøl zweigt die Straße 888 ab, die an der Nordwestseite Austvågøys entlangführt (55 km). Sie verläuft auf dem breiten, zum Teil bewaldeten oder landwirtschaftlich genutzten Küstenstreifen. Die Höfe und kleinen Siedlungen liegen verstreut zwischen grünen Weiden und moorigem Brachland. Von Fiskebøl führt eine Straße über den Raftsund nach Hanøy. Von hier aus soll in den nächsten Jahren die Festlandanbindung weiter ausgebaut werden.

In **Strønstad,** etwa 3 km westlich von Fiskebøl, empfiehlt sich ein Besuch beim Holzschnitzer Arthur Johansen, der sich u. a. auf *Draugen* und *Marmelen* spezialisiert hat, zwei Meereswesen, die jahrhundertelang die Phantasie der Fischer bewegten. Der Draugen ist der Legende nach ein Meerestroll, der Unglück bringt. Fischer, die ihn an die Angel oder ins Netz bekamen, kehrten in den meisten Fällen nicht mehr heim. Marmelen dagegen kann in die Zukunft sehen und bringt Glück. Ganz ist der Glaube an die beiden unter den Fischern bis heute nicht ausgestorben.

Einige Kilometer weiter, in **Morfjord**, gibt es ein weites Flugsandfeld sowie im Verlauf der weiteren Strecke mehrere große Sandablagerungen. Im Grunnfjord trifft man wieder die Grenze zwischen den Vesterålen und Lofoten.

Das Fischerdorf **Laukvik** ist ein beliebter Platz, um sich die Mitternachtssonne anzusehen. Landschaftlich reizvoll ist die Weiterfahrt am Vatnfjord entlang und weiter nach Sildpollen.

Unterkunft: Sandsletta Camping, 10 km von der E 10, ✆ 76 07 52 57: Fahrrad- und Kanuverleih, gute Angelmöglichkeiten; Skippergården Camping, ✆/Fax 76 07 51 97.

Versorgung: Lebensmittelladen in Laukvik.

Wanderungen

Von Delp nach Jorden: Vom Dorf Delp, zwischen Grunnfjord und Laukvik, führt eine mittelschwere, zum Teil steile und luftige, etwa 6stündige Wanderung über den Berg Matmora (788 m) durch das Rangeldalen hinab nach Jorden.
Von Sandsletta nach Svolvær: Kurz hinter Sandsletta zweigt in Eidet der Weg zum Haugen Gård (Hof) links ab, dort beginnt eine mittelschwere, 5–6stündige, Wanderung über die Berge nach Svolvær.

Das Gebiet um Kabelvåg

Nur 5 km westlich von Svolvær liegt Kabelvåg. Das Gebiet um Kabelvåg, **Vågan** (von *våg*, Bucht), das bis in das 18. Jh. hinein dem König gehörte, hatte im Verlauf seiner langen Geschichte den Aufstieg und Niedergang mehrerer Handelsplätze und Fischersiedlungen zu verzeichnen. Im Mittelalter lag hier Vågan, die erste Stadt Nordnorwegens, die im späten Mittelalter ihre politisch und wirtschaftlich herausragende Stellung an die Nachbarsiedlungen verlor. Im Jahre 1740 wurde Vågan erstmals ins Grundbuch eingetragen. Es bestand aus den Orten Storvågan, Kapelvågan, Tollefsneset, Finneset und Prestsjeen. Davon entwickelten sich Finneset, Kabelvåg und Storvågan im 19. Jh. zu blühenden Handelsplätzen. Aufgrund günstigerer Hafenverhältnisse hat sich nur Kabelvåg bis heute gehalten.

Wenn man von Svolvær kommt, liegt kurz vor Kabelvåg linker Hand an der Kirchenbucht *(Kirkvågen)* die **Vågan-Kirche** (1), wegen ihrer stattlichen Größe auch ›Lofot-Kathedrale‹ genannt. Die erste Kirche soll von König Øystein um 1120 errichtet worden sein, danach wurden noch mehrere Kirchen gebaut, von denen die vierte im Jahre 1799 abgebrochen und in Værøy wieder aufgebaut wurde (s. S. 158), weil sie für die Gemeinde Kabelvåg zu klein geworden war. Die heutige Kirche wurde 1898 vollendet und ist die größte Holzkirche nördlich von Trondheim. In ihr finden 1200 Menschen Platz; sie war auf den Einwohnerzuwachs während des

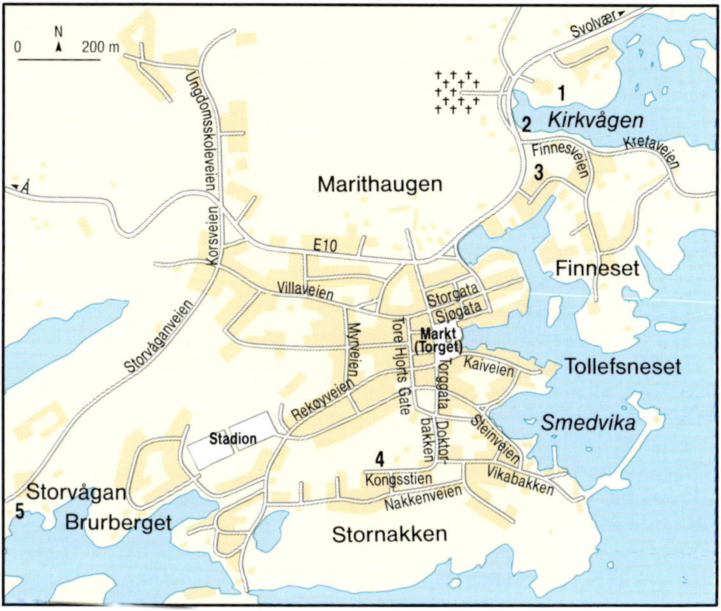

Kabelvåg und Umgebung 1 Vågan-Kirche 2 Trollstein 3 Oskar-Skaret 4 Statue des Königs Øystein 5 Lofot-Museum und Lofot-Aquarium

Lofotfischfangs zugeschnitten und in der Wintersaison mit zugereisten Fischern vollbesetzt. In der Kirche hängt eine selten ausführliche Porträtsammlung von Geistlichen seit 1544 (i. d. R. tägl. 10–18 Uhr).

Auf der anderen Seite der Kirchenbucht steht der **Trollstein** (2). Der Sage nach soll der Teufel, der sich gerade auf dem Kjellberg befand, vor Wut über den Bau der Kirche den nächsten Felsbrocken gegriffen und ihn gegen die Kirche geschleudert haben. Er traf nicht – der Brocken wiegt immerhin 18 t – und der Stein fiel kurz vor der Kirche nieder. Auf dem Stein zeigt man noch Spuren von des Teufels Klauen, außerdem ist ein normannisches Kreuz eingehauen. Der an der Oberseite flache Stein soll, einer anderen Überlieferung zufolge, König Øystein als Altar gedient haben, als sich dieser auf Christianisierungsfahrt in Vågan aufhielt und den Gottesdienst, da es noch keine

Weit mehr als ein Handelsplatz

Vågan, die erste Stadt nördlich des Polarkreises

Gegen Ende des 11. und zu Beginn des 12. Jh. begann sich der Handel mit Stockfisch auszuweiten. Immer mehr auswärtige Fischer reisten zum Lofotfischfang. Hier gab es wohl zum ersten Mal in Norwegen die Gelegenheit, Geld zu verdienen, einen Überschuß zu erarbeiten, mit dem man Getreide und Stoffe kaufen oder eintauschen konnte. Um das Jahr 1120 ließ König Øystein Magnusson in Vågan eine Kirche und Unterkünfte für die Fischer errichten. Das Wissen um die Lage dieses Ortes ging später verloren, man kannte ihn nur noch aus handschriftlichen Quellen. Als man im Jahr 1935 König Øystein als dem Gründer Vågans ein Denkmal setzte, vermutete man den Ort noch direkt in Kabelvåg. Inzwischen haben Ausgrabungen ergeben, daß er etwa 1 km westlich davon, in Storvågan, lag. Daß Øystein in Wirklichkeit nicht der Gründer des Handels- und Versammlungsortes ist, gilt heute als erwiesen. Es scheint vielmehr, daß er den schon florierenden Fischfang und Handel an einem Ort konzentrierte, um die den Fischern auferlegten Steuern leichter einkassieren zu können.

Auf die Bedeutung Vågans als Zentrum des Stockfischhandels weist u. a. der isländische Historiker und Dichter Snorri Sturluson hin. In der Saga von König Sverre erzählt er von 40 Handelsschiffen, die im Jahre 1177 vollbeladen auf dem Weg von Vågan nach Süden waren. Doch Vågan war weit mehr. In den ersten Sagatexten wird es nicht nur als Umschlagplatz für Felle, Häute, Daunen, Walroßzähne usw., sondern auch als Treffpunkt von Kirchenmännern, Häuptlingen und Händlern aus England, Nord- und Südskandinavien erwähnt.

Allerdings war Vågan mehr Versammlungs- und Umschlagplatz als eine ganzjährig bewohnte Stadt. Die Anzahl seiner ständigen Einwohner dürfte sehr gering gewesen sein. Es ist bisher nur eine Konzentration mehrerer kleiner Höfe in der Umgebung Vågans gefunden worden, die darauf hindeutet, daß die Hofbewohner vom Zusatzgeschäft des Fischfangs oder -handels lebten. Auch hat man keine Anzeichen für einen früheren Häuptlingssitz gefunden. Vågan befand sich vielmehr im Niemandsland zwischen mehreren bekannten Häuptlingssitzen, zum Beispiel Hov auf Gimsøy, Borg und Buksnes auf Vestvågøy,

Königsstatue oberhalb von Kavelvåg

Steigen und Hadsel. Es ist denkbar, daß der Ort, lange bevor er Fischumschlagplatz wurde, als neutraler Treffpunkt von Geistlichen und Häuptlingen überregionale Bedeutung erlangte. Im Jahre 1282 etwa wurde unter der Leitung von Bjarne Erlingssønn auf dem Brurberget bei Vågan eine Thingversammlung abgehalten, bei der er die Nordländer dazu brachte, das neue Landesgesetz von 1276, das in Hålogaland gültig war, auch für Vågan anzuerkennen.

In Vågan wurde sogar eine Münze, das ›Vågansilber‹ geschlagen, und es gab das ›Vågangesetz‹ *(Vågaboka),* von dem man allerdings nicht weiß, wie lange und für welches Gebiet es galt.

Im 14./15. Jh. verlor Vågan allmählich seine Bedeutung, während die Macht der deutschen Kaufleute in Bergen wuchs. Ein deutliches Indiz dafür ist eine königliche Verordnung von 1384, die den offenbar schon im Niedergang begriffenen Handel in Vågan fördern sollte und den nordnorwegischen Kaufleuten verbot, in anderen Handelsorten als in Vågan Fisch umzusetzen. Vågans Bedeutung beschränkte sich nunmehr ausschließlich auf den Fischfang, die Trockenfischproduktion und den Verkauf. Durch den Ausbau staatlicher und kirchlicher Macht- und Verwaltungsstrukturen waren Thingversammlungen nicht mehr nötig. Politische, kirchliche, rechtliche Debatten und Verordnungen konnten schriftlich geführt und erlassen werden. Durch die zunehmende Bedeutung des Trockenfischhandels entstanden weitere Fischerorte: zunächst Skrova, dann Henningsvær und Svolvær. Als der dänische Vogt Schønnebøl 1590 nach Vågan kam, schrieb er, in seinen hochgesteckten Erwartungen enttäuscht: »Die Fischersiedlung Voge war in alten Tagen ein Handelsort, ist aber jetzt nur noch ein armseliges Fischerdorf, in dem nicht mehr als zehn oder zwölf arme Fischer wohnen.«

Kirche gab, im Freien abhalten mußte.

Wenn man am Trollstein abbiegt, gelangt man nach **Finneset,** der ehemaligen Pfarrstelle Vågans, in der zu Beginn des 18. Jh. der später als Grönlandapostel bekannt gewordene Pfarrer Hans Egede seelsorgerisch wirkte. Nach ihm wurde die zweitgrößte Stadt Grönlands, Egedesminde (*minde,* Andenken), benannt. Gegen Ende des 18. Jh. entwickelte sich der Pfarrort in der Hand tüchtiger Unternehmer zu einem reichen zentralen Handelsplatz. Das große weiße Hauptgebäude wurde zu Beginn des 19. Jh. gebaut. Je mehr jedoch das benachbarte Kabelvåg zu einem ernsthaften Konkurrenten heranwuchs, desto mehr geriet Finneset ins Abseits, bis schließlich die *Vågan Sparebank* den verschuldeten Handelsort übernahm. Seit 1909 ist Finneset Sitz der *Folkehøgskole,* einer Internats-Volkshochschule. Von den alten Gebäuden steht u. a. noch die *Filipstua,* in der im Jahre 1795 Louis Philippe von Orléans, der spätere König von Frankreich, auf seiner Nordlandreise übernachtete. Im Sommer dient die Folkehøgskole als Jugendherberge und als Sommerhotel (s. ›Unterkunft‹).

Wenn man von Finneset kommend Richtung Kabelvåg abbiegt, liegt linker Hand **Oskar-Skaret** (3), ein Felsen, auf den König Oscar II. seinen Namen schrieb, als er 1873 die Straße zwischen Svolvær und Kabelvåg eröffnete. Später ver-

Die ›Lofot-Kathedrale‹ bei Kabelvåg

ewigten sich noch Håkon VII. und Olav V. Die Namenszüge wurden ausgemeißelt und vergoldet.

Kabelvåg

Der Name des Ortes stammt vermutlich von *kapelvåg* (Kirchenbucht, *kapel* wurden oft die vom König eingerichteten Kirchen genannt). In schriftlichen Quellen wird *Kapelvågan* das erste Mal 1352 genannt. Lange bevor Svolvær eine Rolle spielte, war Kabelvåg das größte Fischerdorf der Lofoten. Hier wurde im Jahre 1762 auch das erste Lofotgasthaus eingerichtet.

Kabelvåg ist heute eine kleine, ruhige und freundliche Stadt, in der noch ein großer Teil der alten Holzhaus-Architektur erhalten ist. Der Ort liegt an mehreren Buchten und verfügt über einen Hafen, ist aber weit weniger vom Meer geprägt als Svolvær, weil von hier aus keine regelmäßigen Bootsverbindungen bestehen.

Sehenswert ist die **Statue des Königs Øystein** (4), die im Jahre 1935 oberhalb des Ortes errichtet wurde. Von hier aus hat man einen schönen Blick über den Ort, die Buchten und auch auf den **Brurberget,** auf dem im Jahr 1282 eine Thingversammlung unter der Leitung von Bjarne Erlingssønn stattfand (s. S. 89). Es lohnt sich also unbedingt, vom Brurberg Neubaugebiet aus auf den Hügel hinauf zu steigen und sich diese Thingversammlung unter freiem Himmel vorzustellen.

Verkehr: Busverbindung mit Svolvær, mindestens 6 × tägl., im Sommer häufiger.

Unterkunft/ Restaurants im Gebiet um Kabelvåg: Nyvågar Rorbuhotel AS, direkt neben dem Lofot-Aquarium/Storvågan, ✆ 76 07 89 00, Fax 76 07 89 50: Edle, architektonisch gelungene Rorbu/Hotelanlage Nyvågar, saftige Preise, sehr schönes Café/Restaurant – bei gutem Wetter kann man draußen am Kai sitzen; Fahrrad- und Bootsverleih, Verleih von Taucherausrüstung, Boots- und Angelausflüge.
Lofoten Rorbuferie, ✆ 76 07 84 44, Fax 76 07 84 53: 15 Rorbuer, ganjährig geöffnet. Lofoten Turist og Rorbusenter, Ørsvåg, westlich von Kabelvåg, ✆ 76 07 81 80, Fax 76 07 83 37: Hütten, Fahrrad- und Bootsverleih sowie Cafeteria.
Kabelvåg Vandrerhjem, ✆ 76 07 81 03, Fax 76 07 81 17: Bootsverleih, Tauchzentrum, geöffnet nur in den Sommermonaten in der Folkehøgskole.
Kabelvåg Sjøhuscamping, ✆ 76 07 25 60, Fax 76 07 25 60: Mitte Juni–Ende Aug. geöffnet. Sandvika Fjord- og Sjøhus Camping, Ørsvåg, ✆ 76 07 81 45, Fax 76 07 90 10: Fahrrad- und Bootsverleih. Kalle Ferie- og Fiskevær, Hopen, etwa 5 km westlich von Kabelvåg gelegen, ✆ 76 07 76 00, Fax 76 07 76 01.

Versorgung: Supermarkt, verschiedene Läden, Bank, Post, Arzt.

Ausflugs- und Angelfahrten: ›Tina‹ (39 Pass.), ✆ 76 07 84 92.

Storvågan

1 km westlich von Kabelvåg, auf einem 10minütigen Spaziergang zu erreichen, liegt Storvågan, nach archäologischem Befund der Ort, an dem sich im Mittelalter Vågan, die erste Stadt Nordnorwegens befand. Im 19. Jh. entwickelte sich hier einer der reichsten Handelsplätze der Lofoten. 1811 erhielt Caspar Fredrik Lorch die Erlaubnis, ein Gasthaus einzurichten, um das sich bald ein florierender Handel entwickelte. Im Jahre 1865 standen in Storvågan unter Lorchs Schwiegersohn Johan Hammond Wolff mehr als 100 Fischerhütten. Das Wohnhaus des damaligen Großunternehmers ist heute das Hauptgebäude des **Lofot-Museums** (5). In ihm erhält man eine Vorstellung davon, wie die einflußreiche Oberklasse im 19. Jh. gelebt hat. In mehreren umliegenden Gebäuden – ehemals Ställe, Vorratshaus und Laden – werden Gerätschaften, Boote und Unterkünfte der Lofotfischer des 19. Jh. gezeigt. Zum Museum gehören außerdem zwei Fischerhütten, von denen eine aus dem 18. Jh. stammt und einst auf Skrova stand. Zum Museumsbestand zählt auch ein Bootshaus mit verschiedenen Typen des Nordlandbootes. (15. 6.–15. 8. tägl. 9–21 Uhr, in der Vor- und Nebensaison 1. 6.–14. 6./16. 8.–31. 8. tägl.9–18 Uhr, im Rest des Jahres Mo–Fr 9–15 Uhr. Führungen gibt es nur auf Anfrage unter ✆ 76 07 82 23.)

Einen Steinwurf vom Museum entfernt liegt das **Lofot-Aquarium.** Bereits im Jahre 1931 gab es in Kabelvåg ein Aquarium, in dem Meeresforscher zum ersten Mal den Kabeljau beim Laichen beobachten konnten. Dieses Museum war zu Beginn der 1980er Jahre in einem äußerst dürftigen Zustand, wurde geschlossen und im Sommer 1989 in schöner Umgebung in Storvågan wiedereröffnet. In dem modernen, architektonisch reizvollen, über große Flächen verglasten Gebäude sind außer Meeresfischen auch Süßwasserfische und Strandzonenbewohner wie Muscheln sowie Algen und Tange zu besichtigen. Unter freiem Himmel befindet sich ein Becken mit Robben, in der Bucht kann man Fischaufzuchtanlagen von nahem betrachten. (Im Sommer tägl. 10–21, Vor- und Nebensaison 10–18 Uhr. 2 × tägl. Diavorträge über die Lofoten und den Lofotfischfang.)

Mit der **M/S Nemo,** einem speziell konstruierten Ausflugsschiff, kann man die artenreiche Unterwasserwelt des Nördlichen Eismeeres erkunden (Mitte Mai–Mitte Sept., Abfahrt vom Lofotaquarium, Dauer 30 Min., Buchung und Information ✆ 76 07 86 65).

Für Storvågans Attraktionen gibt es ein ›Multi Ticket‹, gültig für Lofot-Museum und -Aquarium, sowie für die **Galleri Espolin Johnson,** mit Werken des bekannten zeitgenössischen norwegischen Malers (in der Hochsaison tägl. 10–21, Vor- und Nebensaison 10–18 Uhr).

Über Rørvik nach Henningsvær und Brenna

Etwa 5 km westlich von Kabelvåg zweigt die Straße nach **Kalle** ab, wo es einen schönen Strand mit weiten Grasflächen zum Ballspielen sowie eine öffentliche Toilette gibt. Leider verschwindet die Sonne am Abend sehr früh hinter den Bergen.

Unterkunft: s. Kabelvåg.

In **Ørsnes,** direkt an der E 10, ist ein Besuch in der **Ola Strands Galleri** lohnenswert, die Arbeiten – vornehmlich mit Lofotmotiven – dieses zeitgenössischen Malers und Grafikers beherbergt (Juni–Aug. Mo–Fr 10–21, Sa 10–18 Uhr).

Auf der Fahrt von Kabelvåg nach Westen kann man von mehreren Punkten an der Straße den sagenumwobenen **Vågekallen** sehen. Dieser 1885 erstmals bestiegene, 942 m hohe, imposante Berg am Meer ist ein bekanntes Seezeichen. Das ganze Gebiet um den Vågekallen ist bei Kletterern sehr beliebt, es werden auch Kletterkurse abgehalten.

Kurz vor der Abzweigung nach Henningsvær fährt man durch den Rørvik-Tunnel. Früher verlief die Straße über den Paß Rørvikskaret. Man kann auf der alten Straße über den Paß laufen und die schöne Aussicht auf Vestvågøy mit Stamsund im Westen, Kabelvåg im Osten und Skrova im Hintergrund genießen. In **Rørvik,** 10 km von Kabelvåg entfernt, liegt noch ein geschützter, im Sommer überlaufener Sandstrand mit Blick auf die Gebirgsketten von Vestvågøy (s. Umschlagklappe vorne). Oberhalb des Strandes gibt es eine Toilette, fließend Wasser und Platz für Wohnmobile oder Camper. Die Abzweigung nach Henningsvær verläuft von Rørvik direkt am Fuße schroffer Berge im nackten Fels oberhalb des Meeres entlang.

Henningsvær

Zweigt man in Rørvik von der E 10 auf die Straße 816 nach Süden ab, so erreicht man nach 7 km Henningsvær. Der Fischerort, auch das ›Venedig des Nordens‹ genannt und auf mehrere Inseln verteilt, ist auf alle Fälle einen Besuch wert. Er bietet mit seinen dicht aneinander gedrängten Häusern, Fischerhütten, Booten und gewaltigen Bergen faszinierende Fotomotive. Der Ort, der bereits früh besiedelt war, sich aber erst in der Mitte des 19. Jh. zu einem größeren Fischerdorf entwickelte, lag für den Lofotfischfang insofern günstig, als es von hier aus nur einer kurzen Anfahrt zu den reichen Fischgründen sowohl im Osten als auch im Westen bedurfte, je nachdem, wo der Fisch war. Teilweise wurde hier ein Viertel der gesamten Lofot-Fangmenge angelandet. In Henningsvær gab es nie einen so allmächtigen Großgrundbesitzer wie in den anderen Lofotfischerdörfern, hier waren oft bis zu 40 Fischaufkäufer tätig. 1862 erhielt es als erster Ort auf den Lofoten ein Telegrafenamt.

Henningsvær, das erst im Jahre 1983 durch mehrere Füllungen und Brücken landfest wurde, hat heute ca. 540 ständige Einwohner, die vom Fischfang und von der fischverarbeitenden Industrie leben. Produkte sind Trockenfisch, Kaviar, *Lofotpostei* (eine Fischpaste) und Tiefkühlfisch. Besonders hübsch ist es am kleinen Anleger neben dem Henningsvær Gjestegård. Direkt auf dem Kai stehen Tische und Bänke, am Frischwasserschlauch kann man seine Wasserkanister auffüllen.

Sehenswert ist die **Gallerie Karl Erik Harr,** die in einem restaurierten Fischannahmeplatz untergebracht ist. Karl Erik Harr, dessen Werke auch in der Nationalgalerie in Oslo hängen, gehört zu den bekanntesten Künstlern Norwegens. Seine eindrucksvollen Ölgemälde und Graphiken zeigen Nordlandmotive. In den weiten Räumen wird auch eine Lichtbildershow des Journalisten und Filmemachers Frank A. Jenssen über die Lofoten und den Lofotfischfang vorgeführt. Die Extraausgabe lohnt sich, die ›Lofotreise‹ ist ein Erlebnis, das einem, zusammen mit den Gemälden und einer Fotodokumentation zur Geschichte des Lofotfischfangs, die Inseln und ihre Kultur ein Stück näher bringt. (Im Sommer tägl. 9–21 Uhr, in der Vor- und Nachsaison 10–18 Uhr, März 12–15 Uhr.)

Verkehr: Im Sommer ca. 6 × tägl. Busverbindung mit Svolvær.

Unterkunft/Restaurant: Henningsvær Feriebrygge mit Restaurant ›Fiskekroken‹, ✆ 76 07 46 52, Fax 76 07 46 55.
Den siste Viking Rorbuer, ✆ 76 07 49 11, Fax 76 07 46 46.
Henningsvær Rorbuer, ✆ 76 07 46 00, Fax 76 07 49 10

Imposantes Seezeichen und beliebt bei Kletterern – der Vågekallen

Nach Svolvær, Kabelvåg und Henningsvær gibt es auf Austvågøy auf dem Weg Richtung Westen keinen größeren Fischerort mehr. Etwa 4 km von Rørvik entfernt liegt der frühere Fährort und Handelsplatz **Lyngvær,** der vor allem die Gimsøy-Bewohner versorgte, bevor man die Brückenverbindung zwischen Austvågøy und Gimsøy über den Gimsøystraumen baute.

Kurz vor der Brücke über den Gimsøystraumen, an der **Kleppstadkreuzung,** zweigt die Straße über Sydalen zum 12 km entfernten Ort **Brenna** ab. Sie verläuft direkt am Meer und bietet im letzten Abschnitt Aussicht auf die Mitternachtssonne.

Versorgung: Lebensmittel, Gemischtwaren und Kiosk, Bank und Post.

Bootsausflüge: Aufregende Sjørafting-Touren (Deep Sea Rafting) in Gummischlauchbooten, 20–45 (50) Knoten, bieten folgende Unternehmer in Henningsvær an: Henningsvær Rorbuer, ✆ 76 07 46 00, Lofoten Opplevelser AS, ✆ 76 07 50 01.
Ausflugsfahrten kann man mit der ›Symra‹ unternehmen (max. 40 Pass.), ✆ 76 07 48 15.

Wanderungen

Von Lyngvær nach Kabelvåg: Mittelschwere Tour über den Småtindan, ca. 5 Std. Anfang an der Südseite des Olderfjords am Wendeplatz kurz vor dem Ende des Weges.
Bergtour auf den Kroktind (756 m): Mittelschwere Tour mit einzelnen schwierigeren Partien, 6–7 Std. Start und Ende an der Schule in Sydalen.
Von Gravermark nach Brenna: Einfache Wanderung über Steindalsheia und den Svarttinden (736 m), ca. 6–7 Std. Beginn am

nördlichen Ende des Dorfes Gravermark.

Unterkunft in Lyngvær: Lofoten Lyngvær Caravanparking, ✆ 76 07 87 81; Lyngværstua Camping, ✆ 76 07 77 78.
In Brenna/Kleppstad: Night Sun Camping, ✆ 76 07 78 82, Fax 76 07 80 42.

Gimsøy

Die 800 m lange Gimsøystraumen-Brücke verbindet Austvågøy mit der 46 km² großen, von ca. 250 Menschen bewohnten Insel Gimsøy, die zur Vågan-Gemeinde gehört. Hier wurde von alters her neben dem Fischfang viel Landwirtschaft betrieben. Gimsøy war wahrscheinlich einer der ersten besiedelten Orte auf den Lofoten. Im Moor, beim **Saupstadhof** an der Nordostseite der Insel, sind Hofgrundrisse aus der Stein- und Eisenzeit nachgewiesen. Bereits in der Wikingerzeit scheint es auf Gimsøy einen Häuptlingssitz gegeben zu haben, denn es sind die Reste eines langen Bootshauses *(naust)* gefunden worden.

Hovsund nach sommernächtlichem Regen

Um die Bedeutung der großen Bootshäuser, von denen auch mehrere auf Vestvågøy entdeckt worden sind, zu erfassen, muß man sich das berühmte Gokstadschiff vergegenwärtigen, das auf Bygdøy in Oslo im Wikingerschiffmuseum ausgestellt ist. Es stammt etwa aus dem Jahre 900 n. Chr., ist knapp 24 m lang und wurde vermutlich von mehr als 30 Mann gerudert. Dieses Häuptlingsschiff hätte sowohl im Bootshaus auf Gimsøy als auch in denen, die auf Vestvågøy gefunden wurden, ausreichend Platz gehabt. Um Boote dieser Größe bemannen und ausrüsten zu können, muß der Besitzer über großen Reichtum und weitreichende Macht verfügt haben, was zur Wikingerzeit nur auf Häuptlinge zutraf.

Die Straße, die einmal um Gimsøy herumführt, ist 33 km lang (von Brücke zu Brücke) und nicht geteert. An der Nord- und Nordost-

Die Sage vom Hovstroll

Die Landschaft Gimsøys wird durch weite, flache Moorgebiete geprägt, nur im Südosten der Insel liegt eine Reihe von höheren Bergen, deren höchster 762 m mißt. Im Westen der Insel ragt einsam aus der Landschaft der Berg Hoven (371 m) heraus, um den sich mehrere Sagen ranken. So wird etwa erzählt, daß auf dem Berg einst der Hovstroll

wohnte, der sich in die Matmora auf Austvågøy verliebte, die bei schönem Wetter funkelte und glitzerte und viele Brautwerber von nah und fern anzog. (Am Berg Matmora auf Austvågøy wurde tatsächlich einmal Erz abgebaut.) Er beschloß, um ihre Hand anzuhalten. Sein ärgster Widersacher aber, der Ånstadkallen (*kallen,* Kerl) aus Hadseløya, wandelte ebenfalls auf Freiersfüßen und versperrte ihm den Weg. Rasend vor Wut begann der Hovstroll, Steine auf ihn zu schleudern, das gleiche tat sein Gegner. Viele Steine fielen ins Meer und liegen hier noch als kleine Inseln. Schließlich wurden die beiden Rivalen müde und gaben ihre Heiratspläne auf. Die Gegend um Hoven aber ist bis heute außergewöhnlich flach und ohne Geröllsteine, hier hat der Hovstroll ganze Arbeit geleistet.

seite der Insel liegen weiße Sandstrände. Der größte von ihnen befindet sich zwischen Gimsøysand und Vinje, direkt gegenüber vom Kaufmann. Von der Straße bis zum Strand ziehen sich weite, hügelige Grasflächen hin, am Horizont tauchen die blauen Gebirgsketten Austvågøys aus dem Meer. Im August und September haben wir hier mehrmals Seehunde, die auf den Strand robbten, und Seeadler beobachtet.

In **Vinje** steht ein Bautastein (Gedenkstein), der *Reka*, gleich an der Straße. (Von der Gimsøy-Kirche aus in Richtung Vinje auf der linken Straßenseite, etwa 2 m vom Straßenrand entfernt.) Neben diesem unbeschrifteten Stein wurde Nordnorwegens einziger Runenstein mit einer längeren Inschrift gefunden, der sogenannte ›Gimsøystein‹, der im Jahre 1810 erstmalig erwähnt wurde und sich heute im Museum von Tromsø befindet. Der Stein wiegt etwa 700 kg und ist ein vierkantiger Block, 1,70 m lang, der sich zur Spitze hin verjüngt: Zu Beginn der Runeninschrift ist er 40 cm breit und 57 cm dick, am Ende nur noch ca. 22 cm breit und 27 cm dick. Die Runenzeichen sind wie folgt übersetzt und gedeutet worden: »Uki, Åses Bruder, hat diese Grabstätte für Næfis (Verwandten) eingerichtet, als (weil) Åse von hier fortgezogen ist, und ebenso diese Steine.« Der Stein wurde in der Wikingerzeit, ungefähr 900 n. Chr., aufgestellt.

Die Gimsøy-Kirche in **Gimsøysand** wurde 1878 erbaut und lohnt einen kleinen Abstecher. Sie liegt, wie viele Lofotkirchen, direkt am Meer und ist mit dicken Drahtseilen gegen den Wind gesichert, der auf den Lofoten schon so manche Kirche auf dem Gewissen hat.

Verkehr: Anreise ohne Auto schwierig; die E 10 führt an der Südseite der Insel entlang. Gimsøy ist von Vestvågøy durch den Sundklakkstraumen getrennt, der an seiner schmalsten Stelle 150 m breit und an seiner flachsten nur 1 m tief ist. Der Fährverkehr zwischen Lyngvær und Smorten wurde 1976 mit der Eröffnung der 276 m langen Sundklakk-Brücke eingestellt. 2–3 × tägl. Bus von Leknes und Stamsund nach Sundklakk. Nur etwa 2 × wöchentl. Rundtour um ganz Gimsøy.

Unterkunft: Gimsøy Gjestegård, ✆ 76 07 71 77, Fax 76 07 71 97: einzig nennenswerte Herberge.

Vestvågøy – Wild und schön

Zu den Wikingern nach Borge. Weite Sandstrände und winzige Dörfer an der Westküste. Streifzug durchs steinerne Stamsund. Ausflug nach Holsøya, Insel der Gräber. Ins malerische Fischerdorf Ballstad.

Die E 10 führt mitten durch Vestvågøys weite Landschaft, in der grasende Kühe und verstreut liegende Bauernhöfe das Bild bestimmen. Vestvågøy ist eine der größten Landwirtschaftsgemeinden Nordnorwegens, die Besiedlung ist über die ganze Insel verteilt, wodurch diese zersiedelter als die anderen wirkt. Doch rundherum erheben sich gezackte ›wilde‹ Lofotberge, die den stabreimenden Werbeslogan der Gemeinde: *Vestvågøy, vill og vakker* (»wild und schön«) rechtfertigen.

Der Norden bis Borge

Etwa 8 km hinter der Sundklakk-Brücke zweigt eine ungeteerte Straße nach **Hellosan** ab. In den umliegenden Seen bestehen ausgesprochen gute Süßwasser-Angelgelegenheiten.

In Limstrand, 12 km von der Sundklakk Brücke, geht die zum Teil unbefestigte, aber schöne Aussichtsstraße ab, die die Halbinsel **Haveren** umrundet. Insgesamt beträgt die Strecke, die über Smedvik, Kvalnes, Bø, Vestresand nach Vonheim auf die E 10 zurückführt, 18 km; die Straße bietet weite Aussichten auf Meer und Mitternachtssonne.

Wanderung auf den Haveren: Von Bø aus führt eine relativ leichte, aber nicht markierte, 3–5stündige Wanderung am Bø-See vorbei und über das Lilhaveren-Plateau auf den Gipfel des Haveren (808 m) hinauf.

Verkehr: Werktags 2–3 × tägl. Bus zwischen Svolvær und Leknes via Alstad, Haveren und Vonheim in beiden Richtungen.

Unterkunft: Vestresand, Vestresand Sjøhus, ✆ 76 08 58 33.

Versorgung: Laden und Tankstelle in Vestresand, Laden in Smedvik.

Südwestlich der Halbinsel liegt die heute verlassene Insel **Borgvær,**

Vestvågøy

nur 3 km vom Land entfernt. Hier gab es einst einen Handelsplatz, der im 19. Jh. in den Besitz des mächtigen Irgens-Geschlechts gelangte, das ursprünglich aus Holstein in Norddeutschland stammte und großen Einfluß im nordnorwegischen Wirtschaftsleben hatte. Borgvær entwickelte sich zum Zentrum des gesamten Gebietes um Borge. Im Hafen lagen vier Frachtschiffe, auf der Insel gab es Kühe und Pferde sowie ungefähr 20 Fischerhütten. Zu Beginn des 20. Jh. wurde der Handel aufgegeben und nur noch Landwirtschaft betrieben. 1968 verließ der letzte Irgens die Insel, die daraufhin als Sommersitz verkauft wurde.

Borge

In Bøstad/Borge (ca. 800 Ew.) wurden sehr viele archäologische Funde gemacht, die darauf hindeuten, daß hier schon gegen Ende der Steinzeit Getreide angebaut und Viehzucht betrieben wurde. Gehöftumrisse und Bootshäuser sowie Silber-, Gold- und Keramikfund-

Häuptlingssitz zur Wikingerzeit: Borg

Archäologische Funde aus der jüngeren Eisenzeit (600–1000 n. Chr.) gibt es auf Vestvågøy in Hülle und Fülle. Die in Borg unterscheiden sich jedoch von allen anderen durch die ›Exotik‹ der ausgegrabenen Gegenstände. Im Jahre 1981 stieß ein Bauer beim Umpflügen seiner Wiese, nur ein paar hundert Meter von der Kirche entfernt, auf fette, schwarze Kulturerde. Zwei Jahre später begann man mit den ersten großen Ausgrabungen, während derer die Grundrisse mehrerer Häuser freigelegt wurden, u. a. der eines 83 m langen und 8,5 m breiten Hauses, in dem neben den Wohnräumen auch die Ställe untergebracht waren. Der freigelegte Grundriß zeigte, daß das Haus in einer späteren Phase vergrößert worden war. Dem älteren Grundriß sind vermutlich die aus dem 4.–7. Jh. stammenden Funde zuzuordnen, dem größeren die zahlreichen Gegenstände aus dem 8.–9. Jh.

Im Innern des größten Hausgrundrisses wurden spektakuläre Goldfunde gemacht, u. a. drei Goldamulette, auf denen sich zwei Menschen umarmen (vermutlich die Fruchtbarkeitsgöttin Frey und die Riesentochter Gerd aus der nordischen Mythologie), sowie Scherben von mindestens zehn Glasbechern aus dem Frankenreich. Andere Scherben stammen von fränkischen Weinkrügen. Man muß sich nur den langen Transportweg der Gläser in den offenen Wikingerschiffen vorstellen, um die Kostbarkeit der zerbrechlichen Gefäße würdigen zu können. Darüber hinaus wurden mit Goldfäden durchsetzte Glasscherben entdeckt, die vermutlich aus England stammen und bisher nur in so bedeutenden Wikingerhandelsorten wir Birka, Haithabu und Kaupang gefunden wurden.

Die Ausgrabungsgegenstände in Borg sind Zeichen großen Reichtums und weitreichender Beziehungen in einer Zeit, in der der Stockfisch sicherlich noch nicht in großem Umfang vermarktet wurde. Neben den wertvollen Dingen wurden zahlreiche einfache Gegenstände wie Tonscherben, Lote, Angelhaken, Webgewichte, Spinnwirtel, Messer und Nägel gefunden, die vom alltäglichen Leben, von Fischfang und Landwirtschaft erzählen. Die beiden 22–26 m langen überwachsenen Umrisse von Bootshäusern, die unterhalb der heutigen Kirche am inneren Borgpollen liegen, zeugen von der Existenz großer Schiffe. Wo es Schiffe dieses Ausmaßes gab, muß es auch genügend Männer gegeben haben, die sich unter dem Befehl eines Anführers in den Krieg, auf Raubzug oder Handelsfahrt begaben. Aus all diesen Funden läßt sich schließen, daß Borg weniger Handelszentrum als vielmehr der Wohnsitz eines reichen und politisch bedeutenden Häuptlings war. Wann und wie lange, ist allerdings noch nicht klar. Die ›exotischen‹ Funde, die Borge von den normalen Wikingerhöfen unterscheiden, stammen jedenfalls aus der Zeit von 700–850 n. Chr.

Doch wer waren die Herren auf Borg? Der einzige namentlich bekannte Lofothäuptling aus der Wikingerzeit ist der von dem Isländer Snorri Sturluson erwähnte Tore Hjort (Tore Hirsch), von dem allerdings berichtet wird, daß er aus Vågan stamme. Laut Sagatext wurde er im Jahre 999 vom norwegischen König Olav Tryggvason getötet. In Vågan (s. S. 88) gab es aber mit ziemlicher Wahrscheinlichkeit zu jener Zeit gar keinen Häuptlingssitz. Snorri schrieb seine Saga gut 200 Jahre nach den geschilderten Ereignissen, in einer Zeit, in der Vågan nicht nur der bekannteste Ort der Lofoten, sondern auch bedeutender Versammlungs- und Handelsort für ganz Nordnorwegen war, daher liegt ein Irrtum nahe. Viele Historiker und Lofotinger sähen gerne den Wohnsitz von Tore Hjort in Borg, zumindest den seiner Vorfahren. Es kann so gewesen sein, aber genausogut auch anders: Bei Leknes am Buksnesfjord im Westen Vestvågøys und auf Gimsøy belegen Bootshäuser mit riesigen Ausmaßen, daß dort weitere Machtzentren lagen.

Die Ausgrabungen in Borg haben das Bild Nordnorwegens in der Vorwikinger- und Wikingerzeit verändert. Man weiß nun, daß das Land nördlich des Polarkreises einen weit größeren Anteil an der Kultur der Vorwikinger und Wikinger hatte, als bisher angenommen.

stücke weisen auf eine relativ dichte und kontinuierliche Besiedlung sowie auf einen Häuptlingssitz in der Wikingerzeit hin. Der 83 m lange Häuptlingshof wurde unmittelbar neben der eigentlichen Ausgrabungsstätte nahe der Kirche rekonstruiert. Er beherbert einen Großteil der vor Ort gefundenen Gegenstände. Im Wohnbereich werden wie zu Zeiten der Wikinger Leder und Wollstoffe hergestellt, im Versammlungsraum erhält der Besucher kleinere Mahlzeiten, und im Stall sind Tiere untergebracht. Zum **Lofotr-Wikingermuseum**, das mit Ausstellungen und Vorträgen sowie verschiedenen Aktivitätsangeboten auch Kindern die Wikingerzeit näher bringen möchte, gehört ebenfalls die 1992 fertiggestellte Kopie des Gokstadschiffes aus dem 9. Jh., das in der Bucht unterhalb der Kirche vertaut liegt. Die Gelegenheit zu einer Rudertour auf diesem hochseetüchtigen Langschiff sollte sich niemand entgehen lassen. (Ende Mai–Mitte Aug. tägl. 10–19 Uhr, im Winter nach Voranmeldung, ✆ 76 08 49 00.)

Borge ist ein alter Kirchort. Die 1987 neu erbaute **Kirche** liegt auf dem traditionellen Kirchenhügel. Durch ihre exponierte Lage waren Kirchen hier Wind und Wetter besonders ausgesetzt. Seit 1797 wurde eine Kirche vom Wind weggeblasen, zwei weitere brannten ab, die letzte im Jahre 1983. Das Silber und die Brautstühle wurden aus der alten Kirche gerettet. Die fast gänzlich in Handarbeit hergestellte Orgel mit Holzpfeifen ist für ihren schönen Klang bekannt. Im Sommer werden hier regelmäßig Konzerte veranstaltet.

Wanderung von Slydalen nach Hagskaret: Kurz vor Liland führt links eine Abzweigung zu den verlassenen Bauernhöfen von Slydalen. Hier beginnt eine mittelschwere, etwa 5stündige Tour über Steinheia nach Hagskaret mit phantastischer Aussicht auf der ganzen Strecke.

Verkehr: Borge wird von allen Buslinien, die zwischen Svolvær und Leknes verkehren, angefahren. Tagsüber fährt alle 1–2 Std. ein Bus in südlicher oder nördlicher Richtung.

Versorgung: Lebensmittel und Gemischtwaren, Bank, Post.

Strände und Orte an der Westküste

Auf der Außenseite der Insel gibt es einzigartige Strände mit Blick auf

›Lofotr‹, Kopie des Wikingerschiffs

die Mitternachtssonne. Viele der kleineren Ortschaften an der Küste sind von der Abwanderung bedroht, die jüngeren Leute ziehen aufgrund fehlender Arbeitsplätze in die Ballungsgebiete, nur die Alten bleiben zurück. Von der E 10 etwa zwischen Borge und Oppdøl kann man Abstecher zu den aufgeführten Plätzen unternehmen.

Eggum

Am Ende einer steinschlag- und lawinengefährdeten Straße liegt der hübsche kleine Fischerort Eggum mit bunten Holzhäusern, dessen ca. 200 Einwohner vom Fischfang leben. Das Gewässer vor Eggum ist gefährlich und für auswärtige Fischer nicht befahrbar. In den Jahren 1910, 1945 und 1969 verloren hier viele Fischer bei Schiffsunglücken ihr Leben. Auch die heutige Technik gewährt keine Sicherheit, bei Sturm rechnen die Fischerfrauen mit dem Schlimmsten.

Hinter dem Ort führt ein holpriger Weg an Bootshäusern vorbei zu weiten grünen Grasflächen am Meer. Das burgähnliche Gebäude am Weg, das ›Fort von Eggum‹, war im Zweiten Weltkrieg eine deutsche Radarstation. Oberhalb des Strandes aus großen, rundgeschliffenen Steinen liegt ein idealer, in der Hochsaison leider überfüllter Platz zum Campen mit Blick auf die Mitternachtssonne. In einem nahen See kann man sich mit Frischwasser versorgen.

Eineinhalb Kilometer hinter Eggum steht auf einer Schafweide direkt am Meer die Skulptur ›Der Kopf‹ *(Hode)* des Schweizers Markus Raetz. Der auf einem 1,75 m hohen Granitsockel plazierte Eisenkopf, zu dem man nur zu Fuß gelangt, präsentiert von jeder Seite eine andere Silhouette, insgesamt 16: Zum Meer hin zeigt sich ein klassisches Porträt, aus einem anderen Blickwinkel steht er ganz auf dem Kopf. ›Der Kopf‹ ist Vestvågøys Beitrag zur **Skulpturenlandschaft Nordland,** ein internationales, 1992–96 verwirklichtes Kunstprojekt, an dem Künstler aus 15 Ländern beteiligt waren. 33 Skulpturen sind über die verschiedenen Nordlandgemeinden verteilt, fünf davon stehen auf den Lofoten.

Wanderung nach Unstad: Vom Fort aus führt ein markierter Wanderpfad nach Unstad. Die Wanderung dauert etwa 1 1/2–2 Std. und ist anstrengender, als sie auf der Karte erscheint. Der Weg führt einen Grashang entlang, an unzähligen Kaninchenlöchern vorbei, und ist manchmal schwer zu finden, wegen der Aussicht aufs offene Meer aber zu empfehlen. Da Busse selten fahren, sollte man sich in Unstad mit dem Auto oder Taxi (im jeweiligen Ort bei der Touristinfo erfragen) abholen zu lassen.

Anreise: Abzweigung in Bøstad, 8 km. Ohne Auto schwierig, der Bus kommt im Sommer etwa 3 × wöchentl. von Leknes über Borg.

Blick auf Utakleiv

Unterkunft: Eggum Sjøhus, ✆ 76 08 19 16, nur im Sommer.

Versorgung: Nächster Laden in Bøstad, 7 km von Eggum.

Unstad

Kleines, dem Nordmeer preisgegebenes Dorf mit pastellfarbenen Häusern ohne eigenen Hafen, hufeisenförmig von hohen Grasbergen umgeben (schöne Aussicht vom Paß Unstadskaret, 160 m). Die teils sandige, teils steinige Küste ist so flach, daß auch bei ruhigem Wetter die Wellen unablässig an den Strand rollen. Bis Ende des 19. Jh. hatten die Unstader ihre Boote hier liegen. Der Strand aber erwies sich als zu flach, als die Boote motorisiert wurden – also verlegte man sie nach Mærvoll auf der anderen Seite der Berge. Dorthin mußten die Fischer nun erst einmal wandern, was bei ungünstigen Wetterbedingungen bis zu zwei Stunden dauern konnte. Heute wohnen in Unstad, wie in vielen Orten an der Außenseite, nur noch wenige, meist ältere Leute. Seit 1995 gewährleistet ein Tunnel den schneesicheren Zugang zum Dorf.

Wanderung auf den Skrådalstind: Auf dem Weg nach Unstad (Abzweigung Liland) beginnt am Elektrizitätswerk in Saupstad eine nicht markierte, mittelschwere, 3–5stün-

Sommernacht am Strand von Utakleiv

dige Tour auf den Berg Skrådalstind (771 m). Die Wanderung ist im letzten Teil sehr steil und luftig.

Anreise: Abzweigung von der E 10 in Liland, 6 km. Bus von Leknes und Liland, 2–3 × wöchentl.

Unterkunft: Mærvoll, Joh. L. Unstad Sjøhus, ✆ 76 08 54 27. Unstad Camping, ✆ 76 08 54 57, Fax 76 08 55 18.

Utakleiv

Auf dem Weg nach Utakleiv liegt der **Haukland-Strand,** eine weite, windgeschützte Bucht mit feinstem weißen Sandstrand. Der Strand ist bei Touristen und Einheimischen gleichermaßen beliebt, im Sommer hat hier ein Kiosk geöffnet.

Unterhalb der höchsten Gipfel Vestvågøys, im Massiv des Himmeltindan mit Gipfeln von 965, 934 und 769 m Höhe (der höchste von ihnen wurde das erste Mal im Jahre 1890 bestiegen), und direkt am Meer liegt das kleine Dorf Utakleiv. Hier findet man grüne Wiesen, weißen Sandstrand, vom Wasser und Eis rundgeschliffene Steine, Steilküste – und die Mitternachtssonne. Utakleiv ist wie Eggum und Unstad von der Abwanderung bedroht. Im Sommer kann man sich nur schwer vorstellen, wie es ist, wenn die Herbst- und Winterstürme in diese zum offenen Meer hin liegenden Buchten hineinpeitschen. Wenn es schneit, kann es passieren, daß diese Orte vom Rest Vestvågøys abgeschnitten sind.

Wanderung nach Utakleiv: Von Haukland führt eine einfache, etwa zweistündige Wanderung nach Utakleiv und zurück.

Anreise: Abzweigung von der E 10 in Oppdøl, 10 km. Bus von Leknes 1–2 × wöchentl.

Die Ostküste bis Stamsund

Eine reizvolle Alternative zur E 10 bietet die schmale Straße 815, die auf der Ostseite der Insel am Fuße schroffer Berge direkt am Wasser entlangführt. Von der Sundklakk-Brücke bis nach Stamsund sind es 38 km, nach Leknes weitere 15 km. Kurz nach der Brücke passiert man den früheren Fähranleger **Smorten,** wo zu Beginn des 20. Jh. eine Erzgrube in Betrieb genommen wurde. Da sich das Erz aber als weniger eisen- als vielmehr schwefelhaltig erwies, wurde die Grube bereits 1910 wieder geschlossen. Hinter Smorten erheben sich rechter Hand Berggipfel wie der Varden (581 m), der Håtind (652 m), der Kleine Håtind (604 m) u. a., die – nähert man sich mit dem Boot auf dem Vestfjord den Lofoten – einen Teil der berühmten ›Lofotwand‹ ausmachen. Im folgenden ist der Küstenstreifen zwischen Berg und Meer zum großen Teil schmal, dort wo er breiter ist, wird der Boden landwirtschaftlich genutzt, liegen vereinzelt Bauernhöfe am Fuße der Berge.

In **Moland** sind Reste von Hofanlagen, Gräbern und Bootsschuppen aus der Eisenzeit gefunden worden. Die Fundorte liegen allerdings auf Privatland und sind nicht ausgeschildert, daher schwer auffindbar. Im kleinen Kirchort **Valberg** wurden seit 1650 mehrere Kirchen vom Sturm zerstört, die heutige Kirche stammt aus dem Jahr 1889. Der Ort war früher Zentrum der gleichnamigen Gemeinde und ist einer der Lofotorte, deren Einwohnerzahl deutlich zurückgeht. Heute leben hier noch etwa 120 Einwohner, im Jahre 1875 waren es noch 520, 1960 sogar 669. Gegen Ende des 19. Jh. wurde in der Valberg-Gemeinde noch von mehreren Siedlungen aus Fischfang betrieben. Hier gab es ein Gasthaus, Fischerhütten, Anlegestelle für Lokalboote, einen Laden und eine Poststelle.

Wanderung: Bevor es Straßen gab, verlief die alte Postroute von Valberg nach Hellosan. Der alte Pfad ist streckenweise noch zu finden, eine insgesamt 7–8stündige Wanderung führt über Hellosan nach **Hagskaret.** Der Weg ist auf der Vestvågøy-Karte eingezeichnet.

Unterkunft: Strandslett, Brustranda Camping, ✆ 76 08 71 00, Fax 76 08 71 44: Verleih von Surfbrettern.

Lynchstimmung

Der große Branntweinkrieg

In einem Bericht des ›Norwegischen Vereins gegen Branntweintrinken‹ aus dem Jahre 1846 liest man u. a.: »Auf Hochzeiten, Kindstaufen oder anderen Festen samt den Feiertagen werden unbedeutende Mengen von Branntwein konsumiert, da das Trinken bei solchen Angelegenheiten als unnütz und überflüssig angesehen wird . . . und ein Jugendlicher wird sich schämen, einen Schnaps zu trinken, außer, wenn er auf See ist, denn dort wird ein Schnaps als Notwendigkeit angesehen.«

Diese »Notwendigkeit« wurde an der gesamten nordnorwegischen Küste verspürt. Eine große Rolle spielten dabei sicherlich die physischen Strapazen, die der Beruf des Fischers und das Leben auf See mit sich brachten: Unwetter, Kälte, Nässe und das zeitweise sehr aufreibende Arbeitstempo. Dazu kamen die enormen psychischen Belastungen, die das monatelange Zusammenleben auf engstem Raum im Boot und im Rorbu mit sich brachte. Seit jeher gab es daher eine Reihe von Gebräuchen, zum Beispiel den Morgen-, den See- und den Kaufschnaps. Eine feststehende Tradition war das sogenannte *hansinga,* bei dem der *skårunge,* ein Junge, der zum ersten Mal am Lofotfischfang teilnahm, an einem bestimmten Tag seinen Mitbewohnern in der Fischerhütte einen Trunk ausgeben mußte. Auch bei Krankheiten aller Art war ein Becher Branntwein, in den eine ordentliche Portion spanischer Pfeffer eingerührt wurde, das Allheilmittel, das so ziemlich jeden wieder auf die Beine brachte.

Als im letzten Drittel des 18. Jh. auf den Lofoten und Vesterålen die Erlaubnis erteilt wurde, Gast- und Handelshäuser einzurichten, stieg der Verbrauch von Branntwein enorm an. Viele auswärtige Fischer gaben einen Großteil ihres Lohnes für Schnaps aus und kehrten mit leeren Händen vom Lofotfang nach Hause zurück. Um das Elend zu lindern, schlug der nordnorwegische Bischof Mathias Bonsak Krogh sogar die Legalisierung des Branntweinbrennens vor. Ihm war klar, daß diese Maßnahme nicht zu verminderten Alkoholkonsum führen würde, aber sie hätte zumindest die Armut mildern können, die in einer Zeit der wirtschaftlichen Blüte allein durch den Branntwein verursacht wurde.

Gegen Ende des 19. Jh. nehmen weit über 30 000 Fischer am Lofotfischfang teil, die Menge des an Land gebrachten Kabeljaus ist beträchtlich, der Preis dafür allerdings so niedrig, daß die Fischer trotz harter Arbeit kaum etwas verdienen. Dennoch setzt so mancher junger Fischer seinen geringen Lohn in Branntwein um. ›Kaffeehäuser‹ und Restaurants schießen aus dem Boden. In den meisten Fällen sind sie nichts anderes als schlecht getarnte Branntweinkneipen und Bordelle. Schmuggel und Prostitution blühen. Zwar war es nach einem Gesetz aus dem Jahre 1839 nur einzelnen privilegierten Händlern und Gasthausbesitzern erlaubt, während des Lofotfischfangs Schnaps – und nur in begrenzten Mengen – zu verkaufen. Herumreisende Händler ohne Handelsbrief durften überhaupt keinen Alkohol verkaufen. Die Realität sah jedoch anders aus.

Besonders katastrophal sind die Zustände in Stamsund und Kabelvåg. In den Fischerorten Reine, Sund und Nusfjord aber weigern sich die Dorfbesitzer, an Schnapshändler Lokale zu vermieten. 1894 kommt es zu ersten großen Demonstrationen gegen die Branntweinhändler und Branntweinlokale, die so viel Elend über die Fischerfamilien gebracht haben. Im Jahre 1895 spitzt sich die Situation zu und findet ihren Höhepunkt am 24./25. März in dem sogenannten ›großen Branntweinkrieg‹ in Stamsund: Die Fischer haben sich im Verlauf eines Tages, den sie an Land verbracht hatten, zu immer größeren Scharen zusammengefunden, stürmen schließlich, einige tausend Mann stark, durch Stamsund und zerschlagen alle Branntweinfässer, derer sie habhaft werden. Die Polizei ist so gut wie machtlos, kann aber wenigstens verhindern, daß ein besonders verhaßter Schmuggler, der in die Menge der aufgebrachten Fischer schießt und mehrere von ihnen verletzt, gelyncht wird, was einige Tage später von einem Fischer in einem Leserbrief lebhaft bedauert wird. Er schreibt: »Bei dieser Angelegenheit ist nur eine Sache zu beklagen, daß ein berüchtigter Bandit, der auf unschuldige Menschen schoß, mit dem Leben davonkam.«

Der spontane Aufstand zeigte große Wirkung, denn er machte den Verantwortlichen in der Hauptstadt den Ernst der Situation deutlich. Nur fünf Tage später begab sich der Staatsanwalt auf die Lofoten und untersuchte die Verhältnisse. Im folgenden wurden die Schankgenehmigungen stark eingeschränkt und ein gut durchdachtes Gesetz gegen Branntweinschmuggel und illegalen Ausschank verabschiedet, das bereits in der ersten Saison Wirkung zeigte. Heute ist es – passenderweise – Brauch, den Tag des großen Branntweinkriegs mit ein paar Schnäpsen zu feiern.

Hafen von Stamsund

Versorgung: Laden in Valberg, Werkstatt, Tankstelle in Strandslett.

Wassersport: In Skokkelvik kurz vor Valberg liegt ein beliebter Badestrand. Die Valberg-Bucht eignet sich gut zum Surfen.

Stamsund

Der führende Fischerort der West-Lofoten, unter Reisenden als der Ort mit der schönen Rorbu-Jugendherberge weiterempfohlen, hat seinen Namen von *stavn,* ›Steven‹, nach einem Berg oberhalb des Ortes, der die Form eines Bootsstevens hat. In Stamsund (ca. 1400 Ew.), seit 1929 Anlaufstelle der Hurtigrute, befinden sich Norwegens größte Trawlerreederei, die größte Trockenfischexportfirma sowie Gefrier- und Filetieranlagen. Bis 1983 war Stamsund Verwaltungszentrum von Vestvågøy. Der Ort wirkt im Vergleich zu den meisten Fischerorten, in denen rot angestrichene Rorbuer und bunte Holzhäuser dominieren, steinern und monumental. Das Zentrum mit Geschäften, Post, Touristeninformation und zum Teil stillgelegten Betrieben liegt entlang der Straße, die auf dem engen felsigen Küstenstreifen zur Kaianlage führt. Kurz bevor man zum Kai kommt, zweigt die landschaftlich sehr schöne Straße nach Steine ab, die wieder auf die 815 führt.

Die tägliche Ankunft des Postschiffes in Stamsund ist eine ›Besichtigung‹ wert. Im Sommer wimmelt es am steinernen Kai von Menschen. Erst wenn sich die

Menge verlaufen hat, senkt sich wieder Stille über den Ort, in dem noch heute die Allmacht des *væreiers,* des Dorfbesitzers, der Handel, Fischaufkauf und Produktion in seiner Hand hatte, zu spüren ist. Der fast 1,5 km lange Kai wurde im Jahre 1926 fertiggestellt, die Steine wurden alle mit der Hand in die gewünschte Form geschlagen. Auftraggeber und Lohnzahler war der Stamsundbesitzer Johansen, der ›Zar‹ des Ortes, der 1937 auch die Kirche spendierte. Der Johansen-Clan bestimmt bis heute das Wirtschaftsleben des Ortes; er besitzt mehrere Betriebe sowohl in der fischverarbeitenden Industrie als auch im Handel, Hotel- und Verkehrswesen in Stamsund, Ballstad und Nusfjord. In den letzten Jahren mußten jedoch Teile der Firma Johansen einige Male Bankrott anmelden, denn wenn der Fisch ausbleibt, betrifft das auch die Großunternehmer mit ihren breitgefächerten Aktivitäten.

Seit Sommer 1998 gibt es in Stamsund – etwa 150 m vom Hurtigrutenkai entfernt – die **Galleri 2,** eine Kunstgalerie, die von den Künstlern Scott Thoe und Vebjørg Hagene Thoe geführt wird.

Wanderungen: Eine familienfreundliche Tour führt zum Berg Sørheia hinauf, 3 Std. hin und zurück.

Eine ca. 5stündige, zum Teil anstrengende, steile und ausgesetzte Wanderung verläuft über die Gipfelkette des Sørheia, Nubban, Bolatinden, Ramstinden und Steinstinden (509 m) mit phantastischer Aussicht über Lofotberge und den Vestfjord.

Anreise/Verkehr: Abzweigung von der 815 auf die 817, 7 km. Rückkehr auf die 815 über den kleinen, idyllisch gelegenen Fischerort Steine möglich. Bus von Svolvær über Sundklakk bis Valberg, 1–2 × tägl., gute Verbindung nach Leknes, bis zu 10 × tägl.
Hurtigrute: Von Bodø und Narvik über Svolvær.

Unterkunft: Stamsund Lofoten Hotell, ✆ 76 08 93 00, Fax 76 08 97 26: gehobene Preisklasse mit diversen Angeboten. Stamsund Rorbuer, ✆ 76 05 40 80, Fax 76 05 40 88; Ytterviks Rorbuer og Sjøhus, ✆ 76 08 93 56, Fax 76 08 96 80. Justad Vandrerhjem, ✆ 76 08 93 34, Fax 76 08 97 39. Storfjord Camping og Hyttegrend, an der 815, 7 km vor Stamsund, ✆ 76 08 68 04.

Versorgung: Lebensmittelladen, Kurzwaren, Souvenirs und Kiosk, Bank, Post sowie Tankstelle. Autovermietung: Avis Lofoten, ✆ 76 08 93 00, Fax 76 08 97 26.
Touristeninformation: Am Hurtigrutenkai, ✆ 76 08 97 92, Mitte Juni–Mitte Aug. tägl. 18–21.30 Uhr.

Unternehmungen: Die verschiedenen Übernachtungsbetriebe organisieren Angelfahrten, Sightseeingtouren und Wanderungen. In der Jugendherberge kann man neben Booten und Fahrrädern auch Mopeds mieten.
Ausflugs- und Angelfahrten: M/S ›Wenche‹ (40 Pass.), ✆ 76 08 91 55; Auskunft auch in der Touristeninformation.

In den Süden zwischen Stamsund und Leknes

Zunächst zieht die Straße 815 auf den Hagskaret-Paß hinauf und führt dann nach Leknes hinunter mit Panoramablick in den von der Landwirtschaft bestimmten Teil Vestvågøys, dem große Höfe, flaches Weide- und Wiesenland, aber auch das Meer und ferne Bergketten sein charakteristisches Aussehen verleihen.

Im Fischerdorf Ure

Hagskaret

Zwischen Stamsund und Leknes erreicht die Straße 815 ihren höchsten Punkt: den Paß Hagskaret (133 m). Hier liegt das beliebteste Winterausflugsziel der Vestvågøyer. Beleuchtete Loipen bieten Langlaufskifahrern auch im tiefsten Winter die Möglichkeit zu langen Touren. Nach Hagskaret führen mehrere schöne, bisher allerdings nur streckenweise markierte Wanderungen, aber auch für nicht so Tourgewaltige lohnt es sich, ein Stück durch Lofotwald und Heidekraut zu den schnell erreichten baumlosen Höhen hinaufzulaufen. Man wird schon nach weniger als einer halben Stunde mit grandiosen Aus-

blicken auf Vestvågøy und über das Meer bis nach Flakstadøy mit den wilden Gipfeln des Nappgebirges belohnt. Hier bietet sich auch Gelegenheit, mit Kindern zu wandern und im Grünen zu picknicken.

Wanderung von Hagskaret zum Justadtind: Mittelschwere Tour, ca. 5 Std., zum Teil durch Steinmänner markiert, recht steiler Anstieg zum Gipfel.

Unterkunft: Hagskaret Motell og Hytter, ✆ 76 08 31 00, Fax 76 08 31 01.

Nach Ure und Mortsund

Von der Hauptstraße zwischen Stamsund und Fygle führen zwei schmale, wenig befahrene Straßen Richtung Süden, die in den winzigen Fischerorten Ure und Mortsund enden. Auf dem Weg nach Ure passiert man das kleine Dorf **Sennesvik,** in dem ein Wohnhaus von 1860, ein Kai, Bootshaus und eine Schmiede zu besichtigen sind, die zum Vestvågøy-Museum gehören (s. Fygle). Mortsund ist auch von Ure über die Verbindungsstraße ab Sennesvik erreichbar.

Die Fischerorte **Ure** und **Mortsund** liegen, voneinander durch unwegsame hohe Berge getrennt, auf schmalem, felsigem Küstenstreifen und können im Winter leicht einmal für mehrere Tage von der Außenwelt abgeschnitten sein. Hier wurde auch in früheren Zeiten kaum Landwirtschaft betrieben. Hohe Berge werfen abends ihre Schatten auf die Orte. In Mortsund haben die Fischer jahrzehntelang um eine Mole gekämpft. Sie mußten ihre Boote nach Ballstad bringen, weil sie in Mortsund nicht anlegen konnten. Erst Ende der 80er kamen sie zu ihrer Mole.

Verkehr: 2–3 × tägl. werden die Orte über die Busverbindung Stamsund – Leknes angesteuert.

Unterkunft: Ure Rorbucamping im Ort Ure, ✆ 76 08 74 13. Ottar Statles Rorbusenter, im Ort Mortsund, ✆ 76 08 75 55, Fax 76 08 71 11.

Versorgung: Lebensmittel in Sennesvik und Mortsund.

Fygle

1½ km vor Leknes liegt in dem kleinen Ort Fygle (ca. 600 Einwohner) die **Kirche von Hol** (1), eine hölzerne Kirche, die, ursprünglich aus dem 14. Jh. stammend, im Jahre 1806 restauriert und umgebaut wurde. Außerdem befindet sich hier das 1967 eröffnete **Vestvågøy-Museum** (2), ein kleines Heimatmuseum im Gebäude der alten Schule, die 1898 errichtet wurde. Der Schwerpunkt der Sammlung liegt auf dem 19. Jh. und dokumentiert Lebensweise und Arbeitswelt der einfachen Bauernfischer. Das Rorbu vor dem Schulgebäude, das aus Ure hierhergebracht wurde,

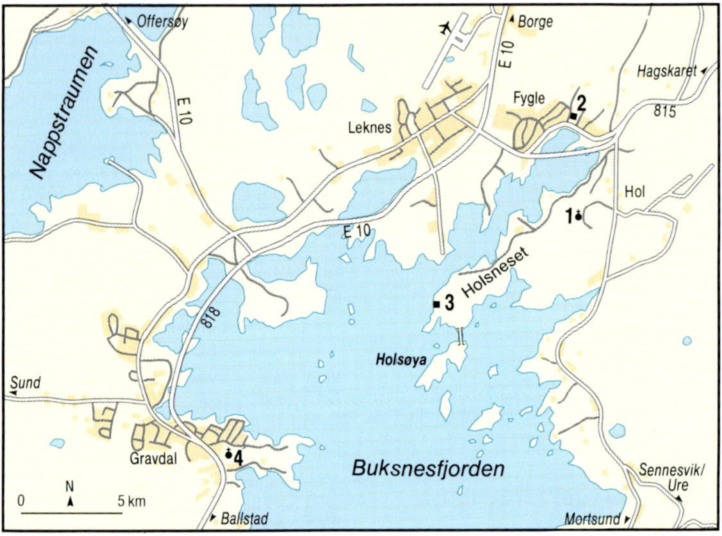

Holsøya und Umgebung 1 Hol-Kirche 2 Museum 3 Grundriß des Bootshauses 4 Buksnes-Kirche (Drachenkirche)

stammt aus dem Jahre 1834 und soll die älteste Fischerhütte auf den Lofoten sein. In ihr hatten ungefähr 20 Mann Platz. Im Gerätevorraum sind die Fischereigerätschaften für Leinen- und Netzfischerei untergebracht. Vor der Fischerhütte liegt ein kleines Nordlandboot (Dreiruderer) mit Rahsegel. (Juni–Aug. Mo–Fr 11–16 Uhr.)

Das Museum übernimmt organisierte Fahrten zur Insel **Holsøya** (s. Kasten S. 115. Wer auf eigene Faust dorthin möchte, fährt an der Abzweigung nach Mortsund/Sennesvik gleich rechts auf den Parkplatz der Fygle-Schule, dort steht eine Informationstafel). Von der heute landfesten Insel, auf der es mehrere kleine Sandstrände gibt, hat man einen schönen Blick über den Buksnesfjord zur **Drachenkirche von Gravdal** (4, s. S. 117f.). Bei gutem Wetter lohnt es sich, Proviant mitzunehmen und ein Picknick zu machen.

In unmittelbarer Nähe – auf der nördlich von Holsøya gelegenen Landzunge Holsneset – liegt der größte bekannte **Bootshausgrundriß** (3) Nordnorwegens. Die etwa 1,2 m hohen und 5 m breiten, mit Gras überwachsenen Wälle umfassen ein Areal von 43 (!) × 13 m. Es

Insel der Gräber

Holsøya

Auf der kleinen Insel Holsøya im Buksnesfjord befindet sich einer der größten Friedhöfe Norwegens aus vorchristlicher Zeit mit insgesamt 60 noch heute sichtbaren Gräbern. Die meisten stammen aus der Zeit von 200/300–600 n. Chr., also aus der älteren Eisenzeit, in der der Meeresspiegel noch um 1½–2 m höher lag als heute und Holsøya in mehrere kleine Inseln geteilt war. Damals wurden Gräber oft auf Holmen und kleinen Inseln angelegt.

Holsøya ist vor allem wegen seiner großen Anzahl verschiedener Grabtypen interessant. Die meisten der Gräber sind runde Steinhaufen von 5–10 m Durchmesser, aber es kommen auch rechteckige und ovale Formen vor. Die Ecken vieler rechteckiger Grabstätten sind mit länglichen Bautasteinen markiert, auch auf einigen anderen Gräbern stehen Bautasteine. Ob diese alle ›echt‹ sind, ist jedoch zu bezweifeln: Als O. Nicolaissen, der die archäologische Abteilung im Tromsø-Museum leitete, die Gräber im Jahre 1913 untersuchte, stellte er alle länglichen Steine, die auf den Grabstellen oder in der Nähe herumlagen, als Bautasteine auf.

Nicolaissen berichtet von verfallenen und ausgeraubten Gräbern. Die Skelettreste waren zum größten Teil verwittert, nur die Sachfunde ließen Aussagen darüber zu, ob hier eine Frau oder ein Mann begraben worden war. Die Fundstücke aus den Gräbern sind nicht spektakulär: Ein paar Pfeilspitzen, einige undefinierbare verrostete Gegenstände, Keramik, Teile von Spinnrädern, viele Glasperlen, auch einige aus Jade, Bronzeschmuck – keine atemberaubenden Schätze aus fernen Ländern, keine Kostbarkeiten aus Gold. Da in vorchristlicher Zeit gewöhnlich der soziale und ökonomische Status des Toten durch die Größe des Grabes und den Reichtum der Beigaben ausgedrückt wurde, deuten die Grabbeigaben auf Holsøya darauf hin, daß hier nicht Häuptlinge und ihre Familien begraben wurden, sondern eher Angehörige eines relativ auskömmlich lebenden Mittelstandes. Woher die Begrabenen stammten, ist unbekannt, ebenso, ob der Friedhof zu einem Hof, zu mehreren Höfen oder zu einem Dorf gehörte. Vielleicht gehörte er zum Hol-Hof, der nur 2 km südöstlich von Holsøya lag. Dort wurden Glasperlen aus der Zeit von 600–800 n. Chr. gefunden. Sind sie Reste eines untergepflügten Friedhofes, der in der jüngeren Eisenzeit die Nachfolge von Holsøya antrat?

1972–74 wurden einige der Gräber restauriert. Es wurde dabei nicht versucht, die durch Plünderer oder eingedrungenes Regenwasser zerstörten Gräber zu rekonstruieren. Lediglich die steinernen Grabkisten, soweit welche vorhanden waren, wurden von Schotter befreit, die steinernen Umrandungen um das Grab geordnet, die Bautasteine aufgestellt. Nun ist wieder Ruhe eingekehrt über den Gräbern.

lohnt sich auch für archäologische Laien, nach den Umrissen aus der späteren Wikingerzeit Ausschau zu halten und mit Blick über Holsøya und den Buksnesfjord den Erinnerungen an die Taten der tollkühnen Wikinger nachzuhängen.

Leknes

Bis vor wenigen Jahrzehnten standen in Leknes nur ein paar Häuser. Seither hat sich der Ort zum Verwaltungs-, Handels- und Verkehrszentrum Vestvågøys entwickelt. Heute wohnen hier ca. 1600 Menschen. Im Ortszentrum, das mehr oder weniger nur aus einer langen, lebhaften Einkaufsstraße mit einigen Seitenstraßen besteht, kann man sich mit allem versorgen, was man für einen Aufenthalt mit Zelt oder Wohnwagen oder in einem Rorbu braucht. Leknes ist der letzte größere Ort auf dem Weg zum Lofotende.

Das **Rathaus** wurde 1983 eingeweiht und dient u. a. als Ausstellungsraum für Werke lokaler Künstler und Kunsthandwerker. Es beherbergt zudem die Post, Taxizentrale und die **Bücherei,** in der es englisch- und deutschsprachige Bücher sowie Spiele für Kinder gibt; auch Touristen können ausleihen.

Flug: Verbindung mit Bodø und Narvik.
Bus: Leknes ist Zentrum für Busrouten in alle Richtungen auf Vestvågøy, ungefähr 7 × tägl. Busse nach Svolvær und 2–3 × tägl. nach Å.

Unterkunft: Nordlandia Lofoten Hotel, ✆ 76 08 08 25, Fax 76 08 08 92.

Touristeninformation: Rathaus, Ortsmitte, ✆ 76 06 05 94, in der Hauptsaison Mo–Fr 10–20, Sa 10–14, 18–20, So 17–20 Uhr; Vor- und Nachsaison Mo–Fr 10–17, Sa 10–14, So 18–20 Uhr.
Versorgung: Supermärkte, Läden aller Art, u. a. *Husfliden* (Kunsthandwerk), Bank, Buchhandlungen, Post im Rathaus, Apotheke, Tankstellen. Autovermietung: Hertz, ✆ 76 08 18 44, Fax 76 08 17 37.

Schwimmen: Unweit vom Stadtzentrum, an der Kreuzung der E 10 und 815, befindet sich neben der Schule eine öffentliche Schwimmhalle mit Sauna, während der norwegischen Sommerferien geschl.

Zwischen Buksnesfjord und Nappstraumen

Leknes ist Ausgangspunkt für die letzte Routenetappe, die zunächst auf der Straße 818 am Buksnesfjord entlang bis zur Südspitze Vestvågøys vordringt, dann schließlich westwärts auf der E 10 über die Halbinsel Offersøy zum Nappstraum-Tunnel Richtung Flakstadøy führt.

Gravdal

Die einzige Sehenswürdigkeit dieses Ortes (ca. 1900 Einw.) ist die rot-weiße, hölzerne **Buksnes-Kirche** (s. Karte S. 114, Nr. 4), die ›Drachenkirche‹. Ihr Baustil ist so-

›Drachenkirche‹ in Gravdal

wohl von der Architektur der Wikingerschiffe als auch von der der Stabkirchen inspiriert und knüpft bewußt an altnordische Traditionen an. Die erste Kirche wurde gegen 1324 an dieser Stelle errichtet und war während der Reformation Hauptkirche für die Buksnes-Kirchengemeinde. In der Mitte des 17. Jh. wurden mehrere Nachfolgebauten vom Sturm weggeblasen. 1903 schlug ein Blitz in die vorletzte Kirche ein, die bis auf den Grund niederbrannte, weshalb in der heutigen Drachenkirche auch keine alten Gegenstände mehr zu finden sind. Zwischen 1965 und 1967 wurde die Kirche restauriert.

In Gravdal befindet sich das einzige Krankenhaus der Lofoten. Es hat eine lange Tradition: Bereits im Jahre 1847 wurde hier ein Hospital

In Ballstad

eingerichtet, nur 21 Jahre nach dem Reichskrankenhaus in Oslo. Die für Nordnorwegen außergewöhnlich frühe Einrichtung ist auf die große Anzahl von Fischern zurückzuführen, die die Lofoten im Winter aufsuchten: Im nahen Ballstad wurden im Jahre 1910 z. B. 10 000 Fischer, 1000 Fischerboote, 40 Fischdampfer und 80 Fischaufkäufer samt Boot registriert. (In Gravdal selbst gibt es keine Fischaufkäufer und keine Fischindustrie.) 1963 wurde im Rahmen der Bemühungen um Dezentralisierung Nordlands Fischereifachschule von Bodø nach Gravdal verlegt.

Verkehr: Bus von Leknes über Gravdal nach Ballstad tägl. alle 1–2 Std.

Versorgung: Lebensmittelläden, Bank, Post.

Wassersport: Im Buksnesfjord gibt es ideales Surfgewässer; es werden in jedem Sommer mehrere Surfregatten organisiert.

Ballstad

Das malerische Fischerdorf Ballstad, das nach Balder, dem freundlichen Sohn des launischen Gottvaters Odin in der nordischen Mythologie benannt ist, liegt im Schatten des 466 m hohen Ballstadfjell an der Südspitze Vestvågøys. Die Besiedlung des Ortes ist auf Ballstadland und Ballstadøy verteilt. Die meisten der ca. 1000 Einwohner leben heute auf der Insel Ballstadøy, weil der dortige Grundbesitzer Jentoft bereit war, Land zu verkaufen, was bei Grundbesitzern ansonsten keineswegs üblich war. Ballstadøy befindet sich seit 1862 im Besitz der Familie Jentoft. Dort stehen die meisten der für einen Fischereigroßgrundbesitz typischen Gebäude: das Hauptgebäude von ca. 1830, Stall, Trankocherei, Bäckerei, Fischerhütten, Kaianlagen. Die Familie Jentoft ist heute außer in Ballstad auch am Fischbetrieb in Eggum, Napp und Røst sowie an der Fischaufzucht in Nusfjord beteiligt. Ballstadland ist im Besitz der kleineren Grundbesitzerdynastie Pedersen, die seit fast 200 Jahren den Eisenwarenhandel, den Lebensmittelladen, eine Dampfschiffexpedition, einen Fischereibetrieb usw. betreibt.

In der Rorbu-Anlage Kræmmervika in Ballstadland hat der Rorbu-Tourismus seinen Anfang genommen.

Wanderungen ab Kræmmervika: Von Kræmmervika/Ballstadland aus kann man zur Ballstadheia (200 m) hinaufwandern, dann nach Grena, einen bereits um 1610 erwähnten, heute verlassenen Hof, absteigen und auf einem alten Fischerpfad am Wasser zurück nach Ballstad laufen, eine leichte Tour, teilweise markiert, 4–5 Std.

Mit Kindern bietet sich von Kræmmervika ein Spaziergang am Meer um den südlichsten Punkt Vestvågøys an. Der Weg führt an

Grena vorbei nach Vetting, das mit dem Auto nur über eine extrem schmale und holprige Straße zu erreichen ist.

Von Vetting aus kann man den Skottind (671 m ü. d. M.) besteigen, mittelschwere Tour, markiert, 2–4 Std.

Verkehr: Bus von Leknes über Gravdal nach Ballstad, tägl. alle 1–2 Std.

Unterkunft: Hattvika Brygger Leilighethotell, ✆ 76 08 89 00, Fax 76 08 89 01. Rorbuer u. a.: Ballstad Rorbuer, ✆ 76 08 81 95, Fax 76 08 88 88; Kræmmervika Rorbuer, ✆ 76 06 09 20, Fax 76 06 09 26.

Versorgung: Lebensmittel, Gemischtwaren, Bank, Post auf Ballstadøy.

Am Nappstraum-Tunnel

Um zu dem Tunnel zu gelangen, der seit 1990 Vestvågøy mit Flakstadøy verbindet, muß man von Leknes auf der E 10 die Halbinsel **Offersøy** durchqueren. Hier wurden an mehreren Orten Steinzeitsiedlungen nachgewiesen. In **Flesa,** unmittelbar vor der Einfahrt zum Tunnel, liegt linker Hand bei einem großen, offenen Parkplatz der Ausgangspunkt für eine auch landschaftlich lohnende Wanderung zu archäologischen Zeugnissen aus der Steinzeit.

In der Bucht **Sværsvika,** auf der dem Meer zugewandten Seite von Offersøy, liegt ungefähr 6–8 m über dem Wasser ein Erdwall, in dem Vertiefungen auf 22 ehemalige Häuser hinweisen, die 3000–4000 Jahre alt sein können. Die Gebäude sind nicht ausgegraben worden, aber es deutet viel darauf hin, daß es sich dabei um Erdhäuser mit einer Grundfläche von 10–15 m^2 handelt, wie sie auch in der Finnmark bekannt sind. Ovale Wälle sind die Spuren, die die Wände und das Torfdach übrigließen, nachdem das Haus eingestürzt war. Einige der Häuser wurden zum Schutz vor Unwettern in den Erdwall eingegraben, so kamen schließlich die Vertiefungen zustande.

Auch im nahen **Kolvika** fand man unter dem Flugsand Reste von Siedlungen sowie Scherben von Asbestkeramik, Abschläge von Flint und Schiefer und einfache Werkzeuge aus der jüngeren Steinzeit. Die Frage, welche der mit Gras überwachsenen Erhöhungen, Vertiefungen oder Unregelmäßigkeiten in den baum- und strauchlosen Buchten die Reste steinzeitlicher Häuser bergen, mag unter Fachleuten zu Diskussionen führen.

Aber ob man nun archäologisch fündig wird oder nicht, auf jeden Fall ist die wenig beschwerliche Wanderung durch begrastes Hügelland nach Sværsvika, die eine schöne Aussicht auf den Nappstraumen und die Gipfel von Flakstadøy gewährt, ideal für einen Familienausflug.

Flakstadøy – Kulturgeschichte live

Wanderung auf dem Flakstadpfad zur Steinzeitsiedlung Storbåthellaren. Besuch im idyllischen Nusfjord. Strandleben in Flakstad und Ramberg. Lodernde Feuer und reichlich Lokalgeschichte beim Schmied in Sund.

Vargfot, Wolfsfuß, lautet der alte Name der Insel Flakstadøy, und manche meinen, er sei von ihrer Form abgeleitet: Tief eingeschnittene Fjorde teilen Flakstadøy nahezu in drei Teile und geben ihr tatsächlich ein wenig das Aussehen einer Pfote. Die Landschaft der Insel ist durch gewaltige Berge, bizarre Felsformationen und weite weiße Sandstrände auf der Außenseite geprägt.

Von Napp nach Nusfjord

Napp war Fährort, bevor der Tunnel unter dem Nappstraumen fertiggestellt wurde. Es ist ein kleiner moderner Fischerort, der in seiner Geschichte nie einem Grundbesitzer gehört hat. Vor 50 Jahren gab es in Napp nur ein paar Häuser, heute wohnen hier ca. 200 Menschen. Unmittelbar hinter der Tunnelausfahrt, noch vor dem Ortseingang, zweigt eine 7 km lange Aussichtsstraße ab, die in **Myrland** endet, einer für die Außenseite typischen Häuseransammlung oberhalb der Steilküste: den Rücken den mächtigen Bergen, das Gesicht dem offenen Meer zugewandt. Mehrere Angelseen in der Umgebung bieten gute Möglichkeiten für Sportfischer.

Versorgung: Lebensmittelladen, Kiosk, Bank, Post in Napp.

… auf dem Flakstad-Pfad

Der alte Fischerweg, der von Napp zum Steinzeitwohnsitz Storbåthellaren und weiter über Kilan und Nusfjord nach Østre Nesland führt, bietet eine hervorragende Möglichkeit, Flakstadøy, seine Geschichte, Kultur und seine Naturschönheiten kennenzulernen. Zu dieser Wanderung gibt es eine ausführliche deutschsprachige Broschüre, deren Lektüre sich auch für jene Reisende lohnt, die auf die Wanderung selbst verzichten, weil die Orte Kilan, Nusfjord und Nesland auch mit dem Auto zu erreichen sind. Empfehlenswert ist die Teilstrecke von Napp nach Kilan, die etwa 6 Std.

Flakstadøy und Moskenesøy

dauert. Wegen einiger ausgesetzter Stellen ist sie allerdings für Kinder weniger zu empfehlen.

Die Tour beginnt an der Mole von **Napp,** die man erreicht, indem man von der E 10 zum Hafen abbiegt. Der markierte Pfad verläuft auf den ersten 4–5 km durch Heidelandschaft und über Grasweiden,

Steinzeitlicher Speisezettel

Storbåthellaren

Der älteste bekannte Wohnplatz auf den Lofoten und Vesterålen ist Storbåthellaren, ein Felsüberhang, der den darunterliegenden Boden jahrtausendelang gegen die Einflüsse von Wind und Wetter geschützt hat. Dort, wo weder Regen noch Schnee den Boden erreichten, hat man Ende der 1960er Jahre Kulturschichten aus der Jungsteinzeit gefunden, die zahlreiche Informationen über das Leben der Steinzeitbewohner vermittelten.

Storbåthellaren war vor ungefähr 6000 Jahren über einen Zeitraum von etwa 500 Jahren hinweg bewohnt. Damals lag der Meeresspiegel fast 6 m höher als heute, der Eingang zur Höhle befand sich damit nur 1–2 m über der Flutmarke. Die nächste feste Besiedlungsphase ist erst wieder vor 3000 Jahren auszumachen, sie dauerte wiederum etwa 500 Jahre. Mehrere Funde aus der Eisenzeit, dem Mittelalter und der Neuzeit zeigen, daß Storbåthellaren auch in späteren Zeiten als Siedlungsplatz benutzt wurde. Der Name (*stor båt,* großes Boot) zeugt von der späteren Nutzung des Ortes als Ankerplatz für Boote.

In den Abfallschichten fand sich eine große Menge von Speiseresten, Knochen und Gräten, die detaillierte Auskunft über den Speiseplan der Steinzeitbewohner gaben. Neben Fischgräten, Vogel- und Seehundknochen wurden erstaunlicherweise auch Knochen von Schafen und Ziegen ausgegraben, die darauf hindeuten, daß schon vor 5500–6000 Jahren auf den Lofoten Vieh gehalten wurde. Auf dem reichhaltigen Speiseplan der Steinzeitbewohner standen auch Schnekken und Muscheln. Die ausgegrabenen Gegenstände bestehen aus Schiefer und Knochen und sind vor allem Werkzeuge für den Fischfang: Angelhaken, Senkbleie, Messer, Harpunen- und Pfeilspitzen. Die zahlreichen Äxte wurden vermutlich für die Beschaffung von Brennholz, für den Bootsbau oder das Zerlegen von erjagtem Wild benutzt. Daß Storbåthellaren nicht nur eine Jagd- und Fangstation war, sondern eine wirkliche Wohnstatt, beweisen Tonscherben mit eingelegten Asbestfibern und ›Frauenwerkzeug‹ wie Nähnadeln und Ahlen.

Unter dem Felsüberhang sind zudem ganze Skelette und viele Skelettreste ausgegraben worden, die auf einen Grabplatz hindeuten. Ob diese Begräbnisse in Zusammenhang mit der steinzeitlichen Besiedlung stehen oder die Höhle in späterer, unbewohnter Zeit als Friedhof benutzt wurde, ist nicht sicher zu entscheiden.

vorbei an den verlassenen Orten Hårberget, Andopen und Monesset am Nappstraumen. Hier sind noch Überreste ehemaliger Siedlungen zu entdecken: ein zugenageltes, geplündertes Haus, Mauerreste, ein gut erhaltenes, heute als Sommersitz genutztes Haus, mehr oder weniger verfallene Bootsschuppen, hier und da ein hölzerner Rechen im Gras. Die Gegend erzählt von Einsamkeit und Verlassenheit, die grünen Hänge und die aus dem Meer auftauchenden Lofotberge bestechen durch ihre Schönheit.

Etwas südlich von Monesset passiert man **Storbåthellaren,** den ältesten untersuchten steinzeitlichen Wohnplatz der Lofoten (s. Kasten S. 123). Man kann hier und auf der weiteren Strecke nach Strømøya leicht den Pfad, jedoch nie die Richtung verlieren. Linker Hand, im Nappstraumen gelegen, taucht die kleine Insel **Strømøya** mit ein paar weißen Wohnhäusern, einem Anlegeplatz und einem Bootshaus auf. Die Insel wurde 1855 von Hans Grøn Dahl, dem Grundbesitzer von Nusfjord (s. S. 126 f.), erworben, der sie später seiner Tochter als Mitgift schenkte. Die junge Familie zog auf die Insel, es wurde ein wenig Landwirtschaft und Viehzucht betrieben. Sie besaßen sogar ein eigenes Frachtschiff, mit dem sie den Fisch nach Bergen fuhren, und viele Fischerhütten. Erst mit der Motorisierung der Boote versiegte – wie in so vielen Lofotorten – das aktive Fischerleben, weil die Insel über keinen für Motorboote geeigneten Hafen verfügte. In den 50er Jahren wurde die Insel endgültig verlassen und wird heute nur noch als Ferienort benutzt.

In der Höhe von Strømøya verläuft der Flakstadpfad dann von der Küste weg Richtung Nordosten nach **Kilan** an der E 10. Der Weg führt an mehreren kleinen Seen vorbei durch wunderschöne Gebirgslandschaft. Das Besondere an diesem Teilstück ist, daß man, für die Inseln ungewöhnlich, keinen Blick auf das Meer hat (was zur Abwechslung mal ganz gut tut). Von Kilan aus kann man (im letzten Teil leider auf der Autostraße) in etwa 2 Std. nach Nusfjord und von dort aus in weiteren 2 Stunden zum Fischerdorf Østre Nesland wandern (s. S. 130).

... über die E 10

Von Napp führt die E 10 quer durch die gewaltige Bergwelt der Insel, vorbei an einigen Höfen, nach Vareid, wo sie wieder ans Wasser stößt und fortan dem Verlauf der Küste folgt. In Vareid zweigt eine Straße zum 4 km entfernten Ort **Vikten** ab. Sie läuft direkt am Ufer entlang, an ihrem Ende liegt auf der einen Seite der Geröllstrand, auf der anderen stehen wie auf einer Perlenkette aufgereiht die Häuser von Vikten mit Blick auf das offene Meer. Mehrere Grabfunde aus der Eisenzeit (600–1000 n. Chr.) machen eine frühe

Vikten mit seinem Geröllstrand

Besiedlung dieses dem Wetter und dem Nordmeer besonders ausgelieferten Ortes wahrscheinlich. Die ungünstige Lage forderte ihren Tribut zuletzt 1989: Damals wurden bei einem Unwetter große Schäden an den Häusern und der Straße angerichtet. Aus einem Stall wurden die Tiere nur fünf Minuten, bevor ihn das Meer fortriß, geborgen.

In Vikten befindet sich die nördlichste **Glashütte** Norwegens. Der hier lebende Glaskünstler Tangrand Åsvar hat das Lofoten-Emblem, das im Großformat am Eingang zum Nappstraum-Tunnel hängt, entworfen. Im Sommer finden regelmäßige Glasbläservorführungen statt. Hier kann man neben Glaskunst und Keramik auch Handarbeiten kaufen (in der Hochsaison Mo–Sa 10–19, Vor- und Nebensaison Mo–Sa 10–18 Uhr).

Zurück auf der E 10 ist die weitere Fahrt entlang der tief in das Land einschneidenden Flakstad-Bucht ein wahrer Genuß. Auf die Strände rollen unentwegt die Nordmeerwellen, Bergriesen steigen mächtig aus grüner Heidelandschaft empor. Im Innern der Bucht, in der im Zweiten Weltkrieg viele Treibminen angeschwemmt wurden, liegt **Kilan,** eine Ansammlung einiger weniger Häuser. Noch vor etwa 70 Jahren war die Siedlung im Besitz der Kirche. Hier lebten fünf Pächterfamilien, die an 24 Tagen im Jahr für ihren geistlichen Eigentümer arbeiten mußten. Da die Pächter den Zeitpunkt dieser Arbeitstage nicht selbst aussuchen durften, mußten sie, weil landwirtschaftliche Arbeiten wie Bestellung der Felder und Einbringen der Ernte zur gleichen Zeit anfallen, ihr eigenes Stück Land meistens in den späten Nachtstunden bearbeiten. Als 1929 ein Gesetz den Häuslern erlaubte, gepachtetes Land zu kaufen, wurde der gesamte Grundbesitz Kilans innerhalb von zehn Jahren privatisiert und gelangte in die Hand der Bauern.

Nusfjord

Dieses kleine malerische Fischerdorf, dessen rote Hütten hufeisenförmig um den Binnenhafen stehen, ist eines der beliebtesten Fotomotive auf den Lofoten (s. Umschlagklappe hinten). Der Ort steht auf der UNESCO-Liste der erhaltenswerten Kulturdenkmäler.

In Nusfjord leben etwa 75 Menschen, Fischer oder in der Fischaufzucht Beschäftigte, die Einwohnerzahl ist sinkend. Im Sommer bietet die Vermietung von Fischerhütten eine Einnahmequelle. 1980 wurde Nusfjord, das erst 1965 Straßenanbindung erhielt, an die Familie Jentoft, Grundbesitzer in Ballstad, verkauft. Außerhalb der Kabeljaumonate und der Touristensaison wirkt der Ort wie ausgestorben.

Über die Geschichte des Ortes vor 1800 ist wenig bekannt. Bis zur Reformation gehörte Nusfjord der Kirche, danach der Krone, seit Beginn des 19. Jh. kapitalkräftigen Privatpersonen. Durch Kauf, Verkauf, Verpachtung und Vererbung ging Nusfjord durch mehrere Hände, bis es schließlich von Hans Grøn Dahl erworben und als Handelsplatz ausgebaut wurde. Über ihn heißt es in einer militärischen

Beurteilung 1813: »Er sieht gut aus, hat einen klaren Verstand und krumme Beine.« Er schuf die wirtschaftliche Grundlage für ein Familienimperium, das sich bis 1980 hielt. Dahl, der weder schreiben noch lesen konnte, betrieb die Post, das Telegrafenamt, die Dampfschiffahrtexpedition; ihm gehörten die Fischerhütten, das Frachtschiff und natürlich der Kramladen. 1801 gab es in Nusfjord vier Haushalte mit insgesamt 19 Personen, 1865 fünf Haushalte mit 38 Personen, von denen 18 zu Dahls Haushalt gehörten: Neben seiner eigenen Familie mit sechs Kindern hatte er vier Dienstmädchen, vier Knechte, einen Handelsgehilfen und einen Steuermann.

Von 1906–1910 waren es pro Winter jährlich über 1000 Männer, die von Nusfjord zum Fischfang ausruderten, 1908 sogar 1538 registrierte Fischer. Entsprechend überbelegt waren die Rorbuer. Viele der alten Gebäude Nusfjords stammen aus dem Beginn des 19. Jh. und sind zum großen Teil gut erhalten bzw. restauriert. Ein Einkauf im Kramladen von 1907 läßt die alten Zeiten lebendig werden.

Versorgung: Alles in einer Hand: Nusfjord AS, ✆ 76 09 30 20, Fax 76 09 33 78, Rorbuer und Verleih von Ruderbooten, Restaurant ›Oriana Kro‹, Lebensmittel im Landhandel. Im Kleinboothafen gibt es die Möglichkeit zum Bunkern von Frischwasser, Toilettenanlagen, außerdem können leere Taucherflaschen gefüllt werden. Auch Kunst findet man hier: Michele Sarno betreibt eine Silberschmiede.

Das pittoreske Nusfjord – eines der erhaltenswerten Kulturdenkmaler

Von Flakstad nach Ramberg und Nesland

Flakstad, das der Insel den Namen gegeben hat, ist ein kleines Dorf mit ca. 25 Einwohnern und der einzigen Kirche der Gemeinde. Der Name Flakstad kommt vielleicht von *flag,* Bergwand. Der Sage nach strandete im Jahre 1430 ein schottischer Frachter, der mit russischem Holz beladen war, an der Außenseite der Lofoten. Das Holz trieb in der Nähe von Fredvang auf Moskenesøy an Land. Dort begannen die Einwohner sogleich mit dem Bau einer Kirche, die – erst halbfertig – wieder vom Sturm fortgerissen und in der Nähe der Flakstad-Höfe an Land geworfen wurde. Damit war der Kirchenort definitiv bestimmt, und dieses Mal wurde die Kirche fertiggebaut. Soweit die Sage, die so oder ähnlich von vielen Kirchen in ganz Europa erzählt wird.

Tatsächlich gab es 1430 schon eine Kirche in Flakstad, sie ist in einem mittelalterlichen Dokument erwähnt. Die heutige **Kreuzkirche** stammt aus dem Jahre 1780, wurde aber seither von Stürmen reichlich ramponiert und mußte mehrmals restauriert werden. Ihr Zwiebelturm ist wohl nicht zuletzt durch die Sage vom russischen Treibholz inspiriert worden. Sowohl die Altarbilder als auch die Malereien auf der Kanzel sind Arbeiten des Kirchenmalers Gotfred Ezechiel aus Bergen. Vor der Kirche steht ein Denkmal, das den Fischern gewid-

Kreuzkirche von Flakstad

met ist, die von 1800–1930 auf dem Meer geblieben sind. Aus dieser Zeit findet man auf dem Friedhof fast nur Frauen- und Kindergräber. In der Kirche finden im Sommer öffentliche Konzerte statt.

Kurz hinter Flakstad, auf dem Weg zum 4 km entfernten Ramberg, liegt ein weiter Sandstrand mit ausgedehnten Grasflächen. Hier gibt es öffentliche Toiletten und einen schönen Rastplatz.

Touristeninformation Zw. Flakstad u. Ramberg am Rastplatz Brunstranda, ✆ 76 09 34 50, Juni Mo–Fr 10–17, Ende Juni–Mitte Aug. tägl. 10–19 Uhr.

Ramberg

Das administrative Zentrum der Flakstad-Gemeinde ist der kleine

Die Bucht von Ramberg mit ihrem weiten Sandstrand im Mittsommerlicht

Ort Ramberg, mit ungefähr 300 Einwohnern. Sein Name ist von *rafnabjerg,* Rabenberg, abzuleiten. Von Flakstad kommend, befindet sich rechter Hand am Ortseingang die **Galerie Lofotkunst** von Inger Anne und Johs Røde. Sie bietet vielseitige Kunst, von Bildern über Skulpturen in verschiedenen Materialien zu Seidenmalereien und Strickwaren mit Lofotmotiven (vorübergehend geschl.). In der Bucht von Ramberg erstreckt sich ein 1 km langer weißer Sandstrand, zu dem man nur zu Fuß gelangt. In den hervorragenden Surfgewässern finden jedes Jahr Regatten statt. Vom Strand aus hat man einen phantastischen Blick auf die gewaltigen Berggipfel der Flakstad-Insel. In vielen der Felsen, Grate und Gipfel sieht die einheimische Mythologie sagenumwobene Trolle und andere Gestalten. Hinter dem Ort liegen, zum Meer hin, ausgedehnte Feuchtbiotope mit vielen Sumpf- und Watvögeln.

Unterkunft: Ramberg Gjestegård, ✆ 76 09 35 00, Fax 76 09 31 40. Ramberg Kro og Camping, ✆ 76 09 31 40.

Versorgung: Lebensmittel, Bücherei, Bank, Post, Arzt, Tankstelle, Autowerkstatt.

Nesland

Etwa 4 km hinter Ramberg zweigt die 10 km lange Straße nach Nesland ab. Sie führt am Skjelfjord entlang, in dem die Engländer nach den Kämpfen um Narvik im Jahre 1940 einen Nothafen suchten und ihre Schiffe mit einfachsten Mitteln wieder fahrtüchtig machten. Vestre und Østre Nesland sind zwei winzige ehemalige Fischerdörfer. Mitte des 19. Jh. war **Vestre Nesland** eine lebhafte kleine Ortschaft, die den Grundbesitzern von Henningsvær und Reine gehörte. Dort, wo später **Østre Nesland** entstand, wohnte bis ca. 1850 noch niemand. Da der Platz in Vestre Nesland für die wachsende Einwohnerzahl nicht mehr ausreichte, pachtete Ole Iver Johansen das unbesiedelte Land und zog dorthin um. In den folgenden Jahrzehnten wuchs und gedieh der kleine Ort. Neben dem Lofotfischfang wurden Lachsfang und Landwirtschaft betrieben. Es wurden Fischerhütten, Trockengerüste und ein Bootshaus gebaut. Nach und nach entstanden auch Wirtschaftsgebäude wie das ›Feuerhaus‹, in dem gekocht wurde, die Bäckerei, die Trankocherei, die Mühle, Ställe und nicht zuletzt der Kramladen. 1876 konnte Johansen Østre Nesland käuflich erwerben, im gleichen Jahr erbaute er das prächtige weiße Wohnhaus, das heute noch steht. Østre Nesland bekam 1953 elektrisches Licht, 1957 Straßenverbindung. Doch mit der Motorisierung der Fischereiflotte, für die Østre Nesland keinen geeigneten Hafen besaß, begann die Abwanderung. Die Häuser in Østre Nesland wurden dennoch sorgfältig erhalten und restauriert. Dabei hat man Wert darauf gelegt, nicht nur das prächtige Wohnhaus des Dorfbesitzers, sondern auch die Wirtschaftsgebäude in ihrer ursprünglichen Form zu bewahren.

Wanderung nach Nusfjord: Von Østre Nesland führt ein etwa 2stündiger Spaziergang nach Nusfjord. Diesen Weg benutzten die Neslandfischer, wenn sie am Wochenende – mit Fisch, Leber und Rogen beladen – zu ihren Familien nach Hause wanderten. Der markierte Pfad, der der abschließende Teil des Flakstad-Pfades ist, führt direkt am Meer an baumlosen begrasten Hängen entlang und ist trotz einiger kleinerer Kletterpartien über Felsbrocken auch für Kinder geeignet.

In den Norden von Moskenesøy und nach Sund

Der nördliche Teil der Insel Moskenesøy gehört zur Flakstad-Gemeinde und ist mit dem Auto auch nur von Flakstadøy aus zu erreichen. In Finnbyen, 2 km von der Abzweigung nach Nesland entfernt, setzte vor der Eröffnung der zwei Brücken Ende 1988 die Fähre nach Fredvang über. **Fredvang** (ca. 300 Ew.) verfügt über die besten landwirtschaftlich genutzten Flächen der Flakstad-Gemeinde. Viele Einwohner betreiben sowohl Fischerei als auch Landwirtschaft. Mit der Eröffnung der Brücken wuchsen – wenn auch noch auf die Sommermonate beschränkt – die Touristenzahlen. Bereits hier im Norden der Insel stößt man auf verlassene Ansiedlungen, wie man sie später dann entlang der ganzen Westküste findet. Mehr zu dieser Entwicklung s. Kasten S. 132.

Wanderung: Vom 3 km entfernten Ytresand kann man mit Kindern einen Spaziergang am Wasser entlang nach Mulstø (5 km) machen.

Verkehr: 1–2 × tägl. Bus von Finnbyen über Ytresand, Fredvang, Krystad nach Selfjord.

Unterkunft: Lofoten Gjestebrygger, Fredvang, ✆ 76 09 42 00, Fax 76 09 42 20: Restaurant, Bootsausflüge. Fredvang Sjøhus, ✆ 76 09 42 14, Fax 76 09 41 45. Lydersens Rorbu og Sjøhus, ✆ 76 09 41 17, Fax 76 09 40 40.

Versorgung: Laden sowie eine Bäckerei.

Die südliche Straße von Fredvang führt bald zu einer Kreuzung: zur Linken geht es über ein Inselchen nach Krystad und zur Rechten führt er uns am Torsfjord entlang nach Selfjord.

Der Weg nach **Selfjord** endet etwa 10 km von Fredvang entfernt auf einem Parkplatz in einer gradiosen, weiten Gebirgslandschaft, die auch bei trübem Wetter imponiert. In höchstens 20minütiger kinderfreundlicher Entfernung vom Parkplatz liegt ein Picknickplatz mit schönem Blick auf den Fjord. Hier nehmen die Wanderpfade nach Kirkefjord und Horseid ihren Anfang.

Wanderungen: Im nördlichen Teil der Moskenes-Insel gibt es einige schöne Wandertouren, die nur zum Teil markiert sind, deren Anfänge aber alle durch von der Straße her sichtbare Holzschilder ausgewiesen sind. Verschiedene mittelschwere Touren führen zu dem phantastischen Sandstrand in der verlassenen Bucht von **Kvalvik** auf der Außenseite: Torsfjord – Kvalvik – Marken (4 Std.), Fredvang –Kvalvik und zurück (4 Std.).

Wo nur noch der Wind weht

Die verlassenen Orte

Auf die früher bewohnte, heute verlassene Außenseite der Insel Moskenesøy gelangt man nur mit dem Boot oder zu Fuß über die Berge. Hier beherrschen steil ins Meer stürzende Bergwände die Küste, dazwischen liegen Buchten mit weißen Sandstränden wie etwa in Kvalvik, Bunes oder Horseid. Auf diesen schmalen grünen, dem offenen Nordmeer preisgegebenen Küstenstreifen ließen sich die Menschen nieder und kämpften jahrhundertelang in ihren kleinen Siedlungen um das Überleben.

Am äußersten Ende der Lofotspitze lagen Hell, wo man bei schlechtem Wetter den Mahlstrom grollen hören kann, und Refsvik, in unmittelbarer Nachbarschaft der Refsvikhöhle (s. S. 144). Einst waren sie blühende Fischersiedlungen: In Hell gab es sogar eine Schule, eine Telegrafenstation und eine Fischannahmestelle. Von beiden Orten, die kurz nach dem Zweiten Weltkrieg verlassen wurden, hatte man nur kurze Wege zu den guten Fischgründen. Allerdings mußte dafür der gefährliche Mahlstrom (s. S. 148) durchfahren werden. Alte Fischer berichten, daß sie so manches Mal ihr Leben riskierten, wenn sie auch bei stürmischem Wetter den gefährlichen Strom durchquerten, weil sie sonst an zu vielen Tagen bewegungs- und handlungsunfähig gewesen wären. Auch tragische Geschichten werden erzählt, etwa die von dem Mädchen aus Hell, das ihren Freund von einer Einkaufsfahrt auf der Innenseite zurückerwartete. Sein Boot kenterte, die Mitruderer ertranken, er aber konnte sich auf eine Felsklippe retten. Das Mädchen hörte ihn im Traum um Hilfe rufen und ruderte am nächsten Tag hinaus, um ihn zu suche. Sie fand ihn: Er saß auf einem Felsen am Meer – erfroren.

Nördlich von Hell und Refsvik liegt Hermansdalen, das 1950 verlassen wurde. Diese Ansiedlung verfügte nicht über einen Hafen, so daß die Fischer ihre Boote in Reine auf der Innenseite der Insel liegen hatten. Von dort mußten sie eine Stunde weit über den Kirkefjord nach Vinstad rudern und dann noch gute zweieinhalb bis drei Stunden über die Berge nach Hermansdalen zurückwandern. Die Menschen dort waren noch schutzloser als anderswo den gewaltigen Winterstürmen ausgeliefert, die über das Nordmeer heranfegten. Die Männer, die sich im Winter zum Fischfang in Reine aufhielten und ihre Familien mona-

telang allein lassen mußten, liefen oft aus Sorge um das Wohl ihrer Lieben von Vinstad zum Håtindan hinauf. Wenn sie die weiße Flagge erspähten, die im Dorf aufgezogen wurde zum Zeichen, daß alles in Ordnung war, kehrten sie beruhigt nach Reine zurück.

Heute sind in diesen Orten außer Grundmauern, verwilderten Rhabarberbüschen und einigen Wegbefestigungen kaum noch Spuren der alten Ansiedlungen zu finden. Die meisten Bewohner zerlegten ihre Häuser und bauten sie auf der Innenseite von Moskenesøy wieder auf. Vielen, vor allem den älteren Umsiedlern, fiel die Umstellung schwer. Das Leben auf der rauhen Außenseite hatte seine Härten, besonders im Winter, wenn die Männer auf Lofotfischfang und die Familien oft monatelang von der Außenwelt abgeschnitten waren: Kinder kamen ohne Hebamme zur Welt, und manche starben ohne ärztliche Hilfe. Um so schöner war der Sommer, auch wenn es immer viel Arbeit gab.

Nach der Ernte: Bewohner von Hell im Jahr 1936

Die ›Außenseiter‹ waren in den meisten Dingen Selbstversorger. Sie besaßen Kühe, Schafe, einige sogar ein ›Weihnachtsschwein‹. Die Kühe und Schafe waren es gewohnt, die steilen Berge bis zu den Gipfeln hinaufzuklettern und sich dort ihr Futter zu suchen. Das Gras für den Winter wurde in entlegenen Buchten und auf den Berghängen

Sehr lang ist die Tour von Selfjord nach **Kirkefjord** (Kjerkfjord), wo man das Boot nach Reine (s. S. 139ff.) nehmen muß (Fahrplan beachten!), mittelschwere Tour (etwa 7 Std.).

Sund

Die weitere Fahrt entlang dem Selfjord, der die Moskenes-Insel von der Flakstad-Insel trennt, bietet eine einzigartige Aussicht auf die wilden Berggipfel von Moskenesøy. Unmittelbar vor der Kåkern-Brücke zweigt die Straße nach Sund ab (3 km). Dieses kleine Fischerdorf, das bereits um 1500 erstmals erwähnt wurde, ist eines der ältesten der Lofoten. Hier fand der Maler und Erzähler Theodor Kittelsen einige seiner bekannten Lofotmotive. Der Ort ist vor allem durch das **Fischereimuseum** und die **Kunstschmiede** des Hans Gjert-

gemäht und getrocknet, in Säcken auf dem Rücken zum Boot gebracht und nach Hause verfrachtet. Als zusätzliches Winterfutter wurde, wie überall auf den Lofoten, Tang gesammelt und Fischabfälle zu Brei verkocht. Die Frauen machten Butter und Käse, sie schoren die Schafe, wuschen und spannen die Wolle. Es wurde aber auch viel getanzt, im Winter im Schafstall, im Sommer unter freiem Himmel.

Die Bewohner auf der Außenseite, aber auch die Leute in Ånstad und Tuv auf der Innenseite südwestlich von Å hatten jahrelang vergeblich um Molen, Wellenbrecher und bessere Häfen gekämpft. An Wegverbindungen und Anschluß an das Stromnetz war überhaupt nicht zu denken. Es war zuerst die Jugend, die es auf die Innenseite zog. Dort gab es ein Kino, eine Diskothek, Elektrizität, Straßen und vor allem auch ärztliche Versorgung. Der Staat versprach Geld und zinslose Kredite für den Umzug, und Anfang der 1950er Jahre war die Außenseite verlassen. Eine ehemalige Bewohnerin erzählt, daß es für sie nach der Umsiedlung am schwersten war, sich daran zu gewöhnen, nicht mehr frei und unabhängig zu sein. Auf der Innenseite gehörte aller Grund und Boden den allmächtigen Dorfbesitzern, wohin man auch blickte, sah man nichts Eigenes – es war nicht einmal mehr erlaubt, seinen Fisch zum Trocknen irgendwo aufzuhängen. Zurückgekehrt, und sei es auch nur für einen kurzen Besuch, sind die meisten Umsiedler selten. Es stimmt sie zu traurig, dort, wo sich einmal weiße Sandwege von Haus zu Haus zogen und zum Tanz aufgespielt wurde, nichts mehr vorzufinden als Gras, Berge und das ewige Nordmeer, als hätte es dort nie Menschen gegeben.

sen, der sich – wie auch sein Nachfolger Tor Vegard Mørkved – auf die Herstellung eiserner Königskormorane spezialisiert hat, weithin bekannt. Zum Museum, in dem allerlei lokalgeschichtliche Kuriositäten zusammengetragen sind, gehört ein Leuchtfeuer, ein Bootshaus und die Galerie Ambolten (Amboß; Juni–Aug. tägl. 10–18, Vor-/Nachsaison 10–16 Uhr, im Mai So geschlossen). Im Sommer fahren ganze Bus- und Bootsladungen von Touristen vor. In der Schmiede wird wie früher mit Amboß und Hammer am offenen Feuer gearbeitet.

Von dem inzwischen pensionierten Kunstschmied Hans Gjertsen erzählt man sich eine nette Geschichte, die am Anfang seiner Berühmtheit steht: Als König Olav V. im Sommer 1963 die Lofotstraße feierlich eröffnete, drängelte sich der Schmied durch die Polizeiabsperrung und überreichte dem König einen geschmiedeten

Kormoran mit den Worten: »Du König, hier ist ein Geschenk von mir für dich.« Die Kormorane sind weltbekannt, man findet sie nicht nur im Königsschloß von Oslo, sondern auch im Pentagon und im Kreml.

Die 160 m lange, 1961 eröffnete Kåkern-Brücke (*Kåkern Bru*), die an der Abzweigung nach Sund liegt, verbindet die Inseln Flakstadøy und Moskenesøy. Der Name kommt von *kauke*, rufen, weil man früher nach dem Fährmann rufen mußte. Damals konnte man nur bei Flut übersetzen, heute ist der Sundstraumen ausgebaggert. Die Brücke bietet Aussicht auf den **Klokketinden,** der 1910 erstmalig bestiegen wurde und zu den schwierigsten Gipfeln Europas zählt.

Herbstlandschaft auf Flakstadøy

Moskenesøy – Trotzige Gebirgskulisse

Entlang der schmalen Küstenstraße durch die pittoresken Fischerdörfer Hamnøy und Reine. Nordlandboote und Rorbu-Romantik pur im Fischereidorfmuseum von Å. Bootstour zu verlassenen Orten an der ›Außenseite‹ und den zweieinhalbtausendjährigen Höhlenmalereien in Refsvik. Literatur im Banne des Mahlstroms.

(Karte s. S. 122) Die 3 Mrd. Jahre alten Moskenesberge auf der südlichsten der engverzahnten größeren Lofotinseln, in deren Schatten die kleinen Fischerdörfer liegen, wirken auf den ersten Blick wild und unzugänglich. Während der verschiedenen Eiszeiten haben lokale Gletscher eine gewaltige und dramatische Natur gestaltet, die nicht so leicht ihresgleichen findet und zum Paradies für Kletterer und Wanderer geworden ist. Hier liegen auf engstem Raum 25 Gipfel, die über 700 m hoch sind, und zwischen ihnen mehrere Seen, die – im Verhältnis zu ihrer Oberfläche – zu den tiefsten der Welt zählen.

Die E 10 führt ohne größere Abzweigungen an den kleinen Fischerdörfern Mølnarodden, Hamnøy, Reine (das Verwaltungszentrum dieses südlichen Inselteils), Moskenes, Sørvågen und Tind vorbei nach Å, wo sie endet. Streckenweise ist die Straße direkt in den Felsen gehauen, die Dörfer klammern sich an die felsige Küste, an karge Halbinseln im Vestfjord. Hierhin hat die Menschen nur der Fisch gebracht. Doch Fischfang und fischverarbeitende Industrie sind vom Ressourcenrückgang in den letzten Jahrzehnten besonders stark betroffen. Alternativen dazu gibt es für die Bewohner dieser Orte kaum. Mit der Eröffnung mehrerer Brücken und des Nappstraum-Tunnels hat allerdings der Tourismus in den letzten Jahren eine beträchtliche Steigerung erfahren. Man hat einige vielversprechende Projekte ins Leben gerufen, die arbeitslosen Fischern die Möglichkeit bieten, durch Ausflugs- und Fischerfahrten sowie Führungen im Museumsdorf die Touristen mit Kultur, Geschichte und Alltag auf den Lofoten vertraut zu machen.

Die Arbeit in der Landwirtschaft spielt heute keine Rolle mehr. Früher jedoch war sie ein lebensnotwendiges Zubrot, das allerdings hart zu verdienen war, denn die leicht zugänglichen Wiesen hinter

Wie hier bei Mølnarodden bestimmen ausgedehnte Wollgrasfelder das Bild der Feucht- und Moorgebiete

den Dörfern gehörten dem jeweiligen Großgrundbesitzer, während diejenigen, die keinen Grund und Boden besaßen, in die Berge hinaufsteigen mußten, um dort das Gras abzumähen, das ein paar Stück Vieh durch den Winter brachte. Das Gras wurde auf Säkken den Berg hinuntergerollt, nach Hause gerudert und dort zum Trocknen aufgehängt.

Bus: Verbindung zwischen Leknes und Å, hält 2 × tägl. in Hamnøy, Reine und Moskenes. Außerdem verkehrt zwischen Hamnøy und Å 5 × tägl. ein Bus.
Fähre: Von Moskenes tägl. Fährverbindung nach Bodø; an fünf Tagen in der Woche werden auch Værøy oder/und Røst angelaufen.
Hurtigrute: Der nächste Anleger befindet sich in Stamsund (70 km).
Flughafen: Die nächste Flugverbindung besteht ab Leknes (55 km).

Bootsausflüge: Auf Moskenesøy kommt man an einem Bootsausflug fast nicht mehr vorbei. Sie gehen von verschiedenen Orten (Reine, Moskenes, Å) aus, können aber alle über die Touristeninformation in Moskenes, ✆ 76 09 15 99, gebucht werden.
Das Projekt **Fischerbootferien** *(Fiskebåtferie Lofoten)* bietet verschiedene sehr gut organisierte Ausfahrten – auch zur Zeit der Mitternachtssonne – an (s. S. 235), Programme liegen überall aus.

Von Mølnarodden nach Hamnøy

Vom kleinen Fischerort **Mølnarodden,** der noch zur Flakstad-Gemeinde gehört, führt ein 2–3stündiger Naturlehrpfad zum See **Solbjørnvatnet** hinauf, in dem es Forellen gibt. (Den Angelschein kann man unten im Laden erstehen.) Vom Berg Teekoppstetten hat man einen prächtigen Blick über den See, die ihn umgebenden Moskenesberge und den Ort.

Hamnøy, der kleine idyllische und auf mehrere Inseln zerstreute Fischerort liegt am Auslauf des vielverzweigten Reinefjordes, an dem schon in der Steinzeit Men-

schen siedelten. Früher befand sich hier ein Fähranleger, und die Überfahrt zur Hauptinsel war schwierig und zeitraubend. Erst im Jahre 1981 wurden zwei jeweils 240 m lange Brücken eröffnet (Storvalen und Breisundet), so daß Hamnøy heute mit Reine und mehreren kleineren Inseln verbunden ist.

Der Ort war in früheren Zeiten bei schlechtem Wetter der Gewalt des Meeres besonders stark ausgeliefert, die Straße wurde oft zerstört. Noch 1983 riß ein Unwetter einen Teil der schützenden Hafenmauer ein. Direkt an der Straße, hinter dem Laden, befinden sich einige Vogelfelsen mit größeren Kolonien von Dreizehenmöwen. Die Vermietung der dicht nebeneinander auf Pfählen stehenden Fischerhütten, die das Bild Hamnøys prägen, hat eine lange Tradition und bietet echtes ›Lofot-Milieu‹.

Auf **Sakrisøy,** zwischen Hamnøy und Reine, lohnt **Dagmars Puppenmuseum** *(Dagmars Dukkemuseum)* mit über 700 Puppen den Besuch; im Antik- und Secondhand-Handel unterm Dach kann man stöbern (Juni–Aug. tägl. 10–20 Uhr; Vor und Nachsaison Sa, So 12–17 Uhr).

Unterkunft: Eliassen Rorbuer, ✆ 76 09 23 05, Fax 76 09 24 40; Wulff-Nilsen Rorbuer, ✆ 76 09 23 20, Fax 76 09 21 54, beide in Hamnøy.

Von Reine nach Moskenes

Nur knapp 3 km nach Hamnøy erreicht man den wiederum auf einer vorgelagerten Insel am Ausgang des Reinefjordes liegenden Fischerort **Reine** (ca. 800 Ew.), der von einem norwegischen Wochenblatt zum »schönsten Ort Norwegens« gekürt wurde. Holzhäuser mit hübschen Gärten gruppieren sich um die weiße Kirche, die Aussicht auf die steilen Bergwände und Gipfel ist grandios. Als der norwegische Staatsminister 1979 einen Ferienplatz für seinen deutschen Amtskollegen Helmut Schmidt aussuchen sollte, wählte er diesen Ort. Er wurde u. a. für Le-

goland in Dänemark und Madurodam in Holland nachgebaut.

Reine, bereits seit 1743 Handelsort, ist das Verwaltungszentrum der Moskenes-Gemeinde. Sein Name wurde im Zweiten Weltkrieg schlagartig weltweit bekannt, als die Engländer am 26. Dezember 1941 hier ihren zweiten Angriff unternahmen (s. Kasten S. 56). Der **Reinevatn** ist einer der Lofot-Seen, die im Verhältnis zu ihrer Oberfläche sehr tief sind, er liegt 60 m über dem Meeresspiegel und ist 69 m tief, sein Grund befindet sich also 9 m unter der Meeresoberfläche.

Im **Reinefjord** verkehrt das Fjordboot ›Fjordskjyss‹, das Rostad, Kirkefjord und Vinstad anläuft. (Mo–Fr 2 × tägl., Sa, So 2 × tägl., 1 × wöchentl. auch noch abends gegen 21.30 Uhr, was für Wanderer interessant sein kann.) Reine ist Ausgangspunkt für Wandertouren zur Außenseite der Insel, die im Kirkefjord ihren Ausgang nehmen und vom Fjordboot abhängig sind. Es ist erforderlich, vor der Wanderung in der Touristeninformation genaue Informationen über den Fahrplan und die Anlaufstellen einzuholen. Eine Rundfahrt von Reine über Rostad, Kirkefjord, Vindstad ist übrigens als preiswerter Ausflug auch bei schlechtem Wetter sehr zu empfehlen. Die Verlassenheit der kleinen Siedlungen im Fjord ist dann besonders beeindruckend.

Blick über den Kirkefjord mit Reine, links der dunkle Reinevatn

Reinefjordwanderungen

Von Forsfjord nach Sørvågen: Anstrengende Wanderung auf mit Steinhaufen markiertem Pfad, ca. 8 Std. Über den Hermandalstinden dauert die Wanderung 8–11 Std., sehr anstrengend mit Kletterpartien. (Das Fjordboot läuft Forsfjord nur auf Bestellung an!)

Von Vinstad nach Bunes: Leichte, für Kinder geeignete, insgesamt 3–4stündige Tour zu herrlichem Sandstrand, Reineboot nach Vinstad.

Von Kirkefjord nach Horseid: Leichte Tour zu schönem Sandstrand, ca. 5 Std. hin und zurück, Reineboot nach Kirkefjord.

Unterkunft: Nybøen Sjøhus, ✆/Fax 76 09 22 39; Reinevåg Rorbuer, ✆/Fax 76 09 22 92; Rostad Rorbuer, ✆ 76 09 20 20, Fax 76 09 21 84; Sakrisøy Rorbuer, ✆ 76 09 21 43, Fax 76 09 24 88.
Unterkünfte auch im Kirkefjord, Infos im Touristenbüro oder in der Moskenesøy-Broschüre, die überall ausliegt.

Restaurant/Café: Gammelbua Fischspezialitäten.

Versorgung: Lebensmittelladen, Kiosk, Bücherei, Bank, Post, Arzt, Tankstelle, Boot- und Autozubehör.

Moskenes

Der kleine Kirchort liegt auf einer Halbinsel an der Moskenesbucht und verfügt über einen durch eine Mole geschützten Hafen, von dem aus Fährverbindungen nach Bodø und zu den Vogelinseln Værøy und Røst bestehen. Dort, wo heute die Kirche steht, befand sich um 1400 ein Kloster. Die erste schriftlich erwähnte Kirche wurde 1564 erbaut. Aus dieser Zeit stammen noch zwei Kerzenhalter aus Messing. 1764/65 wurde eine neue Kirche gebaut, von der noch das Altarbild, der Kronleuchter und eine Bibel von 1738 erhalten sind. Die heutige Kirche stammt aus dem Jahre 1821, der Turm von 1865. Vor der Kirche zwei Gedenksteine: einer für Fischer, die auf dem Meer geblieben sind, ein anderer für die Gefallenen des letzten Weltkriegs.

Direkt oberhalb der Kirche wurde im Jahre 1814 Tennes-Kaspara hingerichtet. Sie war am 1. August 1770 auf Rødøy in Helgeland geboren und auf den Namen Kaspara Katrine Ingeborg Håkonsen getauft worden. Die Sage erzählt, daß Kaspara eine ausgesprochen schöne junge Frau war, mit langen lockigbraunen Haaren und tiefblauen Augen. Sie hatte ein liebenswertes Wesen und lebte, bis sie 20 Jahre alt war, ein vorbildlich tugendhaftes Leben. Dann aber wurde sie auf Grund falscher Aussagen ins Gefängnis geworfen, erst ein Jahr später erwies sich ihre Unschuld. Doch inzwischen hatte ihre Seele

Moskenes an der gleichnamigen Bucht

Schaden genommen, sie wurde nie wieder so, wie sie gewesen war. Als sie im Jahre 1814 auf einem Fest in Reine einen Mann erschlug, der sich damit gebrüstet hatte, im napoleonischen Krieg Gefangene gepeinigt und geplagt zu haben, wurde sie zum Tode verurteilt. Reuig gestand sie außerdem noch die Tötung von fünf unehelich geborenen Kindern ein. Zwei Tage vor ihrer Hinrichtung brachte der Pfarrer einer armen Witwe mit neun Kindern einen Brief, in dem ihr Kaspara ihren gesamten Besitz und 450 Taler vermachte. Tennes-Kaspara wurde mit sieben anderen Verurteilten der Kopf abgeschlagen. Es war das letzte Mal, daß hier das Blut zum Tode Verurteilter floß.

Versorgung: Lebensmittelgeschäft, Kiosk.
Touristeninformation: Am Moskenes Hafen, ✆ 76091599, Sommersaison tägl. 10–(17) 19 Uhr; zahlreiche Aktivitätsangebote/Bootsausflüge – auch zur Refsvikhöhle (s. Kasten S. 144).

Von Sørvågen nach Å

Auf der anderen Seite der Moskenesbucht, 7 km südwestlich von Reine und nur etwa 1 km Luftlinie von Moskenes, liegt der Fischerort **Sørvågen.** Hierher zogen viele der ehemaligen Bewohner der Außenseite. Der Ort spielt in der Geschichte der drahtlosen Kommunikation keine geringe Rolle: 1906 wurde Radio Sørvågen, Europas erster und der Welt zweiter kommerzieller Rundfunksender, gegründet, auch Europas zweitälteste Funkstation befand sich hier, bis sie 1978 geschlossen wurde, und 1928 wurde in Sørvågen Norwegens erste drahtlose Telefonverbindung in Betrieb genommen. Die für einen so abgelegenen Ort außergewöhnliche Fortschrittlichkeit der Kommunikationsmittel ist auf den Lofotfischfang zurückzuführen: Die Fischer mußten bei großen Fängen genügend Käufer heranholen, nach Stürmen und Unglücken waren Rettungsaktionen notwendig. Im Norwegischen **Telekommunikationsmuseum** *(Norsk Telemuseum)* erfährt man mehr über das Thema ›Dorsch, Telegraf und Telefon‹ (20. 6.–20. 8. tägl. 16–19 Uhr).

Sørvågenwanderungen: Sørvågen bietet großartige Möglichkeiten zum Frischwasserangeln und Wandern. Alle Touren beginnen ca. 200 m westlich der Hotelabfahrt an der E 10 und führen zunächst zum See Studalsvatn, $^1/_2$ Std., leichter Fußweg. Ca. 2 Std. dauert die Wanderung von Sørvågen zur Munkebu Hütte des Lofoten Turlag. Sørvågen – Fjerdalsvatn und zurück, ca. 3 Std., leichte Tour, die man beliebig verlängern kann, z. B. um weitere 3 Std. auf gekennzeichnetem Pfad nach Djupfjordheia und zurück.

Vom Fjerdalsvatn aus kann man den Berg Kjølen (478 m) besteigen und von dort entweder nach Sørvågen zurückkehren (5 Std.) oder

Tanz im Verborgenen

Malerei in der Refsvikhöhle

Mehr als zweieinhalbtausend Jahre haben sie im Verborgenen verbracht, die Strichmännchen in der Höhle Kollhellaren, nach dem 3 km entfernten Refsvik auch Refsvikhöhle genannt. Jeden Sommer badeten sie im Licht der Mitternachtssonne, deren Strahlen nur dann durch den nach Norden gerichteten Höhleneingang fallen. Zu sehen sind etwa fünfzehn bis zwanzig rote Figuren mit ausgestreckten Armen und Beinen, zwischen 10 und 30 cm lang. Bei normalem Tageslicht braucht man eine Taschenlampe, um die Figuren auf den Höhlenwänden genauer betrachten zu können, was auch die Erklärung dafür sein mag, daß sie erst 1987 von vier Archäologiestudenten aus Tromsø entdeckt wurden. Vorher wußte niemand um das Geheimnis dieser Höhle, obwohl die ehemaligen Bewohner des Ortes Refsvik, der zu Beginn der 1950er Jahre verlassen wurde, hier ihre Kühe melkten, wenn diese bei Regen in der Höhle Schutz suchten. Sie wollen es heute denn auch nur ungern glauben, daß sie die Zeichnungen jahrzehntelang übersehen haben sollen, und hegen sogar den leisen Verdacht, der plötzliche Rummel um die Höhle und ihre Malereien sei ein Trick, um Touristen anzuziehen. Doch auch ohne die roten Streichholzmännchen ist die Höhle eine Sehenswürdigkeit, die schon die reichen Dorfbesitzer von der Vestfjordseite im 19. und 20. Jh. ihren Gästen gerne zeigten. Man fühlt sich klein in dieser mehr als 100 m tiefen Naturkathedrale, mit einer Wölbung von mehr als 40 m über sich.

Die Figuren sind nicht, wie zunächst angenommen, auf die Felswände gemalt. Vielmehr wurde die rote Eisenoxidschicht auf dem Felsen mit einem Werkzeug oder vielleicht auch nur mit den Fingernägeln abgekratzt. Die stehengelassenen Flächen und Linien bilden die Figuren. Es wurden ausschließlich menschliche Gestalten, Männer wie Frauen, geschaffen, keine Tiere oder Jagdszenen, weshalb die Ver-

nach Moskenes absteigen (6 Std.). Lohnenswert und leicht ist die insgesamt 2–3stündige Besteigung des Kollfjellet (315 m), die mit ausgesprochen schöner Aussicht auf dem Gipfel belohnt wird.

Unterkunft: Nye Vest-Lofoten Hotel, ✆ 76 09 13 66, Fax 76 09 15 65. Stoltenberg Rorbuer, ✆ 76 09 13 29.

Versorgung: Lebensmittel, Souvenirs, Kiosk, Bank, Post.

mutung nahe liegt, daß es sich um eine Kultstätte für Rituale handelte, bei denen der Mensch im Mittelpunkt stand, etwa Initiationsriten, die den Übergang von der Kindheit zum Erwachsenenstatus markierten.

Doch die geheimnisvollen Figuren sind durch den wachsenden Besucherstrom in ihrer Existenz gefährdet: Schon ein leichtes Kratzen könnte sie auslöschen. Zum Vorteil für die Erhaltung der Figuren kann man die Höhle von der Straße auf der Innenseite der Insel nicht zu Fuß erreichen. Bei gutem Wetter und ruhiger See legen die Ausflugsboote von Moskenes und Å direkt unterhalb der Höhle an, bei unruhigem Wasser wird man in Refsvik an Land gesetzt, von wo aus man die Höhle in einer halben Stunde zu Fuß erreicht. Wer die Gelegenheit hat, die Strichmenschen in der Mitternachtssonne tanzen zu sehen, sollte sie nutzen.

Å

Ganz am Ende der E 10 liegt das Dorf Å, das die Bezeichnung »malerisch, idyllisch und einzigartig« wirklich verdient. Den Dorfbewohnern wurde im Verlauf der letzten Jahre einige Male ihr Ortsschild gestohlen, denn Å ist der letzte Buchstabe im norwegischen Alphabet und zugleich Endpunkt der E 10 und Ziel vieler Lofotreisender.

Rorbu-Idylle in Å

Das Dorf befindet sich seit 1843 im Besitz der Familie Ellingsen. Viele der alten Wohn- und Wirtschaftsgebäude sowie Fischerhütten stammen noch aus dem 19. Jh. und bilden den Kern des **Fischereidorfmuseums** *(Norsk Fiskeværmuseum)*, das im Sommer 1988 eröffnet wurde (20. 6.–20. 8. tägl. 10–18, Rest des Jahres Mo–Fr 10–15.30 Uhr). Nirgendwo kann man sich besser als hier darüber informieren, wie das Leben in einem Fischerdorf im 19. Jh. aussah, als die Lofotboote noch gerudert wurden und die Fischer im ganzen Dutzend in den Rorbuer unterkamen.

Viele kommen an, halten beim Laden oder steigen aus dem Bus und fragen: Wo ist denn das Museum? Dabei befinden sie sich schon mitten drin, denn hier gehen Vergangenheit und Gegenwart nahtlos ineinander über. Im Winter fahren die Fischlaster durchs Dorf, im Frühling trocknet der Fisch auf den *Hjellen,* im Sommer erleben die Touristen den Alltag der Fischer. Sie lernen, die alten Nordlandboote zu segeln, können zum Fischfang ausfahren, die Leinen beködern, den gefangenen Fisch an Land bringen und ihn ausnehmen. In Ausstellungen, Vorträgen, Kursen und anderen Veranstaltungen wird ihnen sowohl die Vergangenheit als auch die Gegenwart der Lofotfischerei nahegebracht.

Zentrum des Freilichtmuseums ist das Wohnaus des Dorfbesitzers Johan Ellingsen, der sich 1842 mit der Tochter des Kaufmanns Maas verheiratete und im Lauf seines Lebens einer der mächtigsten Großgrundbesitzer der Lofoten wurde. 1843 richtete er den ersten Kaufladen in Å ein; einen lebhaften Handel hatte es aber bereits zur Zeit seines Schwiegervaters Maas in den 30er Jahren gegeben. Der Laden brannte ab und wurde 1890 wieder aufgebaut, später zweimal erweitert, das letzte Mal im Jahre 1945. Neben Verkaufsraum und Lager gab es hier auch einen kleinen Postschalter sowie eine Versandstelle. Seit 1890 wurde Å von einem Boot angelaufen, das Post, Waren und Passagiere brachte, die allerdings, um an Land zu kommen, erst in kleinere Ruderboote umsteigen mußten. 1885 bekam Å ein eigenes Postamt. Darüber hinaus gab es eine Schmiede, eine Trankocherei, eine Bäckerei, sogar eine Arrestzelle, es wurden Landwirtschaft und Viehzucht betrieben. Neben dem Erhalt der Häuser ist das Bewahren der Kultur, der Arbeitsweisen und Traditionen ein wesentliches Ziel der Museumsarbeit. So wird im Sommer z. B. in der Bäckerei wieder Brot gebakken, Tran gekocht und Trockenfisch gepreßt. Viele Gebäude befinden sich noch in der Hand der alten Großgrundbesitzerfamilie Ellingsen, die dem Museum einige Gebäude gestiftet, andere leihweise überlassen hat.

Sehr informativ ist ein Besuch im **Lofoten Trockenfischmuseum** *(Tørrfiskmuseum)*, das nur im Sommer geöffnet ist (Juni Mo–Fr 11–16, ca. 20. 6.–ca. 20. 8. tägl. 11–17 Uhr).

Wanderungen: Vom Campingplatz aus hat man schöne Spaziermöglichkeiten und eine feine Aussicht auf die Inseln Mosken, Værøy und Røst sowie auf die Südspitze der Lofoten, *Lofotodden*. Am Ufer ist ein Streifen von weißem Gestein zu sehen, der sich über mehrere Schären und felsige Halbinseln an der Küste entlangzieht. Er ist entstanden, als vor ca. 500 Mio. Jahren die Kontinentalplatten von Grönland und Eurasien zusammenstießen und dabei die Gebirge aufgefaltet wurden. Der gewaltige Druck und die hohen Temperaturen bewirkten, daß das Gestein teilweise schmolz und in die Höhe stieg. Die dabei entstandenen Pegmatit-Gänge aus großen Feldspat-, Quarz- und Glimmerkristallen haben sich deutlich vom umgebenden Gestein abgesetzt.

Der nur 5 m tiefe **Å-See,** der von wilden, zerklüfteten Berggipfeln umgeben ist, die sich im See widerspiegeln, liegt nur wenige Meter

»Das Land und die Erde und die Häuser beben«

Der Mahlstrom

»... MALSTROM! Wir waren also an der gefährlichsten Stelle des Meeres, vor der norwegischen Küste, wo ein gigantischer Wasserwirbel alles in die Tiefe riß, was in seine Kreisbewegung geriet ... Dem ist noch nie ein Schiff entkommen, durchfuhr es mich, ein 15 km breites saugendes Feld, entstanden aus Strömungen, die hier zusammenfließen, Schiffe verschlingend und Wale und Eisbären ...«, so beschreibt Jules Verne den berühmten Gezeitenstrom in seinem abenteuerlichen Roman ›Zwanzigtausend Meilen unter dem Meer‹.

Der Mahlstrom oder Moskenesstraumen ist ein Gezeitenstrom, der zwischen der südlichsten Spitze der Insel Moskenesøy und Værøy liegt. Durch die nur 4 km breite und 40–60 m tiefe Meeresenge ergießen sich beim Gezeitenwechsel die Wassermassen aus dem atlantischen Ozean in den 900 m tiefen Vestfjord, wobei der Höhenunterschied der Wasserspiegel bis zu 4 m betragen kann. Der Strom ist daher nicht nur während des Gezeitenwechsels ein unruhiges Gewässer, das die Fischer auch bei Sonnenschein und Windstille fürchteten.

Der Mahlstrom hat erstaunlich früh die Phantasie der Menschen angeregt. Schon vor 2400 Jahren beschrieb ihn der griechische Seefahrer und Geograph Pytheas. Erik Hansen Schønnebøl schreibt 1591, daß man, wenn die Strömung am stärksten ist, die Sonne durch die Wellen hindurch sehen kann, weil diese dann so hoch wie die Berge emporwogen, und 1632 berichtet Peder C. Friis, daß die Strudel so gewaltig und tief seien, daß alle Schiffe, wie groß sie auch sein mögen, unweigerlich hinabgezogen würden. Auch Edgar Allan Poe, der Meister der Faszination des Grauens, hat sich den Stoff nicht entgehen lassen. In

oberhalb von Å und lohnt auch mit Kindern einen Ausflug. Pfade verlaufen zu beiden Seiten des Sees. Im See schwimmen Bergforellen, Angeln ist erlaubt.

Früher mußte alles Wasser für Mensch und Tier in Eimern vom See hinuntergetragen werden, die Frauen wuschen im See die Wäsche. Hier nimmt die Wanderung nach **Stokkvika** auf der Außenseite ihren Anfang. Sie führt in anstrengendem, ca. 9stündigem Fußmarsch von Å nach Stokkvika und zurück.

Unterkunft: Hennumgården/Å-Hamna Ror-

seiner Erzählung ›Sturz in den Mahlstrom‹ läßt er einen alten Lofotfischer von dessen Schiffbruch mitten im Moskenesstraumen und seiner wunderbaren Errettung erzählen. Begleitet wird der Bereich vom »lauten und stetig wachsenden Tönen« des Meeres, »ähnlich dem Urgebrüll einer Riesenherde von Büffeln auf einer amerikanischen Prärie«: »Und da ich noch schaute, nahm diese Strömung eine reißende Geschwindigkeit an. Jeder Augenblick vermehrte ihre Eile – ihr ungestümes Stürmen. Innerhalb von fünf Minuten war die ganze See zu unbezwinglicher Wildheit aufgepeitscht; doch zwischen Moskoe und der Küste hatte der Aufruhr seine wüsteste Gewalt. Hier barst das ungeheure, in tausend widerstreitenden Stromrinnen zernarbte und verschrammte Bett der Wasser ganz plötzlich in wahnsinnigen Wirbeln auseinander – auf brodelten die Massen, kochten, zischten – kreiselten in zahllosen, gigantischen Strudeln – und alles wirbelte und stürzte ostwärts hin mit einer Schnelligkeit, die man bei Wasser sonst noch nirgends trifft, es sei denn bei jähen, steilen Fällen.«

Es bildet sich schließlich ein gewaltiger Strudel, »dessen Inneres, so weit das Auge zu dringen vermochte, eine glatte, glänzende Wand von Wasser war, gegen den Horizont in einem Winkel von wohl fünfundvierzig Graden geneigt: sie wirbelte schwindelerregend herum und hinum in schwankend-schwenkender Bewegung und stieß zu den Winden empor einen schauerlichen Stimmlaut, halb Schrei, halb röhrendes Brüllen, wie es nicht einmal der mächtige Niagara-Katarakt je in seiner Agonie zum Himmel schickt.«

Solche Schilderungen mögen übertrieben sein, aber der Mahlstrom kann unter bestimmten Bedingungen tatsächlich sehr gefährlich sein. Bei starkem Westwind oder Sturm, der auf einen nach Westen fließenden Ebbstrom prallt, entstehen gewaltige Strömungen und Strudel, die kleineren Schiffen zum Verhängnis werden können.

buer, ✆ 76 09 12 11, Fax 76 09 11 14; Å-Vågen Rorbuer, ✆ 76 09 13 82. Å Vandrerhjem og Rorbuer, ✆ 76 09 11 21, Fax 76 09 12 82. Feskarbrygga, ✆ 76 09 15 95, Mitte Mai–Mitte Sept. Moskenesstraumen Camping, ✆ 76 09 11 48.

Essen und Trinken: Im ehemaligen, Anfang des 10. Jh. erbauten Altenteil der Großgrundbesitzerfamilie Ellingsen befindet sich das ›Bekkhaugen Kafe‹ mit Galerie und Sitzplätzen im weißumzäunten Garten, ✆ 76 09 11 21. Gemütlich ist auch das auf Pfählen direkt am Wasser liegende ›Brygga Restaurant‹, ✆ 76 09 15 72.

Versorgung: Lebensmittelgeschäft und Kiosk.

Südzipfel der Lofoten

Værøy – Insel der Vogelfänger im offenen, sturmgepeitschten Meer

Røst – Millionen von Seevögeln im ›Reich der tausend Inseln‹

Værøy

Værøy – Insel der Vogelfänger

Jenseits des berüchtigten Mahlstroms auf der Suche nach Adlerfanghöhlen die Berge hinauf. In Nordland zur ältesten Lofotkirche. Bühne auf für eine grandiose Mitternachtssonne. Wanderung in das verlassene Fischerdorf Mostad, von wo die Lundehunde stammen.

Am südwestlichen Ende der Lofoten, mitten im Meer, liegen die bekanntesten Vogelinseln Norwegens, darunter einige der größten Vogelkolonien der Welt. Værøy und Røst sind vom übrigen Teil der Lofoten durch den berühmt-berüchtigten Mahlstrom getrennt, und ihre Einwohner fühlen sich mehr als *Røstværinger* und *Værøyværinger* denn als Lofotinger. Der Name der Insel Værøy leitet sich von *vær/uvær/uværsøy*, ›Wetter- bzw. Unwetterinsel‹ ab und wurde ihr wohl kaum von ihren Bewohnern selbst gegeben. Archäologische Funde deuten darauf hin, daß sich bereits vor 5000 Jahren Menschen auf der Insel aufhielten, die dauerhaft seit dem 9. Jh. n. Chr. bewohnt ist. Dies kann man u. a. aus den Ortsnamen schließen: Namen, die auf -land enden, stammen meist aus der Wikingerzeit. Die ältesten schriftlichen Berichte behandeln den Mahlstrom.

Auf Værøy dominieren grüne, von den Eiszeiten rund geschliffene hohe Berge, die sich über dem flachen, gänzlich waldlosen Küstenstreifen erheben und in einem weiten Bogen nach Süden zum Meer hin öffnen. Die felsige Außenseite der Insel ist das Reich der Seevögel. Diese Vogelfelsen sind immer eine wichtige und notwendige Vorratskammer für die Inselbewohner gewesen: Fleisch, vor allem das der Lundevögel, und Eier haben ihren Speiseplan bereichert, die Daunen wurden wie der Stockfisch als Zahlungsmittel benutzt.

Aufgrund der milden Winter und relativ kühlen Sommer ist Værøy für die Produktion von Stockfisch besonders geeignet. Der exportierte Fisch ist meist von höchster Qualität. Da Værøys Arbeitsplätze zu 80 % vom Fisch abhängig sind, ist die Insel in den letzten Jahren von drastisch steigender Arbeitslosigkeit schwer betroffen gewesen. Kredite konnten nicht mehr abgezahlt werden, was zum Verkauf vieler Fischerboote führte. Gab es 1980 noch 20 eigenständige Fischunternehmer *(fiskebruk)*, so waren es 1989 nur noch fünf oder sechs.

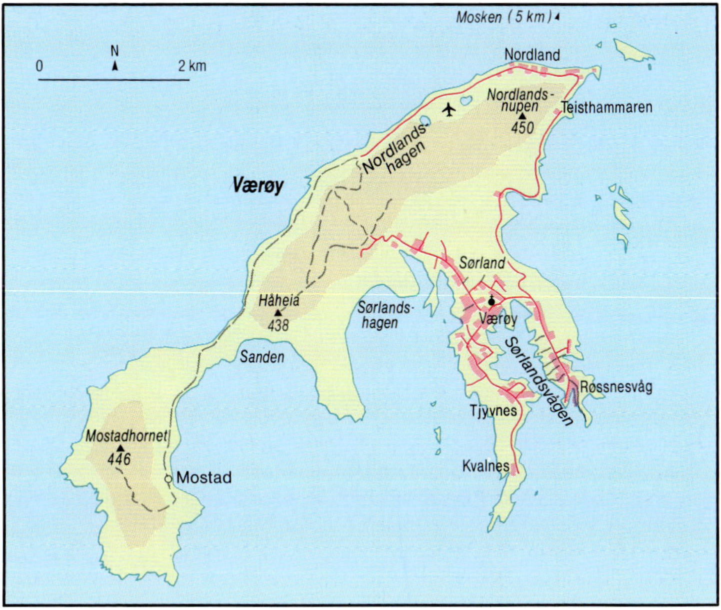

Værøy

Anreise nach Værøy und Røst: Tägliche Fährverbindung von Bodø über Værøy oder/und Røst nach Moskenes, Reservierung ist unbedingt angeraten, ✆ 76 11 82 18, Fax 76 11 82 01. Die Überfahrt von Bodø dauert ca. 4 Std. nach Værøy, 5 Std. nach Røst.
Für die Anreise nach Værøy und Røst, vor allem wenn man beide Inseln auf dem Programm hat, ist es angeraten, die Fährfahrpläne vorher genau zu studieren und zu prüfen, an welchem Tag welche Insel aus welcher Richtung angefahren wird.

Flug: Der Flughafen von Værøy ist im Frühjahr 1990 gesperrt worden. Statt dessen gibt es Hubschrauberverbindung mit Bodø. Tägliche Flugverbindung besteht zwischen Røst und Bodø, an bestimmten Tagen auch nach Leknes/Vestvågøy.

Unterkunft/Restaurant: Sørtun Rorbuer, Tjyvnes, ✆ 76 06 52 03, Fax 76 09 57 01.
Værøy, Vandrerhjem og Langodden Rorbuer, direkt am Hafen in Røssnesvågen, ✆ 76 09 53 52, Fax 76 09 57 01.
Værøy Gamle Prestegård, Nordland, ✆ 76 09 54 11, Fax 76 09 54 84: mit Restaurant.

Mit der bloßen Hand

Adlerfang

Jahrhundertelang war der Adlerfang auf Værøy Tradition. Man baute in ›unverdächtigen‹ Geröllhängen ein ›Adlerfanghaus‹, einen kleinen Unterschlupf aus Stein, in dessen Wand ein schmaler Spalt freigelassen wurde. Davor wurden im Herbst regelmäßig Schlachtabfälle hingeworfen, die Krähen und Raben anzogen und sie an diesen Futterplatz gewöhnten. Sie waren wichtige Akteure, denn sie lockten den Adler an: ohne Raben keine Adler.

Am Fangtag schlich sich der Jäger noch bei Dunkelheit in das Adlerhaus und legte einen Köder aus. Diesen band er mit einer Schnur fest, deren Ende er durch den Spalt in den Unterschlupf führte. Bei Tagesanbruch kamen zunächst die Raben und Krähen, bis der Adler, durch ihr Geschrei angezogen, sie vertrieb. Sobald er begann, die ›Beute‹ zu zerfleischen, zog der Jäger sie mitsamt dem Adler stückweise immer näher zu sich heran. Den Adler störte das nicht, im Gegenteil, er hackte um so eifriger in seine vermeintlich noch lebende Beute. Befand er sich nahe genug am Spalt, intensiv mit seinem Mahl beschäftigt, ergriff ihn der Jäger an den Füßen und zog ihn zu sich in den Unterschlupf hinein. Der Spalt war gerade so breit, daß der Adler hineinpaßte, dabei aber die Flügel nicht öffnen konnte. Im Unterschlupf wurde ihm dann das Genick gebrochen.

Die Adlerjagd wurde bereits 1665 von dem Italiener Francesco Negri in seinem Reisebericht über Nordnorwegen beschrieben. Dieser bedauerte lebhaft, daß sich der König der Lüfte von armen Fischern und Bauern fangen ließ. Die Jagd auf den Adler hatte mehrere Gründe: Die Einwohner der Insel lebten zwar in der Hauptsache vom Fischfang, aber auch die Schafzucht machte einen notwendigen Teil des Haushalts aus. Da das Klima auf Værøy mild ist, konnten die Schafe im Freien überwintern. In harten Wintern jedoch waren die Adler auf der Insel sehr zahlreich, denn hier gab es mehr Futter als auf dem Festland. Je mehr Vögel sich aber im Winter auf Værøy niederließen, desto

Versorgung: Lebensmittel und Gemischtwaren, Tankstelle, Post, Bank sowie eine Bücherei, Polizei und Arzt.

Im Zentrum, hinter der Bücherei liegt der kleine **Webladen** von Unni Johansen, ✆ 76 09 54 52. Man sollte hier keine lofottypischen Webarbeiten er-

härter wurde der Kampf ums Überleben, und es kam vor, daß sich die Adler auf Lämmer und abgemagerte Schafe stürzten – für die Bauern Grund genug, sie mit allen Mitteln zu bekämpfen.

Die Zahl der gefangenen Adler variierte von Jahr zu Jahr, war aber immer hoch. 1851 wurden auf Værøy 90 Adler, 1891 51 Adler und 1893 63 Adler gefangen. Die Adlerjagd entwickelte sich immer mehr zu einem spannenden Sport, an dem sich Junge und Alte gleichermaßen beteiligten, obwohl der Ausgang auch schmerzvoll sein konnte, wenn sich etwa der Adler im Arm des Fängers einkrallte. Erfahrene Fänger konnten mehrere Adler hintereinander erbeuten. Einer fing an einem einzigen Tag 16 Adler, sechs, sieben oder zehn Adler pro Tag sind mehrmals bezeugt. Noch 1972 wurden innerhalb weniger Stunden vier Adler gefangen, obwohl bereits in den 60er Jahren die Adlerjagd offiziell verboten worden war. Heute kann man auf den meisten Inseln noch Überreste der Adlerhäuser finden, in den meisten Fällen sind sie aber nur schwer auszumachen.

warten. Die Ikat-Webereien sind farbenfroh, die Motive und Muster frei erschaffen. Johansen vertritt den Standpunkt, daß es auf Værøy keine künstlerischen Webtraditionen gab, »für Kunst waren wir hier immer zu arm, wir hatten einfache Gebrauchsgegenstände, für mehr blieb keine Zeit.«

Touristeninformation (ein paar hundert Meter rechter Hand, wenn man von der Fähre kommt), ✆ 76 09 52 10, Mitte Juni–Mitte Aug. Mo–Fr 10–14 Uhr sowie bei Ankunft der Fähre.

Bootsausflüge: ›Christina Airen‹ (max. 15 Pass.), ✆ 76 09 52 99. ›Silver Star‹, ✆ 76 06 52 03 (max 16 Pass.). Mit beiden Booten organisiete Fahrten zu den Vogelfelsen.

Sørland

Das Zentrum der Insel liegt heute um die Bucht **Sørlandsvågen** herum, die von zwei in den Vestfjord reichenden, zwischen 2 und 3 km langen Landzungen umschlossen wird. An der weitesten Stelle liegen sie noch nicht einmal einen halben Kilometer auseinander.

Am äußersten Zipfel der östlichen Landzunge, auf der die Touristeninformation, die Bank und die Jugendherberge gelegen sind, befindet sich in **Røssnesvågen** der Fähranleger. Røssnesvågen ist das alte Zentrum der Insel. Hier gibt es einen hübschen kleinen Hafen mit Fischannahme, Versand und Telegraphenstation, die heute aufgegeben ist. Vom Hafen aus kann man bis zum Leuchtturm an der äußersten Spitze der Landzunge weitergehen. Er wurde 1880 fertiggestellt und war das erste gemauerte Haus auf der Insel. ›Radio Værøy‹ benutzt ihn heute als Studio.

Blick über die tiefe Bucht Sørlandsvågen und ihre kleinen Siedlungen

Im Innern der Bucht findet man die neue Kirche von Værøy, Post, Bücherei und das ärztliche Versorgungszentrum. Die hohe weiße Kirche wurde im Jahre 1939 errichtet und ist vom Meer aus ein gutes Erkennungszeichen. Fundstellen aus der Steinzeit weisen auf eine frühe Besiedlung des Ortes hin. Von der Kirche führt eine nur etwa 3 km lange Straße auf der westlichen Landzunge nach Kvalnes, das südlichste bewohnte Ende von Værøy. Auf dem Weg passiert man nach knapp 2 km **Tjyvnes**, dessen Name schon auf alten Seekarten vermerkt ist. Hier wird Lachs-, Forellen- und Austernzucht betrieben. **Kvalnes** (von *kval*, Wal und *nes*, Nase, Landzunge) am Ende der Straße ist ein winziger Fischerort.

Bereits kurz hinter der Værøy-Kirche, am Sportplatz, gabelt sich die Straße, und gleich darauf führt eine Abzweigung nach links Richtung **Sørlandshagen**, einem schönen Wiesen- und Strandgebiet, das man in einer Viertelstunde zu Fuß erreicht. Die Straße selbst führt bis zum Gipfel des Berges **Håheia** (446 m), ist jedoch für Autos gesperrt, weil hier ein Nato-Sperrgebiet liegt. In 1½ Std. kann man den Gipfel zu Fuß erreichen und hat eine schöne Aussicht auf Mosken, die Lofotwand und das Festland. Ungefähr auf halbem Weg zum Gipfel passiert man rechts von der Straße einige restaurierte Adlerfanghöhlen.

Unten im Tal hat man vor ca. 60 Jahren auf ehemaligem Weide- und Torfmoorgebiet ein Wäldchen angepflanzt, das den Beweis dafür liefert, daß auf Værøy durchaus Wald wachsen kann. Vor 3000 Jahren war die ganze Insel mit Laubwald – Birke, Weide, Esche – bedeckt. Der Schwund der Wälder ist neben Klimaveränderungen vornehmlich auf Menschenhand zurückzuführen (s. Kasten S. 22).

Nordland

Die Straße, die in den nördlichen Teil der Insel führt und Nordland und Sørland verbindet, wurde von den Einwohnern von Værøy gebaut und 1913 vollendet. Dafür wurden sie für die Dauer der Bauarbeiten von der Steuerzahlung befreit. Die Straße verläuft über den Paß **Skaret**, eine enge Scharte, die Theodor Kittelsen in seiner Zeichnung ›Auf dem Weg zur Kirche‹ überliefert hat. Vom Paß aus hat man eine gute Aussicht auf den besiedelten Teil von Værøy, der sich auf ehemaligem Meeresboden erstreckt. Im etwa 2 km entfernten **Teisthammaren** liegt die Hafenmole für die Fischer aus Nordland. Früher mußten hier die Boote nach der Ausfahrt jedes Mal an Land gezogen werden. Vom ersten Antrag auf Errichtung einer Mole bis zum Beginn der Bauarbeiten vergingen 80 Jahre.

Nordland ist vermutlich der am längsten besiedelte Ort Værøys. Er war jahrhundertelang das offizielle

Zentrum der Insel, obgleich hier nie die Mehrheit der Inselbevölkerung lebte. Hier gab es seit 1843 die erste Schule, hier stand die Gemeindekirche von Værøy und Røst, hier wohnte der Gemeindepfarrer. Die Kirche wird erstmals im Jahre 1440 erwähnt. Der Pfarrhof war der größte Hof auf Værøy und hatte viele Vor- und Sonderrechte, die z. B. das Heumachen und die Schafweide auf den Holmen im Moskenesstraumen betrafen. Bis 1955 weideten dort, vor allem auf Mosken, das ganze Jahr über Schafe; sie wurden in kleinen Booten über den Strom geschafft, was recht mühsam und nur bei gutem Wetter möglich war.

Als auf Værøy 1853 das erste Postamt eingerichtet werden sollte, wurde noch Nordland als Postort ausgewählt, doch im Jahre 1884 zog die Post dann nach Røssnesvågen um, 1939 wurde die neue Hauptkirche in Sørland in Betrieb genommen, und 1972 zog schließlich der Gemeindepfarrer von Nordland nach Sørvågen. Die Schule wurde 1967 geschlossen. Allmählich wurde das alte Zentrum der Insel immer mehr zum entlegenen Außenbezirk. Noch immer aber steht hier Værøys alte **Kirche** mit ihrer zwiebelförmigen Kuppel. Sie wurde 1799 aus Vågan hierhergebracht, weil sie dort für die Gemeinde zu klein geworden war, und ist die älteste noch erhaltene Kirche der Lofoten. Sie wurde mehrere Male umgebaut und vergrößert, was im Innern der Kirche deutlich zu erkennen ist. Von 1900–1975 war die Kirche weiß angemalt, dann erhielt sie ihren ursprünglichen roten Anstrich zurück. Die Kanzel und das Taufbekken stammen aus einer älteren Værøy-Kirche, die Alabasterfiguren zuunterst, ca. 1430 entstanden, kommen vermutlich aus England. Die übrigen Ausstattungsstücke, darunter einige Skulpturen und ein Kruzifix, im 15./16. Jh. in der Hansestadt Lübeck angefertigt, befinden sich heute im Tromsø-Museum. Das grönländische Psalmenbuch auf dem Altar erinnert an Hans Egede, den späteren ›Grönland-Apostel‹, der 1707–1717 Pfarrer der Vågan-Gemeinde war, bevor er nach Grönland auswanderte. In dieser Kirche hielt er den Abschiedsgottesdienst (Schlüssel im Pfarrhof).

Nachdem der Gemeindepfarrer 1972 nach Sørvågen umgezogen war, wurde der alte Pfarrhof restauriert und dient heute als Übernachtungsmöglichkeit sowie als Tagungs- und Kursstätte. Wenn man Glück hat, kann man im ›Kittelsen-Zimmer‹, der alten Gesindestube des Pfarrhofes, übernachten, in der der Maler Theodor Kittelsen in den 80er Jahren des 19. Jh. bei seinen Besuchen auf Værøy wohnte. In dem alten Schulgebäude von Nordland befindet sich heute ein kleines privates Heimatmuseum.

Am Ende der ausgebauten Straße liegt der Flughafen von Værøy, der wegen schwieriger Windverhältnisse immer umstritten war und

An der Küste von Mostad

Ostern 1990 nach einem schweren Unglück, bei dem fünf Menschen ums Leben kamen, stillgelegt wurde.

Nordlandshagen, unterhalb der Steilwand des Nordlandsnupen, ist zur Zeit der Mitternachtssonne ein beliebtes Ausflugsziel für Touristen wie für Einheimische. Weite grüne Schafweiden bieten gute Standmöglichkeiten für Wohnmobile und man hat einen schönen Blick auf den Lofotodden und die Felsinsel Mosken. Von hier aus führt eine empfehlenswerte Wanderung auf gut markiertem Weg auf der Außenseite der Insel zum heute verlassenen Ort Mostad auf der Mostadhalbinsel, hin und zurück ca. 4 Std. An der Außenseite des Mostadhorns gibt es einige große Vogelfelsen, die allerdings zu Fuß nur schwer zugänglich sind. Um dorthin zu gelangen, sollte man lieber die täglichen Vogelausfahrten von Røssnesvågen aus nutzen.

Mostad (Måstad)

Mostad, der ›Ort zum offenen Meer hin‹, ist wohl der bekannteste Ort auf Værøy. Er muß, wie sich aus schriftlichen Quellen schließen läßt, schon vor der Pestepidemie Mitte des 14. Jh. bewohnt gewesen sein. Er liegt vom Rest der Insel durch steile, einen Bogen bildende Felswände getrennt, die im Herbst und Winter, wenn der Weg über das Meer zu gefahrvoll war, überquert werden mußten. Nach Mostad wurde niemals eine Straße gebaut, die Menschen lebten dort sehr isoliert und ernährten sich von Fischfang, Schafzucht und Vogelfang sowie vom Eier- und Daunensammeln, kurzum: von dem, was Vogelfelsen und Meer hergaben. Kühe konnten wegen des Futtermangels nicht gehalten werden, über dem Dorf steigen die mit magerem Gras bewachsenen Berge 400 m senkrecht in die Höhe. Die Heuernte dort war sehr schwierig und mühsam, man mußte sich an den steilsten Stellen mit einem Tau absichern. Die Schafe aber konnten aufgrund der relativ milden Winter das ganze Jahr über draußen weiden und brauchten nur wenig zusätzliches Futter.

Das Frühjahr war die Zeit des Eiersammelns, dann gab es über einige Wochen Eier zu fast jeder Mahlzeit. Die Eier der Dreizehenmöwe mußten sofort verspeist werden, während sich die Eier größerer Vögel, etwa Tordalk und Trottellumme, bei trockener, kühler Lagerung bis in den Herbst hinein, mit viel Glück sogar bis Weihnachten hielten und den Speiseplan in diesen dunklen Monaten aufbesserten. Das Eiersammeln war in den steilen Vogelfelsen eine gefährliche Angelegenheit. Es diente der Lebensmittelversorgung, entwickelte sich aber im Verlauf der Jahrhunderte, wie auch der Adlerfang, zu einem spannenden Sport für die Mutigsten und Tollkühnsten. Der

Im Schatten steiler Felswände liegt das verlassene Dorf Mostad

Gefährlichkeit trägt ein Gesetz aus dem 17. Jh. Rechnung, in dem es heißt: »Wenn einer hinunterfällt und zu Tode kommt, wenn er auf Eiersuche im Vogelfelsen ist, darf er nicht in geweihter Erde begraben werden, genau wie die Selbstmörder.«

Mit der Motorisierung der Fischereiflotte zogen die meisten Fischer nach Sørvågen, da es in Mostad für die Motorboote keinen geeigneten Hafen gab. Heute ist der Ort verlassen, und es ist nur schwer vorstellbar, daß hier noch nach dem Ersten Weltkrieg 150 Menschen wohnten, denen ein Laden und eine Schule zur Verfügung standen. Neben vielen verfallenen Gebäuden stehen noch einige gut erhaltene Häuser, die im Sommer als Ferienhäuser benutzt werden.

Auf dem Rückweg von Mostad kann man den Badestrand **Sanden** sehen, der unterhalb steiler Felswände liegt und zu Fuß nicht zugänglich ist. An sonnigen Sommertagen wird es in der Bucht wegen ihrer geschützten Lage erstaunlich heiß. Man kann sich mit Ausflugsbooten hinfahren und wieder abholen lassen, den Ausflug nach Sanden aber auch mit einer Fahrt zu den Vogelfelsen oder nach Mostad verbinden.

Die Vogelfänger und ihre Hunde

Neben dem Sammeln von Eiern und Daunen war auch die Jagd auf Vögel für die Værøy-Bewohner von großer wirtschaftlicher Bedeutung. Mit den erjagten Vögeln wurden Steuern bezahlt, in erster Linie aber bedeutete das Fleisch von Lunde, Tordalk und Trottellumme eine Bereicherung des Speiseplans.

Lundevögel (Papageientaucher)

Für die Jagd auf die jungen Lundevögel, deren Fleisch als besondere Delikatesse galt, wurde der kleine, überaus gelenkige Lundehund benutzt. Er stammt aus der Familie der norwegischen Spitzhunde und ist mit einer Schulterhöhe von 32–38 cm einer der kleinsten Hunde Europas. Sein Jagdinstinkt läßt ihn in die engen Höhlen und Nistgänge der Lundevögel kriechen, um die Jungvögel herauszuholen. Hunde, die nach Generationen auf dem norwegischen Festland zu den Nistgängen der Lundevögel auf Værøy zurückgebracht wurden, krochen sofort hinein und holten die Vögel lebendig heraus. Doch noch weitere Eigenschaften qualifizieren ihn als hervorragenden Vogelfänger: Er kann sich platt machen wie ein Eisbärfell und unter der Erde die Ohren verschließen, so daß kein Sand eindringt. Als einzige Hunderasse der Welt hat er zwei zusätzliche Zehen an jedem Fuß, die es ihm erleichtern, sich in steilem Gelände einzukrallen. Außerdem hat er acht Zähne weniger als andere Hunde, was ihm ermöglicht, die jungen Vögel lebend aus den engen Höhlengängen zu holen.

Wann und wo der Lundehund zuerst auftauchte, ist nicht bekannt, aber er ist früh und häufig beschrieben worden. Im Jahre 1591 etwa erzählt Erik Hansen Schønnebøl in einem Kapitel über Værøy von den jungen Lundevögeln, die in tiefen Löchern unter der Erde liegen und ohne den Lundehund nicht zu fangen wären. 1666 berichtet der Italiener Francesco Negri von ähnlichen Hunden in der Finnmark. Auch auf Island ist der Lundehund bekannt, dort allerdings unter dem Namen Islandhund.

Würdig befunden als postalisches Konterfei

Alle heute lebenden Lundehunde haben ihre Ahnen in Mostad, doch um ein Haar wären sie gänzlich ausgerottet worden. Die Bewohner von Røst nämlich, die ebenfalls jahrhundertelang mit dem Lundehund auf Jagd gegangen waren, gingen Ende des 19. Jh. dazu über, die Vögel mit Netzen zu fangen. Die Hunde wurden überflüssig, begannen umherzustreifen und zu wildern und entwickelten sich zu einer rechten Plage. Daher beschloß die Gemeindeverwaltung von Værøy und Røst, eine Hundesteuer einzuführen, was dazu führte, daß es innerhalb kurzer Zeit auf Røst keine Lundehunde mehr gab.

Anders war die Situation in Mostad, wo man die Hunde nach wie vor zur Jagd brauchte und daher auch, nach heftigem Protesten, in den Genuß einer Steuerermäßigung kam. Bald war dies die einzige Stelle, an der diese Hunderasse überhaupt noch existierte und wegen der Unzugänglichkeit des Ortes auch nicht mit anderen Rassen vermischt war. Davon hörte im Jahr 1938 Eleonora Christi. Bestürzt darüber, daß diese einzigartigen Hunde in Gefahr waren auszusterben, beschaffte sie sich vier der Hunde – drei Weibchen und ein Männchen –, um den Bestand zu retten. Schon drei Jahre später war ihre Hilfe gefragt: In Mostad starben innerhalb kurzer Zeit alle Hunde an einer Seuche, nur ein Weibchen blieb übrig, doch dieses war unfruchtbar. Nun schickte Frau Christi ihrerseits vier Hunde, die dort weitergezüchtet wurden.

Heute ist der Bestand der Lundehunde klein, aber gesichert. Allein in Norwegen leben etwa 600 Exemplare, die meisten davon allerdings als Haus- und Schoßhunde auf dem Festland.

Røst – Archipel der 1000 Inseln

Auf den Spuren des seebrüchigen Italieners Querini, der schon im 15. Jh. die Gastfreundschaft der Røstværinger pries. Anschauliche Kirchengeschichte auf Røstlandet. Bootstouren zu den klassischen Vogelfelsen und zum Leuchtturm auf Skomvær.

Die Inselgruppe Røst ist die kleinste Lofot-Gemeinde. Bis 1928 bildeten Røst und Værøy eine Verwaltungseinheit, da aber Værøy immer mehr Einwohner als Røst hatte, fielen Abstimmungen häufig zuungunsten der Røstværinger aus. Erzürnt traten diese in einen Steuerstreik, der die Bildung einer eigenen Kommune zur Folge hatte.

Die Gemeinde Røst besteht aus so vielen grasbewachsenen Inseln »wie das Jahr Tage hat«, und wenn man die Schären und Holme dazu rechnet, ist der Name ›Reich der tausend Inseln‹ durchaus gerechtfertigt. Der Name Røst kommt vom altnordischen *rost* und bedeutet ›Stromwirbel‹. Røst war wie auch Værøy einst ein bevorzugter Platz für die Verbannung von Sträflingen.

Nirgendwo auf den Lofoten ist der Kontrast zwischen der Küstenplattform und den Bergen so deutlich. Die größte der vielen Røst-Inseln, Røstlandet, ist völlig flach und liegt nur 11 m über dem Meeresspiegel. Hier leben die etwa 600 Røst-Bewohner. Die umliegenden Inseln steigen steil aus dem Meer auf. Nähert man sich Røst mit dem Boot, so tauchen zuerst diese hutförmigen Berggipfel auf: Stavøya, Vedøya, weiter draußen Storfjellet, Hernyken und Trenyken sowie schließlich, als letzte Schanze gegen das offene Meer, die Leuchtturminsel Skomvær. Die Berghänge dieser Inseln sind schroff, die Strände schmal und ohne einladende Buchten. Hier leben nur Seevögel; Menschen kamen immer nur an hellen Sommertagen her, um Eier zu sammeln und die Schafe auf die Weide zu bringen. Sobald die dunkle Zeit mit Sturm, Nebel und Regen über die kleinen Inseln und Holme hereinbrach, wurden die unwirtlichen Eilande verlassen.

Verkehr: Anreise s. Værøy. Die Insel ist optimal zum Fahrradfahren, aber einen offiziellen Fahrradverleih gibt es nicht.

Unterkunft/ Restaurant: Røst Turistsenter, ✆ 76 09 64 90, Fax

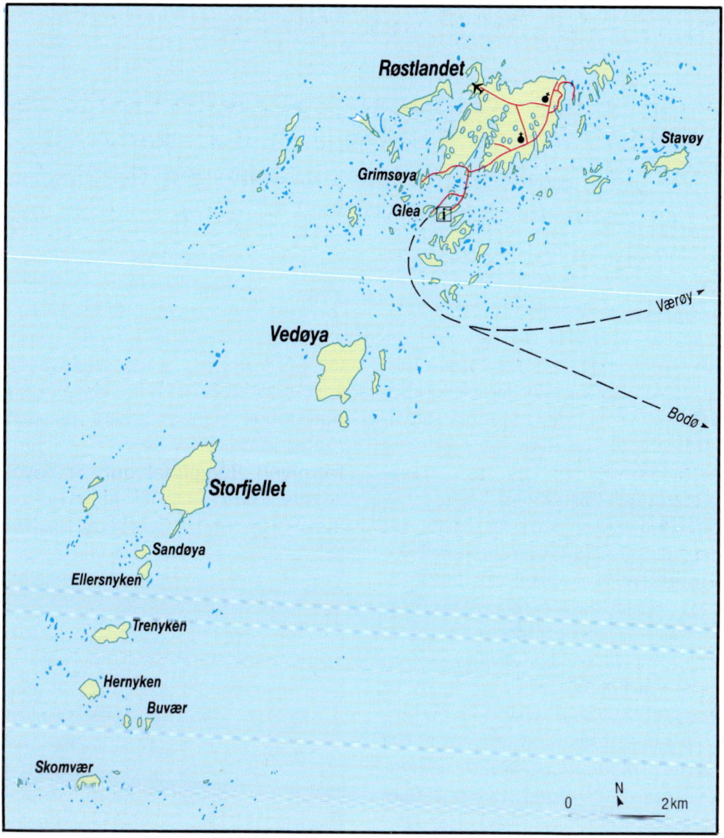

76 09 60 41. Fiskarheimen Havly, ✆/Fax 76 09 61 09: Cafeteria, kleiner aber feiner Platz für Zelte. Sjøhus, ✆ 76 09 62 38.

Versorgung: Mehrere Geschäfte, Tankstelle, Post, Bank, Polizei, Arzt.

Touristeninformation im alten Jentoftladen schräg gegenüber vom Havly Fiskerheimen auf Tyvsøya, ✆ 76 09 64 11, geöffnet im Sommer Mo–Fr 9–12, 18–21 Uhr, Sa/So bei Ankunft der Fähre 13–13 Uhr. Hier können auch die täglichen Ausflugsfahrten zur Vogelinsel Vedøya, zum Angeln oder zur Leuchtturminsel Skomvær gebucht werden.

Røstlandet

Røstlandet ist eine pfannkuchenflache, dichtbesiedelte Insel von 6 km Länge und 3–4 km Breite und hat ein 12 km langes Straßennetz. Wie auch auf Værøy ist der Autoverkehr für eine so kleine Insel erstaunlich rege. Auf Røstlandet liegen Schule, Kirche, Gemeindeverwaltung, Post, Bank, Flughafen usw., der Fähranleger befindet sich auf der vorgelagerten Insel Glea.

Wenn man sich der Insel mit dem Schiff nähert, taucht zuerst der **Kirchturm** auf, der Rest der Insel liegt hinter dem Horizont verborgen. Die Geschichte der Kirche von Røst ist typisch für die Lofoten: Mal wurde die Kirche vom Sturm weggerissen, mal wegen Platzmangels abgerissen und das Material für den Neubau wieder verwandt. Von der 1835 durch einen Orkan zerstörten Kirche blieb nur der Turm auf dem alten Friedhof stehen, wo er viele Jahre lang als Leichenhaus und Landzeichen für die Seeleute diente. Im Jahre 1905 hat man ihn restauriert, 1930 wurde ein völlig neuer Turm errichtet. 1837 begann man mit dem Bau einer neuen Kirche, die von dem bekannten Architekten H. D. F. Linstows, dem Baumeister des Schlosses und Neugestalter der Karl Johan Gate in Oslo, entworfen wurde. Sie glich vielen anderen Kirchen in ganz Norwegen, nur daß man sie aus Stein anstatt aus Holz baute und ziemlich klein hielt – sie verfügte nur über 78 Sitzplätze –, um sie gegen die zerstörerischen Lofotstürme zu schützen. Sie blieb bis 1900 in Gebrauch, dann war die Røst-Bevölkerung so stark angewachsen, daß sie zu klein wurde und eine neue Kirche gebaut werden mußte. Die alte wurde abgerissen, ein Teil des Inventars auf einer Auktion verkauft. Es findet sich

Auf Røstlandet

heute noch auf verschiedene Røst-Höfen verstreut. Die steinerne Ruine des Baus im nordöstlichen Teil der Insel steht noch. Archäologische Funde deuten darauf hin, daß es eventuell bereits viel früher eine Kirche auf Røst gegeben hat. Im nordwestlichen Teil der Insel hat man nämlich große, fast kreisförmige Reste eines alten Gebäudes gefunden. Der Mangel an erhaltenem Material ist wahrscheinlich darauf zurückzuführen, daß das Gebäude aus Torf gebaut war, der im Verlauf der Jahre von den Røstværingern verheizt wurde. Hier wurden Reste eines kleinen Holzkreuzes entdeckt, das auf katholischen Ursprung hinweist, also vermutlich aus der Zeit vor der Reformation 1536 stammt. Ähnliche Kreuze kennt man sonst nur noch aus altnordischen Kirchen auf Grönland.

Røstlandet war bereits im frühen Mittelalter besiedelt, wie mehrere ›Hofhügel‹ belegen. In einem Hofhügel befinden sich meist Reste alter Hofanlagen, z. B. ein Wohnhaus mit Außenhäusern, Stall und Rorbu, die über mehrere Jahrhunderte bewohnt waren und deren Bewohner dabei natürlich große Mengen Abfall hinterließen. Einen solchen Hofhügel hat man in **Skau**, im nordöstlichen Teil von Røstlandet, ausgegraben. Das Anwesen wurde von 850–1850, also von

Vom Sturm verweht

Ein Italiener auf Røst

Im April des Jahres 1431 verließen der venezianische Kaufmann und Adelige Pietro Querini und seine Mannschaft die Insel Kreta mit dem Ziel Flandern. Im Ärmelkanal wurden sie von einem Unwetter überrascht und mußten sich auf zwei kleine Boote retten, die bald auseinandertrieben. Querini und seine Männer hatten anfangs noch Wasser und Wein zu trinken, doch bald litten sie unter Durst und Kälte. Als sie Anfang Januar 1432 schließlich auf der Insel Sandøya südlich von Røst landeten, waren nur noch elf der ursprünglich 68 Mann am Leben. Es war ein Wunder, daß nicht auch sie verhungert, verdurstet oder auf Felsklippen gestrandet waren.

Sandøya war eine unbewohnte Insel, die im Sommer als Weideplatz für das Vieh genutzt wurde. Nach einigen Tagen fanden die Schiffbrüchigen einen Stall, in dem sie unterkommen konnten. Sie ernährten sich von Schnee und Muscheln, einige Tage lang sogar von einem großen Fisch oder Wal, der an den Strand geschwemmt worden war. Nach mehreren Wochen wurden sie endlich gefunden und nach Røst gebracht. Mit Hilfe eines Priesters kam die Verständigung – auf Latein – zustande. Querini und seine Männer wurden auf verschiedene Røst-Familien ›aufgeteilt‹, bei denen sie drei Monate lang wohnten. Im Mai konnten sie sich auf einem Stockfischfrachter Richtung Bergen einschiffen und von Trondheim aus die Heimreise antreten. Nach seiner Rückkehr schrieb Querini einen höchst informativen und einzigartigen Reisebericht, der aufschlußreiche Einblicke in das Leben der Inselbewohner gewährt.

über 30 Generationen bewohnt. Hier fand man Reste von Holzbalken, Tier-, Vogel- und Fischknochen, Keramikscherben, Netzgewichte, Reste von Werkzeugen, einen goldenen Ring sowie einige Gegenstände, die auf ausgedehnte Handelstätigkeit der Røstværinger hinweisen, darunter einen Kamm aus Buchsbaumholz, einer Baumart, die im Mittelmeerraum wächst, und ein Glas aus dem Rheingebiet. Auf einem anderen Hof wurde eine Schachfigur aus Walroßzahn gefunden. Ottar aus Hålogaland (s. Kasten S. 47) berichtete um das Jahr 890, daß man bis zum Nordkap hinauf fahren müsse, um diese

Auf Røst wohnten damals 120 Menschen, darunter 70 Kirchgänger (der Rest vermutlich Kinder), die jeden Sonntag die Messe besuchten und sehr fromm waren. Die Menschen waren reinlich, sahen gut aus, waren gastfrei und sehr freundlich. Sie hatten allerdings höchst befremdliche Sitten: Männer und Frauen zogen sich jeden Donnerstag im gleichen Raum nackt aus und gingen gemeinsam in die Sauna. Auch schienen sie sich voll und ganz auf einander verlassen zu können, denn sie ließen ihre Häuser unverschlossen, auch nachdem die Fremden eingezogen waren.

Die Häuser waren rund, aus Holz gebaut und hatten nur ein Loch im Dach, durch das der Rauch der Feuerstelle abzog. Wurde die Feuerstelle nicht gebraucht, deckte man die Öffnung im Winter mit durchsichtiger Fischhaut ab, die die Wärme im Raum hielt. Die Røstværinger trugen Kleider aus grobem englischen Wollstoff, den sie in Bergen kauften. In der Hauptsache lebten sie von Fisch, den sie trockneten und von dem sie im Mai größere Mengen nach Bergen brachten, um ihn dort gegen Korn, Wolle, Stoffe usw. einzutauschen.

Über den Stockfisch schreibt Querini: »Der Stockfisch wird in Sonne und Wind getrocknet und wird dabei so trocken wie Holz. Wenn man ihn essen will, muß man ihn mit einem Beil weichschlagen. Um des Geschmackes willen werden Butter und Kräuter hinzugefügt.« Korn bauten die Røstværinger nicht an, aber die meisten Familien besaßen vier bis sechs Kühe. Im Frühjahr sammelten sie Vogeleier und bereiteten daraus leckere Pfannkuchen.

Daß es in der Zeit von Januar bis Mai ununterbrochen geschneit haben soll, dürfte jedoch eine Fehlerinnerung des Italieners sein, denn Røst hat das mildeste Klima von ganz Norwegen. Die Wassertemperatur sinkt nie unter 4 °C, und auch im Winter liegt die Durchschnittstemperatur immer über dem Gefrierpunkt.

Zähne zu erbeuten. Eine ägyptische Löwenfigur aus Elfenbein ist das eindrucksvollste Zeugnis der Reise- und Handelsaktivitäten der Røstværinger. Die Gegenstände sind heute alle im Museum in Tromsø zu besichtigen.

Auf Røstlandet findet man neben vielen Wat- und Singvögeln auch zahlreiche Seevögel wie Seeschwalben, Austernfischer, Gryllteisten, Papageientaucher und Eiderenten, nicht zu vergessen die allgegenwärtigen Möwen. Eine Fahrt zu den beeindruckenden Vogelinseln sollte dennoch auf dem Programm stehen, wenn die Brutzeiten es jeweils zulassen.

Nicht nur ein Dorado für Ornithologen, auch faszinierend für Vogelfreunde ist das Reich der Millionen von Seevögeln – wer die Artenvielfalt auf den Lofoten bisher nicht wahrgenommen hat, hier wird er fündig –
links oben: Möwenkolonie
links unten: Tordalks
unten Mitte: Kormorane und Möwen
rechts unten: Austernfischer

Die Røst-Inseln

Auf fast allen Røst-Inseln wächst saftiges, vom Vogelkot gedüngtes Weidegras für die Schafe. Über Jahrhunderte hinweg wurde es als Viehfutter im Winter gemäht. Die Inseln waren auch Vorratskammern für die Menschen, es wurden dort Vögel gefangen und Eier gesammelt. Auf vielen Inseln, etwa Vedøya, Storfjellet, Sandøya, Buværet, Hernyken und Skomvær, findet man noch Reste von alten Hütten, die während des Saisonfischfangs, in der Zeit der Vogeljagd, des Eiersammelns und der Heuernte benutzt wurden.

Auf **Stavøya** gab es einst eine Fischersiedlung, die zu Beginn des 20. Jh. verlassen wurde. Auch ein kleines Handelshaus stand hier einst. Die Gebäude sind alle fort, sie wurden nach Kalvøya verlegt, aber die Grundmauern der Häuser und Hütten sowie die Kaianlage sind noch vorhanden. Der höchste Berg der Insel ist der Staven (118 m).

Stavøya war einst eine beliebte Brutinsel für Millionen von Lundevögeln. Heute fühlen sich hier nur noch Adler und Raben wohl. Der Grund dafür wird in einer Sage erzählt: Eine Frau aus Saltdalen, die auf dem Hof Nesset wohnte, bekam eines Tages Besuch von ihrer zauberkundigen Schwester. Diese wurde neidisch, als sie sah, was für ein gutes Auskommen die Leute auf Nesset mit Fisch- und Vogelfang hatten. Fast platzend vor Mißgunst ruderte sie nach Stavøya. Dort fing sie einen Lundevogel, dem sie die Federn absengte, bis er ganz nackt war, dann ließ sie ihn wieder frei. Mit diesem Tag verließen alle Vögel die Insel.

Die Vogelinsel **Vedøya**, die als einzige in der Brutzeit zugänglich ist, bietet klassisch eingeteilte Brutnischen für die verschiedenen Seevogelarten, vor allem aber für die Dreizehenmöwe, von der etwa 17 250 Paare hier nisten. Die Insel war vermutlich bereits in der Steinzeit bewohnt, wie mehrere Funde von Flintsplittern belegen. Reste von Häusern sind zwar entdeckt, aber bisher nicht genauer untersucht worden.

Storfjellet stellt die höchste Erhebung (267 m) der Røst-Inseln dar. Über den steilen Felsabbrüchen erstreckt sich eine weite Grasfläche. Die Insel war im Mittelalter bewohnt, der Hof Sand am Nordende der Insel stammt aus dem 13. Jh. und ist der einzige seiner Art in Norwegen. Ähnliche Hofanlagen finden sich nur noch auf Island und auf Grönland. Im Zentrum der Anlage steht das Wohnhaus mit einer großen Halle, umgeben von vier kleineren Räumen. Besonders erwähnenswert sind drei Stallgebäude, die Wand an Wand nebeneinander mit den Giebeln zum Meer stehen. In unmittelbarer Nähe davon befinden sich verschiedene Nebengebäude. Es wird berichtet, daß auf diesem Hof Platz für 32 Menschen war. Es gibt noch einen weiteren, vermutlich ebenso großen, noch nicht datierten Hof auf der Insel. Beide deuten auf wohlhabende Inselbewohner hin.

Auf den Inseln **Ellefsnyken, Hernyken** und **Trenyken** findet man einige der größten Vogelkolonien der Welt. Hier brüten neben Dreizehenmöwen sowie verschiedenen Alkvögeln, Eiderenten, Austernfischern und Krähenscharben etwa eine halbe Million Lundevogel-Paare. Auf Hernyken und Trenyken leben Baßtölpel und die seltene Sturmschwalbe, die normalerweise nachts aktiv ist. Sie hat sich dem hellen Sommer insofern angepaßt, als sie ihre Brutzeit auf den August verschoben hat, wenn die Nächte schon wieder dunkel sind. Trenyken ist durch seine drei nebeneinanderliegenden Berge leicht zu erkennen.

Skomvær ist die südwestlichste Insel von Røst. Hier wurde 1887 ein Leuchtturm sowie ein Haus für die Familie des Leuchtturmwärters gebaut. Damals lebte hier der Maler und Schriftsteller Theodor Kittelsen und arbeitete als Hauslehrer für die Kinder seines Schwagers. Die Leuchtturmwärterfamilie wohnte das ganze Jahr über auf der Insel. Sie hielt sich zwei Kühe, für die genügend Weidegras vorhanden war. Das Winterfutter konnte man auf den umliegenden Holmen schneiden.

Ende der 70er Jahre des 20. Jh. wurde der Leuchtturm automatisiert und die Insel daraufhin verlassen. Seither verfallen die Häuser. Zwar wurden sie 1988 neu angestrichen, es ist aber schwierig, sie auf Dauer zu erhalten, wenn niemand darin wohnt. Gelder für eine erneute, von den Schiffsführern in diesen Gewässern für notwendig angesehene Bemannung des Leuchtturms sind angeblich nicht vorhanden. Im Sommer wird die Insel als Vogel- und Wetterwarte genutzt.

Vesterålen

Langøya – Tiefe Fjorde, weite Strände, im Zauber von Wäldern und Mooren

Hadseløya – Kultur vom Feinsten

Andøya – Begegnung mit Moby Dick

Hinnøya – Ewiger Schnee auf dem Møysalen

Auf der Südspitze von Andøya

Langøya – Von Fjorden zerfurcht

Von Sortland zum alten Handelsplatz in Jennestad. Begegnung mit dem Eidsfjordtroll. In den Südwesten zu heute weitgehend entvölkerten Inseln. Nach Nykvåg an der ›Atlantikkante‹. Fahrt in den rauhen Norden zur Ghosttown Nyksund und zu den Schären von Langenes.

Langøya, Norwegens drittgrößte Insel, ist durch tief ins Land hineingreifende Fjorde nahezu in drei Teile zerschnitten. Die Verwaltungsgrenzen folgen den geographischen Gegebenheiten: Den Norden nimmt die Øksnes-Gemeinde ein, zu der die vorgelagerten Vestbygd-Inseln gehören, den Westen die Bø-Gemeinde, den Südosten die Sortland-Gemeinde, durch die die E 10 verläuft und in der sich der gleichnamige Hauptort der Vesterålen befindet. Langøyas Reiz liegt in der landschaftlichen Vielfalt, die dem Reisenden Moore, Wälder, weite Sand- und Felsstrände, grüne Hügel und spitze Gipfel bietet.

Sortland und Umgebung

Das eigentliche Verwaltungs-, Verkehrs- und Dienstleistungszentrum der Vesterålen ist Sortland. Mit ca. 4000 Einwohnern hat es als einziger Vesterålen-Ort städtischen Charakter. Bereits seit dem Mittelalter besiedelt, hat sich Sortland jedoch erst nach dem Zweiten Weltkrieg mit dem Ausbau der Landstraßen zum modernen Zentrum entwikkelt und alten Hafen- und Marktorten wie Andenes und Stokmarknes den Rang abgelaufen. Hier gibt es mehrere weiterführende Schulen, wird die Zeitung ›Vesterålen‹ herausgegeben, findet man im Gebäude des Rathauses ein Kino sowie die meisten öffentlichen Ämter. Seit 1982 befindet sich in Sortland auch der Hauptstützpunkt der nordnorwegischen Küstenwache.

Die Gegend um Sortland ist schon aus der Sagazeit bekannt. Hier war die Heimat der Brüder Karle und Gunnstein, der beiden Gefolgsleute König Olavs, von denen Snorri Sturluson in der Saga von Olav dem Heiligen berichtet. Die Wikingerbrüder gingen mit Tore Hund von Bjarkøya, dem zu der Zeit mächtigsten aller nordländischen Häuptlinge, auf Handels- und Plünderungsfahrt in Bjarmeland am Weißen Meer. Beim Streit um die Aufteilung der Beute wurde

Langøya und Hadseløya

Karle von Tore Hund getötet und seiner Beutestücke beraubt. Dafür wurde dieser später auf dem Thing in Vågan zu einer hohen Buße verurteilt. Tore nahm sie an, behauptete aber, daß er nicht genug Waren und Gold besäße, um die ganze Summe auf einmal zu bezahlen. Man gestand ihm zu, zunächst ein

Drittel abzutragen; die Tilgung des Rests wurde für einen späteren Zeitpunkt festgelegt. Daraufhin segelte Tore nach England, wo er von der geraubten Beute, die er in Weinfässern mit doppelten Böden auf seinem Boot versteckt hatte, ein üppiges Leben führte.

Die Skulptur mit dem Titel ›Meerauge‹ *(Havsøye)* am Marktplatz *(Sortland Torg)* mit Aussicht über den Fjord besteht aus den zwei Grundformen Boot und Haus. Sie wurde von dem isländischen Künstler Sigurður Guðmundsson gearbeitet und ist Sortlands Beitrag zur **Skulpturenlandschaft Nordland** (s. S. 67).

Anreise: Fährfreie Auto-Anfahrt auf der E 10, die in Bjerkvik von der E 6 abzweigt, knapp 170 km von Bjerkvik nach Sortland.
Bus: Sortland ist Knotenpunkt für alle Busse der Region. Ungefähr 4 × tägl. Verbindung von Sortland nach Svolvær, täglich Verbindung mit Narvik.
Fähren: Wer von Süden her anreist, nimmt aber am besten die Fähre Bognes-Lødingen oder reist über die Lofoten an. Fähren: Skutvik-Svolvær, Fiskebøl-Melbu, Hanøy–Kaljord.
Hurtigrute: Täglich aus nördlicher und südlicher Richtung.
Flug: Nächster Flughafen in Skagen vor Stokmarknes mit täglicher Verbindung nach Bodø.

Unterkunft: Sortland Nordic Hotell, ✆ 76 12 18 33, Fax 76 12 22 02: Luxusklasse. Strand Hotell, ✆ 76 12 28 88, Fax 76 12 29 18. Sortland Camping og

Motell, an der E 10, ✆ 76 12 13 77, Fax 76 12 25 78, auch Hütten.

Versorgung: Läden aller Art, jeden Samstag Markt, *Vinmonopolet* (Wein/Schnaps), Bücherei, Bank, Post, Arzt, Apotheke, Tankstelle, Autowerkstatt, Autovermietung: Avis-Arnes Bilutleie, ✆ 76 11 37 10.
Touristeninformation: Kjøpmannsgt. 2, ✆ 76 12 15 55, Fax 76 12 36 66, im Sommer Mo–Fr 9–20, Sa 9–18, So 10–18 Uhr, sonst Mo–Fr 9–16 Uhr.

Unternehmungen: Auf das alljährlich im Juli veranstaltete 5tägige **Arctic Sea Kayak Race** sollte kein Paddelfreund verzichten. Die Profis legen innerhalb dieser Zeit 280 km mit dem Kajak zurück, Start in Sortland. Für alle Freizeitpaddler/Wassersportler gibt es kürzere Wettbewerbe, Paddel-Tech-

Auch der Kai von Sortland ist eine Anlegestelle für die Hurtigrute

nikkurse sowie verschiedene Wassersport-Angebote.

Nördlich von Sortland

Entlang der Straße 820 beherrschen Hügel die Landschaft bis zum Eidsfjord. Die 961 m lange Sortland-Brücke, die Langøya mit Hinnøya verbindet, bietet eine hervorragende Gelegenheit, die Mitternachtssonne zu betrachten und zu fotografieren. Auch der 5 km weiter nördlich an der Straße 820 gelegene **Ramnflaugen** ist ein schöner Aussichtspunkt.

Direkt am weiten Gavlfjord liegt auch der alte Handelsplatz **Jennestad**. Ein Besuch in dem früheren Laden läßt die hamsunsche Zeit wieder lebendig werden, in der diese Läden noch Treffpunkt, Supermarkt, Café und Lokalzeitung in einem waren. Handel wurde in Jennestad bereits im Jahre 1860 getrieben, den offiziellen Status als Handelsplatz erhielt der Ort allerdings erst zehn Jahre später. Die Entwicklung Jennestads zu einer der größten Handelsniederlassungen im Nordland ist vor allem Ødbert Johanssen zu verdanken: Er übernahm den Laden im Jahre 1896 und betrieb auch die Post und die Dampfschiffexpedition. Als er starb, führten seine Söhne die Geschäfte weiter. Einer von ihnen, Einar Aargaard, arbeitete im Laden, bis er 1982 geschlossen wurde.

Brygga, die 1863 fertiggestellte Kaianlage, war das erste Bauwerk in Jennestad. Auf ihr standen das Wohnhaus, der Laden, die Fischannahmestelle sowie die Post. Der Dampfschiffkai wurde 1911 gebaut, 1913 der Stall. Nachdem das alte Wohngebäude für die Johanssens zu klein geworden war, wurde ein prachtvolles neues Haus errichtet, in das die Familie im Jahre 1917 einzog. Heute dient es als Veranstaltungsort für Konzerte und Kunstausstellungen. Im alten Laden ist die originale Einrichtung mit 153 Schubladen und einer 17 m langen Theke zu besichtigen. Jennestad beherbergt außerdem eine Textilwerkstatt sowie eine Werkstatt für die Reparatur von alten Fenstern und Rahmen. (Öffnungszeiten der Einrichtungen im Sommer Mo–Fr 10–17, Sa, So 12–17 Uhr).

Kurz hinter Jennestad zweigt in **Vikeid** eine unbefestigte Straße nach Norden ab, die nach Bremnes und Holm führt und am Gåsfjord die Gelegenheit bietet, zu baden und zu picknicken.

Wanderung: Vikeid ist auch Ausgangspunkt einer familienfreundlichen Wanderung durch das Vikdalen zum See Vikdalsvatnet und hinauf bis zu den Höhen der Steinheia (312 m, hin und zurück etwa 10 km).

Eine schmale, aber landschaftlich sehr reizvolle Straße führt am **Ostufer des Eidsfjords** entlang, der die Insel Langøya fast durchschneidet und im letzten Drittel des 19. Jh. einer der reichsten Heringsgründe ganz Norwegens war. Die Straße zweigt kurz vor Frøskeland von der 820 nach links ab, kann aber auch über die unbefestigte Straße, die unmittelbar nördlich von Sortland abgeht und durch das Landesinnere zum Eidsfjord führt, erreicht werden. Diese 42 km lange Alternative zur E 10 ist kurvig und relativ wenig befahren und eignet sich vorzüglich zum Radfahren. Sie bietet eine wunderschöne Aussicht auf die Berggipfel westlich des

Blick von den Eidsfjordbergen

Eidsfjords, vor allem auf den markanten Reka (611 m, s. S. 182).

In **Sildpollen** findet man noch Spuren des großen alten Heringsfischerortes, dessen Geschichte Knut Hamsun in seinem Roman ›Die Landstreicher‹ schildert. Der anfänglich unbedeutende Ort, in dem alle Bewohner ihren Kartoffelacker bestellen und ein Stück Land für eine Kuh oder ein paar Schafe besitzen, gerät in den reichen Heringsjahren der zweiten Hälfte des 19. Jh. in den Sog der neuen Zeit. Auf den ehemaligen Äckern werden Fabriken und Häuser gebaut. Geld regiert den Ort und das Denken der Menschen, und als die Heringsbestände verschwinden und die nackte Not einkehrt, besitzen die meisten Bewohner nicht einmal mehr einen Vorgarten, um eine Handvoll Kartoffeln zu setzen. Es ist heute schwer, sich die ›große Zeit‹ am Eidsfjord noch vorzustellen. Es lohnt sich aber, diese ruhige Gegend mit Muße zu bereisen, am besten mit den ›Landstreichern‹ im Gepäck.

Südlich von Sortland

Die E 10 führt auf der breiten Strandflate durch fruchtbares, landwirtschaftlich genutztes Gebiet direkt am Sortlandsund entlang bis Hadsel. Die Landschaft wirkt offen und freundlich. Entlang dieser Strecke gibt es einige schöne Wanderungen, die eine grandiose Aussicht auf die Berggipfel Hinnøyas auf der anderen Seite des Sundes bieten. Von der Landwirtschaftsschule in Kleiva kann man auf unmarkiertem Pfad zum 649 m hohen Holandknorren wandern. Informationen und Kartenmaterial für die Wanderungen in Sortland.

Westlich des Eidsfjords

Von Sortland aus führt die Straße 820 über Frøskeland in einem Bogen um die Gemeinde **Bø**, die den dem Meer zugewandten südwestlichen Teil Langøyas, durch den Eidsfjord und Vesterålenfjord vom Südosten Langøyas getrennt, einnimmt. Erst im Herbst 1980 bekam die Gemeinde Straßenverbindung zum Rest der Vesterålen.

In Bø gibt es kaum größere Ortschaften, die verstreut liegenden Dörfer gehen oft ineinander über, der flache Küstenstreifen wirkt zersiedelt und außer der vielseitigen, kontrastreichen Natur gibt es hier wenig zu sehen. Die Seitenstraßen sind zum Teil nicht geteert, aber in der Regel in gutem Zustand. Abstecher von der Hauptstraße lohnen sich, sie führen oft an Fjordarmen entlang, vorbei an einsamen Häusern, verlassenen Siedlungen und kleinen Gehöften, und enden häufig auf Halbinseln und Landzungen, die ins Meer reichen. An der Außenseite gibt es herrliche Sandstrände mit Blick auf die Mitternachtssonne.

Verkehr: 3–4 × tägl. Bus von Sortland über Straume nach Steine; 3 × tägl. von Sortland über Asterset nach Steine. 3 × wöchentl. Schnellbootverbindung von Stokmarknes nach Straumsnes, 1 × wöchentl. über Guvåg

Während die Straße nördlich von Sortland zunächst durch fruchtbares weites Gebiet mit offenem Blick auf den **Eidsfjord** und Aussicht auf abgerundete Hügel führt, dominieren ab Frøskeland die mächtigen Berge auf der Westseite des Eidsfjords mit dem herausragenden **Reka**, der seine Entstehung der Sage nach einem wütenden Troll verdankt: Der Eidsfjordtroll war verärgert, daß er immer um ganz Bø herumrudern mußte, um auf die Außenseite der Insel zu gelangen, und beschloß, durch die schmale Landverbindung zwischen Eidsfjord und Skjelfjord einen Kanal zu graben. Im Eifer der Arbeit vergaß er jedoch, auf die Zeit zu achten und verpaßte den Aufgang der Sonne. Doch Sonnenlicht können Trolle nicht vertragen – sie erstarren zu Stein. Außer sich vor Wut schleuderte er gerade noch den Spaten von sich. Das abgebrochene Blatt des Spatens ist, versteinert, heute noch als Bergformation zu sehen; *reke* ist ein Dialektausdruck für das Blatt eines Spatens.

Der schmale Küstenstreifen unterhalb der etwa 500 m hohen Berge an der Westseite des Fjords war zu Zeiten der riesigen Heringsschwärme im letzten Drittel des 19. Jh. dicht besiedelt. Der Eidsfjord gehörte zu den bedeutendsten Heringsfjorden ganz Norwegens; in den 80er Jahren des 19. Jh. wurden hier 10 % des gesamten norwegischen Fettheringsfanges an Land gebracht. Während die fest ansässige Bevölkerung nur etwa 1000 Seelen zählte, wuchs sie in den Hauptfangzeiten der Heringssaison zeitweise auf 25 000 an. Der erste Laden wurde 1860 in Grytting eröffnet, später weitere in Kjøldraget, Hokkabogen und Solum. 1881 wurde die erste Telegraphenstation eingerichtet, der Betrieb aber noch im gleichen Jahr wieder eingestellt, da der Hering ausgerechnet in dieser Saison ausblieb und man dem neuen Telegraphen die Schuld dafür zuschob. Erst 1884 wurde er wieder benutzt.

Obwohl Bergens Handelsmonopol bereits zu Beginn des 19. Jh. offiziell aufgehoben worden war, brachten erst die Heringsschwärme die Unabhängigkeit von Bergen und Trondheim. Es entstanden große Handelshäuser, die den Fisch erstmals direkt exportierten. Zum Problem wurden allerdings die geringen Frachtkapazitäten; der eingesalzene Hering mußte oft monatelang liegen bleiben, bevor er verschifft werden konnte. Erst mit der Gründung der Hurtigrute (s. Kasten S. 194) wurden diese Schwierigkeiten behoben. Heute sind die Siedlungen auf der Westseite des Eidsfjords verlassen, aber einige Häuser werden noch als Sommerhäuser benutzt. Die Pfade, die entlang der Küste die einzelnen Ansiedlungen verbanden, sind zum Teil noch vorhanden.

Unberührt und wild erscheinen die zum Teil bewaldeten Berge, durch die die Straße am Auenfjord, an mehreren Seen und Fjordeinschnitten vorbei, in die Bø-Gemeinde führt. Am Ausgang des Ryggedal-Tunnels (1565 m), der an der Gemeindegrenze zwischen Bø und Øksnes liegt, bietet sich ein weiter Blick über das **Ryggedal**. Dort ist im Sommer eine Touristeninformation geöffnet (✆ 94 81 45 59, Mo–Fr 10–19, Sa 10–18, So 11–18 Uhr). Im landschaftlich sehr reizvollen, direkt an der Straße gelegenen, fischreichen See Ryggedalsvatn bestehen gute Angelmöglichkeiten.

Unterkunft: Fjordcamp, Kråkberget, Abzweig von der Straße 820 Richtung Norden, ✆ 76 13 76 40, Fax 76 13 76 80: Fischerherberge und Hütten sowie Camping, ganzjährig geöffnet.

Wanderung: Vom Auenfjord an der Straße 820 führt eine zeitweise etwas feuchte Tour über den Paß Solumskaret und den Ort Solum am Eidsfjord um den Solumtinden herum und am Melfjord entlang zurück zur Straße. Zu dieser Wanderung gibt es eine ausführliche Broschüre mit Karte, die den Kauf einer topographischen Wanderkarte überflüssig macht, sie ist in der Touristeninformation in Sortland erhältlich (ca. 11 km, 7–8 Std.).

Der ›äußere‹ Südwesten

Ein lohnenswerter, ca. 16 km langer Abstecher von der Straße 820 in den nordwestlichsten Teil der Bø-Gemeinde führt zunächst am Åsanfjord entlang von Rise über Eidet nach Nykvåg und Hovden. Von beiden Orten kann man die Mitternachtssonne betrachten.

Nykvåg ist eines der ältesten Fischerdörfer auf der Außenseite der Vesterålen. Kurz vor dem Dorf liegt direkt an der Straße ein Vogelfelsen, auf dem Dreizehenmöwen hecken. Es werden auch Bootsfahrten zur Vogelinsel Nykan angeboten, die mit ihren runden, steil abfallenden Felsen – ähnlich wie die Røstberge – wie ein Hut aus dem Meer auftaucht. In der Umgebung Nykvågs gibt es mehrere Angelmöglichkeiten in Süßwasserseen.

Versorgung: Lebensmittelgeschäft.

Der weitere Weg nach **Hovden** führt unterhalb des Berges Tussen, direkt über dem Wasser in den Fels geschlagen, entlang. Der kleine Fischerort am Ende der Straße wirkt im Sommer verlassen. Hohe, zeltförmige Fischtrockengerüste stehen im weißen Sand direkt am Ufer, zu beiden Seiten des Weges gibt es weite Sandstrände.

Wieder auf der 820 in Richtung Süden ändert sich die Landschaft, der Küstenstreifen wird breiter, das Land wird landwirtschaftlich genutzt und die Besiedlung ist relativ dicht. **Straume,** eher unscheinbar, ist das Verwaltungszentrum der Bø-Gemeinde (ca. 900 Einwohner).

Die Gegend vom Straume ist gut geeignet für leichte Wanderungen durch Wald- und Moorgebiete in die Berge. Bei **Fjærvoll** lockt ein 800 m langer Badestrand zu Spaziergängen.

Unterkunft: Bø Hotell, Straume, ✆ 76 13 85 90, Fax 76 13 85 94. Damperiet og Rorbugrenda, Straumsjøen, ✆ 76 13 83 70.

Restaurant: Empfehlenswert ist ein Abstecher zu dem in einer kleinen Bucht gelegenen Fischrestaurant ›Damperiet‹, ✆ 76 13 83 70, in Straumsjøen, etwa 1 km von der Hauptstraße entfernt.

Versorgung: Verschiedene Läden, Bank, Post, Arzt, Tankstelle, Autowerkstatt in Straume.

Die Orte **Vinje, Skagen** und **Steine** gehen ineinander über und haben zusammen etwa 1500 Einwohner. Zum **Bø Heimatmuseum** im alten Lehnsmannhof in **Vinjesjøen** (Mitte Juni–Mitte Aug. Mo, Fr 10–15, Di–Do 10–18, Sa 12–15, So 15–18 Uhr) gehört auch ein Bootshaus mit einem alten Nordlandboot, einem Achtruderer aus dem letzten Drittel des 19. Jh., der im Sommer im Hafen von Vinjesjøen liegt und bei gutem Wetter auch für Ausfahrten genutzt wird. Im Museum erinnert eine Gedenktafel an den Dichter Knut Hamsun, der als junger Mann noch unter seinem Geburtsnamen Knud Petersen zwei Jahre in Bø lebte. Er verdiente seinen Unterhalt als Amtsgehilfe, zeitweise auch als Lehrer, bevor er seine Laufbahn als Dichter begann.

Von Vinjesjøen aus kann man auf die heute verlassene Insel **Gaukværøy** übersetzen. Gaukværøy war über Jahrhunderte hinweg ein wirtschaftliches Zentrum der Vesterålen, mit Schule, Laden, Wohnhäusern und Fischerhütten, wurde aber Anfang der 1950er Jah-

re verlassen. Die Bewohner der Insel zogen mitsamt ihren Häusern um und bauten diese auf dem ›Festland‹ wieder auf; heute sind nur noch Grundmauern und Reste der Kaianlage zu sehen. Die Insel, auf der im Sommer Schafe weiden, eignet sich gut für Spaziergänge mit Kindern. Im Sommer werden dorthin Fahrten organisiert, die von einem Fischer und ehemaligem Bewohner der Insel geführt werden. Informationen im Heimatmuseum oder im Touristenbüro.

Zwischen Gaukværøy und Langøya liegt die kleine, grüne, baumlose Insel **Svinøya**, auf der Nordnorwegens größte Ansammlung von Grabstätten (ca. 80) aus der Eisenzeit entdeckt wurde. Da die Insel bei Ebbe landfest ist, erreicht man sie am einfachsten in einem 5minütigen Fußmarsch von Vinje aus. Dort erstreckt sich am Startpunkt des Spaziergangs, wenn man von der Hauptstraße zum Friedhof abbiegt, ein weiter Badestrand.

Wanderungen: Im Gebiet zwischen Straume, Steine und Sund gibt es ein ganzes Netz gekennzeichneter Wanderwege. Von Steine etwa führt ein auch von den Einheimischen viel genutzter, 1,5 km langer Pfad zur Übernachtungshütte *Losjehytte*, die an den meisten Sommerwochenenden bewirtschaftet ist. Von dort aus verläuft ein Wanderpfad nach Norden zum Berg Veten (467 m) mit lohnender Aussicht auf Gaukværøy im Westen und den Møysalen im Osten. Über den Lynghaugtinden (502 m, auch Nåla genannt) kann man weiter bis Straume wandern.

Bø ist ein alter Kirchort mit einer Kirche von 1824. Sie beherbergt fünf spätmittelalterliche Skulpturen, die wie viele andere Kunstwerke aus der Zeit, in der die deutsche Hanse den Stockfischhandel in der

In Hovden

Hand hatte (s. Kasten S. 50) aus der Hansestadt Lübeck stammen. Das Inventar der Kirche wird auf das Jahr 1760 datiert.

Bø bildet mit **Mårsund, Snarset** und **Ramberg** ein zum Vesterålenfjord hin zusammenhängend bebautes Gebiet, in dem die Dörfer kaum voneinander zu unterscheiden sind. Auf der Strecke liegen mehrere Läden und Postämter.

Straumsnes, Ringstad und **Uvåg** liegen geschützt in einer Bucht inmitten einer von Schären und niedrigen Birkenwäldern geprägten Landschaft. Von Straumsnes aus besteht 2 × wöchentl. (Fr, So) Schnellbootverbindung über Guvåg nach Stokmarknes/Hadseløya.

In Straumsnes endet die Straße 820. Wenn man nicht den gleichen Weg zurückfahren möchte, kann man auf unbefestigten Straßen durch das Landesinnere fahren und entweder bei Straume (11 km) oder bei Skålbrekka (12 km) auf die 820 zurückkehren.

Unterkunft: Klaksjord Sjøhus og Bobilcamping, ✆ 76 13 91 67, Fax 76 13 91 67: Fischerherberge, Stehplätze für Wohnmobile, nur im Sommer geöffnet. Ringstad Sjøhus og Vandrerhjem, ✆/Fax 76 13 74 80.

In den Norden: Myre und die Vestbygd-Inseln

Der nördliche Teil Langøyas gehört zur Gemeinde Øksnes. Neben dem Norden Langøyas umfaßt diese Gemeinde auch Skogsøya und die Inselgruppe Vestbygda, die in die zerklüfteten Ausläufer der Insel Langøya nördlich der Bø-Gemeinde eingebettet ist.

Die Straße 821, die in Frøskeland von der 820 abzweigt, verläuft zunächst durch eine von Mooren, Birkenwäldern, breiten Tälern und weiten Bergketten geprägte Landschaft. Ab Elvenes führt sie an der Ostseite des Steinlandsfjordes entlang. An seinem Ende hat man Aussicht auf die gebirgige Vestbygd-Insel Skogsøya, die von Langøya durch den Prestfjord getrennt ist.

Am Ende der Straße 821 (24 km) liegt **Myre** (1700 Einw.), das Verwaltungszentrum der Øksnes-Gemeinde und Heimathafen für die meisten Trawler und Fischerboote der Gemeinde. Der Ort ist nicht besonders aufregend; er verdankt sein starkes Bevölkerungswachstum der letzten Jahrzehnte seinem tiefen Hafen, dem staatlich unterstützten Aufbau der Fischindustrie und dem damit verbundenen Niedergang benachbarter Fischerorte: Die ehemaligen Bewohner der Gebiete am Romsetfjord, der Vestbygd-Inseln und von Nyksund leben heute zum größten Teil in Myre.

Verkehr: 5 × tägl. Busverbindung mit Sortland. Tägl. Schnellboote nach Skogsøya und Øksnes Vestbygd, mehrmals pro Woche weiter nach Tinden/Tindsøya.

Am Kai von Myre, hier treffen sich die meisten Fischer der Gemeinde

Unterkunft: Centrum Hotel, ✆ 76 13 35 56. Myre Hotel, ✆ 76 13 44 10, Fax 76 13 41 61. Oppmyre Camping, ✆ 76 13 36 55.

Versorgung: Geschäfte aller Art, Kiosk, Bank, Post, Arzt, öffentliche Dusche, Tankstelle, Autowerkstatt. **Touristeninformation:** Im Rathaus, ✆ 76 13 44 44, Sommer Mo–Fr 9.30–18, Sa 9.30–16, So 13–18 Uhr; Vor-/Nachsaison Mo–Fr 12–17, Sa 12–16 Uhr.

Bootsausflüge: Ganzjährig verkehrt ein Linienschiff in Øksnes Vestbygd, die Tour beginnt in Myre, Rundfahrt als Ausflug möglich; Auskunft: ✆ 76 11 11 11, Fax 76 11 11 12. M/S Tinden, ✆ 94 10 16 09.

Die Vestbygd-Inseln

Die Vestbygd-Inseln bildeten lange sowohl einwohnermäßig als auch wirtschaftlich gesehen das Zentrum der Gemeinde Øksnes. Noch heute gibt es viele Orte und Gebäude, die von alten Glanzzeiten zeugen. Auf der größten Insel, der auf der Höhe von Myre gelegenen Kirchinsel **Skogsøya,** verbrachte die Schriftstellerin Herbjørg Wassmo ihre Kindheit (s. S. 64f.). Alle Orte sind sehr stark von der Abwanderung bedroht. Der Großteil der Bevölkerung lebt heute noch im Südteil der Insel, wo eine Straße von Tunstad zur ursprünglich aus dem 16. Jh. stammenden, im 18. Jh. umgebauten Øksnes-Kirche führt. **Breistrand** war bereits seit dem 17. Jh. ein florierender Handelsplatz. Der Haupthof aus dem

Jahre 1734 soll restauriert werden. Skogsøya eignet sich bestens für Wander- und Angeltouren.

Wanderungen: Durch die Täler Breistranddalen und Nordsanddalen kann man zum verlassenen Nordsand auf der Nordseite der Insel (weiter Sandstrand) wandern. Von Hjellsand führt eine zum Teil recht steile Tour über den Solskardet auf den Stigkollen, mit mehr als 700 m der höchste Gipfel Skogsøyas, von dem aus man den Blick über die Vestbygd-Inseln genießen kann. Als Rückweg empfiehlt sich die Strecke durch das Breistranddal.

Unterkunft: Øksnes Leirsted, Skogsøya, ✆ 76 13 27 60, Fax 76 13 27 64: Restaurant, Kanu- und Bootsverleih, Segeltouren auf alten Nordlandbooten.

Auch Barkestad auf Dyrøya und Tinden auf Tindsøya sind alte Handelsorte aus dem 17. Jh. In **Tinden** wird bis heute ein typischer nordnorwegischer Kaufladen von einem Pensionisten in Betrieb gehalten; ein Besuch der Insel und des Ladens ist absolut sehens- und erlebenswert.

Verkehr: Ganzj. Nordtrafikk-Linie ›Øksnes Vestbygd‹ (schön auch für eine Rundfahrt), Info: ✆ 76 11 11 11. **Bootsausflüge:** werden auch zusammen mit Besichtigung des alten Handelsplatzes in Tinden angeboten; Auskünfte in der Touristeninformation in Myre.

Unterkunft: Finvåg Kystopplevelser, ✆ 76 13 35 70: Restau-

Eine Rarität: Rentiere auf Skogsøya

rierte alte Schule auf Nærøya (südl. von Tindsøya), Segeltouren mit Nordlandbooten; Anreise von Sandset oder Myre.

Von Myre bis Nyksund und Stø

Auf einem schmalen Küstenstreifen schlängelt sich die 12 km lange, ungeteerte Straße von Myre weiter Richtung Norden nach **Nyksund.** Die halbverfallenen Häuser und Kaianlagen schmücken viele Touristenbroschüren, sie stehen als Inbegriff für vergangene Zeiten, in denen es noch reichlich Fisch gab und sich in der Saison die Bevölkerung der Fischerorte auf den Vesterålen und Lofoten mehr als verdoppelte. Nyksund hatte sich vor allem deshalb zum zweitgrößten Fischerort nach Andenes entwickelt, weil von hier aus der Weg zu den guten Fischgründen kurz war; aber in der neuen Zeit mit motorisierten Booten spielte die Entfernung zu den Fischgründen keine entscheidende Rolle mehr.

Nyksund hatte einst 200 Einwohner, während der Fangsaison lebten hier gut doppelt so viele, in manchen Jahren sogar bis zu 900 Menschen. Der Ort liegt auf zwei durch eine Mole verbunden Inseln. Aus Platzmangel wurde dicht an dicht gebaut – so erhielt der Ort, der sich in der zweiten Hälfte des 19. Jh. rasch entwickelte, seinen einzigartigen Charakter: In wenigen Orten findet man Gebäude, die Fischerhütten, Fischannahme, Lager, Laden und Verarbeitungsräume wie hier unter einem Dach vereinen. Obwohl Nyksund 1953 an das Stromnetz angeschlossen wurde, verödete es ab Mitte der 60er Jahre; die Bewohner zogen nach Myre, das einen Hafen auch für größere Trawler zu bieten hatte. Der Staat unterstützte das Sterben Nyksunds durch die Zahlung eines Umzugszuschusses. Nachdem die Häuser verlassen waren, nagten Wind und Wetter an ihnen, der Ort am Ende der Straße verfiel.

In den 80er Jahren stieß ein Berliner Sozialpädagoge auf das verfallene Dorf und initiierte ein Projekt, das mit Hilfe von Jugendlichen aus allen Teilen der Welt und der Unterstützung der UNESCO das Dorf zu retten versuchte. Mittlerweile sind einige Bewohner zurückgekehrt und haben ihre Häuser wieder hergerichtet. Im Sommer haben ein Café und eine Kunsthandwerkstatt (tägl. 9–20 Uhr) geöffnet, und es werden **Wal-, Seehund-, Vogelsafaris** durchgeführt. Die Touren dauern 6–8 Std. Infos bei Whale Tours AS, Nyksund, 8439 Myre, ✆ 76 13 11 66, Fax 76 13 14 08, E-Mail: whaletrs@online.no. Saison Juni–Aug., Öffnungszeiten des Informationszentrums 8–20 Uhr.

Wanderung: Ca. 1 km vor Nyksund führt eine 2–3stündige Wanderung über Skipssanden (schöner Strand, s. u.) nach Stø. Abstecher auf den Mælen (314 m) oder Ny-

Die ›Geisterstadt‹ Nyksund – Impressionen (oben) und Panorama (rechts)

ken (185 m) mit Blick auf das offene Meer sind empfehlenswert.

Von Myre gelangt man über Stengelvåg auf die östliche Küstenseite nach **Langenes,** das vom Mittelalter bis 1945 ein bedeutender Fischerort war, heute aber verlassen ist. Die Kirche stammt aus dem 16. Jh., die Einrichtung aus dem Beginn des 18. Jh. Sie liegt in naturschöner Umgebung mit Blick auf weites, grünes Schärenland mit abgerundeten, freundlichen Bergen im Hintergrund. Von beiden Orten sieht man die Mitternachtssonne.

Stø ist ein kleiner, im Sommer verschlafener Fischerort, der reizvolle Fotomotive und ein **Erlebniszentrum** mit einer Ton-Diashow sowie Wal- und Vogelmodellen zu (Sommer tägl. 8–20, Winter 9–16 Uhr) bieten hat. Der einfache Aufstieg zum Gjeitberg (313 m) wird mit guter Aussicht über das Meer und bis zum Leuchtturm von Andenes belohnt. Etwa 500 m westlich von Stø liegt der schöne Badestrand **Skipssanden,** den man auch auf einem markierten Wanderpfad von Stø nach Nyksund passiert. Auch Stø bietet **Walsafaris** an, Juni–Aug., 6–8 Std., Info: Whale Watch A/S, Stø, 8430 Myre, ✆ 76 13 44 99, Fax 76 13 44 88, E-Mail www@alpha1.nndata.no. Informationszentrum: Sommer 8–20 Uhr, Winter 9–16 Uhr.

Von Myre bietet sich der Umweg über **Alsvåg** als Rückweg nach Frøskeland an. Alsvåg (935 Einw.) ist ein alter Handelsort. Hier steht eines der ältesten in Nordnorwegen erhaltenen Wohngebäude: Das Hauptgebäude des *Alsvåggården,* des Alsvåger Hofes, stammt aus dem Jahre 1671 und bildet einen Teil des kleinen, aber sehenswerten Heimatmuseums **Øksnes Bygdemuseum** (im Sommer Mo–Fr 10–17, Sa, So 12–17 Uhr).

Unterkunft: In Nyksund einfache Fischerherberge (mit Selbstverpflegung), Info bei Whale Tours, s. Nyksund S. 189. Toftenes Sjøhuscamping in Alsvåg, ✆ 76 13 14 55: Restaurant, Verleih von Booten, Kanus, Surfbrettern, Pferden.

Hadseløya – Reiches Kulturleben

Ins Hurtigruten-Museum von Stokmarknes, einem Marktplatz mit Geschichte. Nach Melbu zum internationalen Kulturfestival. Leichte Wanderungen im Landesinnern, windgeschütztes Sonnenbaden am Sandstrand von Taen. Eindrucksvoller Blick auf die gewaltige Lofotwand im Licht der Mitternachtssonne.

Die grüne Insel Hadseløya (Karte s. S. 177) bildet das Zentrum der Hadsel-Gemeinde, die sich über Teile von vier Inseln erstreckt und, rein geographisch betrachtet, nicht zu Unrecht damit wirbt, daß sie im Herzen der Lofoten und Vesterålen liegt. Manche Teile der Gemeinde sind mit Auto oder Bus nur umständlich zu erreichen. Der Südteil liegt auf der Nordspitze Austvågøys, mit ihren wilden Gipfeln, scharfen Graten und dem berühmten Trollfjord; im Osten gehört zur Hadsel-Gemeinde der westliche, zum Raftsund und Hadselfjord hin gelegene Teil Hinnøyas mit dem imponierenden Møysalen (1262 m), dem höchsten Berg der Lofoten und Vesterålen. Schließlich umfaßt die Gemeinde noch den südlichen Zipfel der Insel Langøya, mit der Hadseløya durch zwei Brücken verbunden ist. Die 1020 m lange Hadselbru ist mit einer Ultraschallsperre ausgestattet, die verhindern soll, daß Füchse auf die Insel gelangen können, wie es auf Andøya geschah, wo einige Füchse nach Fertigstellung der Brücke von Hinnøya herüberkamen und das ökologische Gleichgewicht auf der bis dahin fuchslosen Insel störten. Die aus heutiger Sicht häufig unübersichtlichen Gemeindegrenzen wurden in einer Zeit festgelegt, als noch das Boot das Hauptverkehrsmittel war.

Die Insel Hadseløya ist – für die Lofoten und Vesterålen sehr untypisch – fast rund und ohne tiefe Fjordeinschnitte. Ein breiter, fruchtbarer Küstenstreifen umrahmt fast die ganze Insel. Ihr Umfang beträgt 42,195 km, genau die klassische Marathonstrecke; jedes Jahr im August werden darum auf Hadseløya ein Volksmarathonlauf sowie kleinere Streckenläufe veranstaltet.

Die Landschaft Hadseløyas birgt keine wilde Dramatik, ist aber schön zum Wandern. Im Osten der Insel überwiegen abgerundete Berge und Hügel.

Im Nordwesten der Insel zeugen spitze Gipfel von der Arbeit lokaler

Gletscher zwischen den Eiszeiten. Hauptorte der Gemeinde, in denen ein Großteil der Einwohner leben und arbeiten, sind die alten Handelsorte Stokmarknes und Melbu.

Von Stokmarknes über Hadsel nach Melbu

Auf der Nordseite der Insel befindet sich der alte Marktort und heutige Sitz der Verwaltung der Hadsel-Gemeinde, **Stokmarknes** (ca. 3000 Ew.). Seit 1776 privilegierter Handelsort, wurde hier auf königlichen Beschluß 1851 ein Markt eingerichtet, zu dem Händler, Bauern und Gaukler aus dem gesamten Nordland angereist kamen. Eine schöne Beschreibung des Marktes findet sich wiederum bei Knut Hamsun. Die alte Tradition wird heute durch das **Vesterålenfestival** weitergeführt, das jedes zweite Jahr (im Wechsel mit Sortland) hier stattfindet. Ein Meilenstein in der Geschichte des Verkehrs für die Lofoten und Vesterålen wurde 1881 mit der Gründung der *Vesterålen Dampskipselskap* (Dampfschiffahrtsgesellschaft) gesetzt: Ab 1893 verkehrte die Hurtigrute (s. Kasten S. 194) regelmäßig zwischen Trondheim und Hammerfest. Am Hafen bei der Anlegestelle der Hurtigrute setzte man ihrem Gründer Richard With ein Denkmal, und zum 100jährigen Jubiläum 1993 wurde das **Hurtigruten-Museum** eröffnet (zentrale Lage gegenüber der Touristeninformation, Mitte Juni–Ende Aug. tägl. 10–18 Uhr). Schöne Aufnahmen bietet die Diashow (auch deutsch-sprachig) über die Hurtigrute in allen vier Jahreszeiten.

Wanderung und Ausflug: Von Stokmarknes über Hadsel nach Melbu verläuft ein ca. 20 km langer Wanderpfad. Lohnenswert ist ein Abstecher auf den Berg Storheia (504 m), ein beliebter Aussichtspunkt in der Zeit der Mitternachtssonne.

Sehr empfehlenswert ist ein Ausflug zum **Trollfjord**. Zur Zeit gibt es von Stokmarknes keine regelmäßigen Ausflugsfahrten dorthin. Es lohnt sich aber, in der Touristeninformation nachzufragen, falls es neue Anbieter gibt. Ansonsten bietet sich der Ausflug von Svolvær/Austvågøy an (s. S. 82). Ein Tip: Die Schiffe der Hurtigrute fahren in den Trollfjord hinein. Von Stokmarknes Richtung Süden braucht man nur eine Station mitzufahren.

Verkehr: Tägl Hurtigrute (nord- und südwärts). 5–6 x pro Woche Schnellboote (Nordlandsekspressen) durch den Raftsund nach Svolvær über Stokmarknes, Kaljord, Hanøy, Digermulen, Ulvåg, Brettesnes. Kaljord, Hanøy, Ulvåg und Brettesnes werden jedoch nur 2–3 x pro Woche und nur bei Bedarf angefahren.
Flughafen: In Skagen/Langøya, nördlich von Stokmarknes, tägl. nach Bodø; Flughafenbus von/nach Sortland/Langøya.
Bus: Mehrmals tägl. Busverbindung zu den Lofoten, nach Sortland und Narvik.

Reichsstraße Nr. 1

Die Hurtigrute

Die Hurtigrute trägt ihren Namen noch aus der Zeit, als das Postschiff, das zwischen Trondheim und Hammerfest verkehrte, die zuverlässigste und vor allem schnellste, ›hurtigste‹ Verbindung zwischen dem Süden und dem Norden des mehrere tausend Kilometer langen, von Gebirgen und tief eingeschnittenen Fjorden zerklüfteten Landes war. Die Verbindung Nordnorwegens mit dem Süden hatte in den Jahrhunderten davor nur schlecht funktioniert und viel Zeit in Anspruch genommen. Die Post hatte als erste regelmäßige Fahrten nach Nordnorwegen organisiert. Mitte des 17. Jh. gab es pro Jahr nur zwei bis drei, Ende des 18. Jh. bereits acht bis neun Postfahrten von Trondheim nach Vardø, ab 1798 fuhren die Postboote auch eine Tour im Winter. Die Fahrt im Ruder- oder Segelboot über den Vestfjord war ein gefährliches Unternehmen: Zwischen 1803 und 1840 gingen vier Postschiffe mit Mann und Maus und Postsäcken unter. Der Platz für Gepäck und Passagiere war zudem minimal. Reisende waren darauf angewiesen, sich mit Frachtschiffern zu verabreden. Die Segelboote waren von Wind und Wetter abhängig, im Winter wurde der Schiffsverkehr völlig eingestellt, da es dann den ganzen Tag dunkel war und noch keine Leuchtfeuer und -türme eingerichtet waren. Ein Fahrplan existierte nicht – ob der Schiffer es schaffte, einen Termin einzuhalten, kam auf die Wetterverhältnisse an. Wenn man Pech hatte, konnte eine Fahrt von Bergen nach Nordnorwegen zehn Monate dauern.

Als sich 1838 der erste Dampfer, ›Prinds Gustav‹, auf den Weg nach Hammerfest machte, erregte er hellen Aufruhr. Doch die Verkehrsverhältnisse verbesserten sich von nun an deutlich, wenn auch die Dampfer weiterhin im Frühjahr und Herbst nur tagsüber und nur im Sommer, im Licht der Mitternachtssonne, auch nachts fahren konnten. Auf den Dampfschiffen gelangte nun ein Brief von Oslo in einer Woche zu den Lofoten. Von außerordentlich großer Bedeutung war die Errichtung von Leuchttürmen und -feuern. Zu den ersten gehörten die in Svolvær und Skrova, die 1856 eingerichtet wurden. Ab 1859 war es daher endlich möglich, auch im Winter regelmäßig gen Norden zu fahren.

Während die Einführung der Dampfschiffahrt für die Post und mitreisende Passagiere eine sensationelle Verbesserung bedeutete, blieb für den Frachtverkehr zunächst alles beim Alten. Der Trockenfisch wurde weiter auf Segelschiffen nach Bergen gebracht. In den guten Heringsjahren ab 1860 fehlte es an Frachtkapazität, und es dauerte mitunter Monate, bis der Hering verschickt werden konnte.

Die Revolution im Verkehrswesen kam mit der Einrichtung der modernen Hurtigrute Ende des 19. Jh. 1881 hatte der Vesterålinger Richard With die ›Vesterålen Dampfschiffahrtsgesellschaft‹ gegründet, deren Dampfer zunächst vor allem als Frachtschiffe unterwegs waren. Anfang Juli 1893 konnte dann mit dem Dampfschiff ›Vesterålen‹ die »Reichsstraße Nr. 1« eröffnet werden. Bald verkehrte die ›Vesterålen‹ Tag und Nacht, sommers wie winters. Für die Nordländer brach eine neue Zeit an. Die Fahrt von Trondheim nach Hammerfest dauerte nur noch 36 Stunden, was den Namen ›Hurtigrute‹ in höchstem Grade rechtfertigte. Seit 1936 fahren die Dampfer, die immer noch Post, Fracht und Passagiere befördern, täglich in nördlicher und südlicher Richtung.

Heute ist Norwegen mit einem dichten Netz von Flugplätzen, gut ausgebauten Straßen, Brücken und Schnellbooten überzogen und die Hurtigrute daher ökonomisch und verkehrstechnisch gesehen beinahe überflüssig, zumal ihr Unterhalt Jahr für Jahr viele Millionen verschlingt. Seit Jahren wird immer wieder über ihre Stillegung gesprochen, was allerdings auf heftigen Protest der Küstenbewohner stößt, die auf die altbewährte, sichere Möglichkeit, ihre Verwandten ein paar Fjorde weiter zu besuchen, nicht verzichten mögen. Tatsächlich wäre die Einstellung der Hurtigrute ein Rückschritt für ihre Mobilität, denn Straßen schaffen an der zerklüfteten Küste nicht immer eine direkte, bequeme Verbindung, und Flughäfen gibt es beileibe nicht an jedem Ort.

Heute fahren elf Hurtigrutenschiffe von fünf verschiedenen Reedereien zwischen Bergen und Kirkenes. Die ganze elftägige Reise von Bergen nach Kirkenes und zurück hat kaum ein Küstenbewohner je zurückgelegt. Sie bleibt einer steigenden Zahl von Touristen überlassen, die auf diese Weise Norwegens berühmte Fjordküste und ihre Bewohner kennenlernen wollen. Auf dem Weg durch die wahrhaft atemberaubende Inselwelt der Lofoten und Vesterålen passieren die von Norden kommenden Schiffe den engen Raftsund mit seinen steil aufragenden Felswänden und machen bei gutem Wetter einen Abstecher in den berühmten Trollfjord. Das Wendemanöver in diesem schmalen, von hohen, steil abfallenden Bergen umgebenen Bilderbuchfjord ist ein Erlebnis.

Der Fischereihafen von Melbu

Unterkunft/Restaurant: Kinnarps Turist- og Konferansesenteret, ✆ 76 15 29 99: Restaurant, großes Aktivitätsangebot. Hotell Vesterålen, ✆ 76 15 06 00, Fax 76 15 29 99. Sørmogårdens Familie og Ferieleiligheter, ✆/Fax 76 15 10 61: Wohnungen und Hütten. Stokmarknes Camping, ✆ 76 15 20 22: Hütten.

Versorgung: Geschäfte aller Art, Bank und Post, Arzt und Krankenhaus, sowie Tankstelle und Autowerkstatt.

Touristeninformation: Markedsbrygga, ✆ 76 15 29 55, im Sommer Mo–Fr 10–18, Sa/So 10–16 Uhr.

Hadsel

4 km von Stokmarknes entfernt, an der E10, liegt der alte Kirchort Hadsel mit der achteckigen hölzernen **Hadsel-Kirche**. Hier standen in früheren Zeiten schon mindestens drei Kirchen. Die heutige Kirche wurde im Jahre 1824 erbaut, der Altar stammt von ca. 1500 und wurde vermutlich von einem holländischen Meister aus Utrecht angefertigt. Auf der Kanzel sind Figuren von Olav dem Heiligen (um 1510 in der Hansestadt Lübeck geschnitzt) und den vier Evangelisten zu sehen. Der Kronleuchter stammt aus dem 13. Jh., das Gemälde ›Der leidende Erlöser‹ wurde der Kirche 1624 von Christian IV. geschenkt. In der Nähe der Kirche wurden Gräber, Siedlungsreste und Spuren eines ca. 35 m langen Bootshauses aus der Eisenzeit gefunden, das auf einen Häuptlingssitz hinweist.

Von der Kirche führt auf dem alten Kirchenpfad ein ausgeschilderter **Kultur- und Naturpfad** nach Trolldalen/Stokmarknes, wo man

viele Funde aus der Eisenzeit gemacht hat.

Melbu

Auf der Südseite der Insel liegt der Fährort Melbu, der bereits gegen Ende des 18. Jh. ein bedeutender Handelsplatz war. Melbu ist heute ein lebendiger Hafenort mit ca. 2000 Einwohnern und der Fähre nach Fiskebøl/Austvågøy. Jährlich findet das internationale Festival **Sommer-Melbu** mit Konzerten, Theater, Pantomime usw. statt.

Auf dem Gelände des alten Gutshofes, Melbu Hovedgård, befindet sich das **Vesterålen-Museum**, das zusammen mit dem fast 200 Jahre alten Rødgården (an der E 10) auch Führungen, Vorträge und Wanderausstellungen veranstaltet. Hier stehen mehrere Gebäude aus dem 19. Jh., u. a. der Haupthof von 1830, das Vorratshaus und der Kramladen, die zum Gut gehörten und in den letzten Jahren restauriert wurden. Ein kleiner Park mit anschließendem **Kultur- und Naturpfad**, der am Haupthof beginnt, eignet sich für einen informativen Spaziergang auch mit Kindern (Mitte Juni–Mitte Aug. tägl. 10–17, sonst Mo–Fr 9–15 Uhr).

Die Gebäude der früheren Neptun Heringsölfabrik (Abzweig von der E 10, etwa 1 km vom Fähranleger) beherbergen seit 1994 das **Norwegische Fischereiindustriemuseum**, dessen Schwerpunkt auf Heringsöl-/-mehl- sowie der Filetproduktion liegt (Mitte Juni–Mitte Aug. Mo–Fr 11–17, Sa/So 11–16 Uhr).

Unterkunft: Melbu Best Western Hotel, ✆ 76 15 90 00, Fax 76 15 92 50. Melbu Turistheim/Vandrerhjem, P. A. Kvaalsgt. 5, ✆ 76 15 71 06, Fax 76 15 83 82.

Von Stokmarknes bis Taen

Eine schöne Alternative zur E 10 bietet der 26 km lange schmale, aber geteerte Weg um die Nord- und Westseite der Insel herum. Diese empfehlenswerte Strecke erlaubt, wenn man aus nördlicher Richtung kommt, ab **Teigan** einen phantastischen Blick auf die imponierende, bis in den Juni schneebedeckte Lofotkette.

Wanderung auf den Lamlitinden: In Teigan nimmt der Pfad auf den mit 656 m höchsten Gipfel der Insel seinen Anfang. Unterhalb des Taskardet, etwa 100 m west/nordwestlich vom See Kulivatnet (295 m), passiert man eine sehr gut getarnte, eingefallene Adlerfanghöhle. Hier lag der Adlerfänger Oluf Ellingsen in den 1920er Jahren auf der Lauer und versuchte, mit der Vorführung von gefangenen Adlern seinen Lebensunterhalt zu verdienen, mußte sein Vorhaben aber bald aufgeben: Das öffentliche Interesse an Adlern und anderen Wildvögeln war zu seiner Zeit nicht so groß wie heute.

Bei **Taen** liegt ein windgeschützter, feiner Sandstrand, wo man baden und die Mitternachtssonne genießen kann.

Blick über den Vesterålenfjord

Andøya – Im hohen Norden

Durch weite Moore und ausgedehnte Moltebeerfelder nach Andenes. Besichtigung des Ramså-Feldes mit den jüngsten Gesteinsarten Norwegens. Auf Walsafari. Vom malerischen Fischerdorf Bleik zur Vogelinsel Bleiksøya. Nordlichtzauber und Traumstrände an der Westküste.

Hinnøya-Transit: Von Sortland bis Risøyhamn

Jenseits der Sortland-Brücke führt die Straße 82 am Sortlandsund entlang nordwärts. Nach etwa 6 km bestehen von der 425 m langen Brücke *Kvalsaukbru,* die den tief einschneidenden Hogntjord überquert, gute Möglichkeiten für Angler. Vogelliebhaber finden im **Roksøydalen** mit seinen großen Moorgebieten, dem Roksøy-Fluß und mehreren kleineren und größeren Seen eine reiche Vogelwelt.

Wanderungen: Die kiefern- und birkenbewachsenen Täler, die vom **Forfjord** abgehen, eignen sich hervorragend für einfache Spaziergänge und Wanderungen. Hier verläuft auch der ›A–Å Pfad‹, ein Fernwanderweg von Andenes nach Å, zu dem von der Straße im Innern der Bucht zwei Pfade zu beiden Seiten des Forfjord-Flusses führen.

Geführte Wanderung zum **Fornesfjell** (Superansicht!), Treffpunkt im Andøy Friluftsenter, Buksnesfjord, ✆/Fax 76 14 88 04. Dort auch Übernachtung (Hütten, Zelt, Wohnmobile), Laden, Angeln.

Unterhalb des Fornesfjells führt die Straße weiter am Risøysund entlang. Seine Westseite wird vom südlichen Teil der Insel Andøya gegrenzt, den man über die 750 m lange Brücke erreicht.

Risøyhamn (ca. 350 Ew.), das schon 1777 Handelsrechte erhielt, liegt gleich am schmalen Risøysund. Nachdem 1974 die Andøy-Brücke eröffnet wurde, die über die kleine Insel Risøy führt, gelangten einige Füchse auf die Insel, die nicht nur Jagd auf das Kleinwild machten, sondern auch die Seevögel, die an Land heckten, auf die Schären ins Meer trieben.

Der schmale Sund, in dessen Mitte sich eine nur knapp 1 m unter der Wasseroberfläche liegende, 125 m lange Sandbank befand, bildete lange Zeit für die Schiffahrt ein Hindernis. Daher wurden bereits 1875 die ersten Ausbagge-

N
0
10 km
Andenes
Oksebåsen
Haugnes
Bleiksøya
Bleik
82
Skarstein
Nordmeer
Bleiks-
vatnet
Sverigetind
509
Stave
Ramså
Andøya
Skogvoll-
vatnet
Skogvoll
Saura
Nordmela
Dverberg
Børvågen
Myre
Andfjorden
Nøss
82
Ånes
Ånes-
vatnet
Å
Bø
Bjørnskinnfjellet
635
Åse
822
Bjørnskinn
Klo
Sørmela
Risøyhamn
Gavlfjorden
Åknes
Kvasstind
705
Risøysundet
Stranda
Svindalen
Hinnøya
Sandnes
Buksnes
Skjolde
82
Forfjord
Forfjorden
Roksøy
Sortlandsundet
Roksøydalen
Maurnes
Hognfjord
820
Hognfjorden
Sortland
E10
E10

rungsarbeiten in Angriff genommen. In den folgenden Jahrzehnten wurde, bedingt durch die zunehmende Größe der Schiffe, die Risøyrinne mehrmals vertieft und verbreitert. 1922 wurde der Risøysund für die Hurtigrute geöffnet, was für die gesamten Vesterålen von entscheidender Bedeutung war, da sie erst jetzt direkten Anschluß an eine regelmäßige Nord-Süd-Verbindung erhielten. Die Ankunft der Hurtigrutenschiffe ist bis heute immer eine ›Besichtigung‹ wert. In Risøyhamn befindet sich in einem ehemaligen Polizeigebäude, welches aus Dverberg hierher gebracht wurde, das **Andøy-Museum.** Zu den Exponaten gehört auch das Uhrwerk des Leuchtturmes von Andenes (unregelmäßig geöffnet).

Anreise und Verkehr: Andøya hat durch mehrere Brücken fährfreie Straßenanbindung zur E 6 bei Bjerkvik bzw. zur Lødingen-Bognes-Fähre.
Bus: Werktags 4 × tägl. Risøyhamn/Andenes – Sortland, 1 × tägl. mit Anschluß nach Fauske/Bodø, Svolvær/Leknes.
Fähre: Auf der sog. *Whale Route* verkehrt von Juni-Aug. 3 x tägl. eine Fähre zwischen Andenes und Gryllefjord/Senja, Dauer 1 Std. 50 Min.
Hurtigrute: Anleger in Risøyhamn.
Flug: Tägl. Verbindung nach Tromsø, Bodø und Narvik von Andenes.

Unterkunft: Forfjord Camping, Forfjord, ✆ 76 14 88 88, Fax 76 14 88 95.

Von Sortland nach Andøya

Versorgung: Läden, Bank, Post, Arzt, Tankstelle in Risøyhamn.

Ostküste bis Andenes

Andøya ist der nördlichste Teil der Vesterålen und Norwegens zehntgrößte Insel. Ihre Landschaft wird vor allem durch weite Moore mit ausgedehnten Moltebeerfeldern und runde Bergkuppen bestimmt. Von den 488 km² der Insel bestehen knapp die Hälfte, 218 km², aus Moor. Viele der bis obenhin mit Gras bewachsenen Berge sind leicht zu besteigen und daher auch mit Kindern gut zu bewältigen.

Die Straße 82 führt auf dem flachen Küstenstreifen direkt an der Ostseite der Insel von Risøyhamn bis kurz vor Andenes, dem Ausgangsort für Walsafaris (50 km).

In der Gegend um **Åse** wurden Reste alter Hofanlagen und Grabhügel ausgegraben, die auf dichte Besiedlung und einen Häuptlingssitz in der Eisenzeit hinweisen. Hier vermutet man den Wohnsitz der in den Sagas erwähnten Könige von Omd. Omd war früher der Name für die Insel Andøya.

Dverberg, inmitten landwirtschaftlich genutzten Landes gelegen, ist ein netter Fischerort mit einem durch eine Mole geschützten Hafen. Die achteckige weiße Holzkirche aus dem Jahre 1843 steht auf einer Landzunge, die in den Andfjord hinausragt. Das Moor

Kälteempfindliche Kostbarkeit

Die Moltebeere

»Aus diesen Moltebeeren machen die armen Leute einen Brei, und gebrauchen ihn als Medizin gegen Skorbut und andere gefährliche Krankheiten, die hier umgehen«, schrieb Erik Hansen Schønnebøl im Jahre 1591. Zu dieser Zeit wußte man zwar noch nichts vom Vitamin C, aber man kannte seine Wirkung und Heilkraft, und das genügte, um die Moltebeere zu einem begehrten Mittel zur Erhaltung der Gesundheit zu machen, das den Menschen im hohen Norden durch den langen Winter half, in dem es kein frisches Obst und Gemüse gab. Neben ihrem hohen Vitamin-C-Gehalt besitzt die Moltebeere nämlich auch große Mengen Benzoesäure, eines der besten Konservierungsmittel, das die Natur zu bieten hat. Da Benzoesäure Schimmel und Gärung verhindert, konnte die Moltebeere sehr lange gelagert werden. Ein Korb Moltebeeren war wohl auf vielen Wikingerfahrten mit an Bord.

Die Moltebeere ist eine krautige, 10–15 cm hohe Pflanze aus der Familie der Rosengewächse. Pro Pflanze entwickelt sie nur eine Beere. Die Pflanzen sind entweder weiblich oder männlich, wobei nur die weiblichen Pflanzen Beeren tragen, die männlichen Pflanzen aber in der Anzahl dominieren. Die Gründe für diese männliche Dominanz sind bisher nicht bekannt. Die Fortpflanzung erfolgt durch Insektenbe-

nördlich von Dverberg wurde 1967 unter Naturschutz gestellt. Hier gibt es eine Vielzahl von Sumpf- und Watvögeln, ein Naturpfad führt um den Ort. Anfang der 80er Jahre wurden auch weite Strecken der Moore zwischen Saura, Dverberg und Skogvoll ebenso wie die Küstenlinie samt Seevogelschären zwischen Stave und Børvågen südlich von Nordmela auf der Außenseite in Naturreservate umgewandelt, insgesamt 70 km², von denen 30 km² Moor sind. In **Kvalnes,** einem ehemaligen Handelsplatz kurz vor Ramså, gibt es hervorragende Möglichkeiten für Taucher und Angler.

Zwischen Ramså und Skarstein liegt das **Ramså-Feld** (8,4 km lang, 1–3 km breit und mindestens 650 m tief). Hier kommen Norwegens jüngste Gesteinsarten vor, die im Erdmittelalter, genauer in der Jura- und Kreidezeit, also vor 120–150 Mio. Jahren, entstanden sind. Daher findet man hier eine Vielzahl von Fossilien, sowohl von Tie-

stäubung. Ist es im Juni kalt und regnerisch, fällt daher die Ernte schlecht aus. Wer sich im Mai/Juni auf den Lofoten oder Vesterålen aufhält, kann sie schneeweiß blühen sehen, im Juli reift die brombeerähnliche, zunächst hellrote, dann orangefarbene und schließlich fast gelbe Beere heran, ab Ende Juli bis weit in den August hinein kann sie geerntet werden. Trotz ihres Lebensraumes im hohen Norden ist sie sehr kälteempfindlich, und schon ein paar Stunden Frost machen sie ungenießbar. Das kommt auf den Inseln auf Grund des milden Klimas allerdings sehr selten vor.

Wegen ihrer Haltbarkeit und ihres Vitamin-C-Gehaltes war die Moltebeere immer eine wichtige zusätzliche Nahrungsquelle für die Bewohner Nordnorwegens und wurde darum gesetzlich geschützt. Im Gegensatz zu allen anderen Beeren, die überall in freier Flur gesammelt werden dürfen, gilt für die Moltebeere in Nordnorwegen ein eigenes Gesetz: Der Eigentümer des Grund und Bodens, auf dem die Moltebeeren wachsen, besitzt das ausschließliche Recht, sie zu pflükken; auf Gemeindeland haben die Einwohner der jeweiligen Gemeinde das Pflückvorrecht.

In den letzten zwei Jahrzehnten hat man versucht, die Moltebeere, die als Marmelade sehr begehrt und sehr teuer ist, auf kommerzieller Basis zu züchten. In den Moltemooren auf Andøya ist es durch Einsatz von Drainage, Düngung und Schutzwällen gegen Wind und Regen gelungen, durchschnittlich 20 kg pro km^2, streckenweise sogar bis zu 300 kg pro km^2 zu ernten.

ren als auch von Pflanzen. Sogar die versteinerten Reste eines Ichthyosaurus, einer Fischeidechse, sind hier gefunden worden. Die Fossilien liegen noch an Ort und Stelle (werden allerdings von Jahr zu Jahr weniger) und sind zu besichtigen. Ein ausgeschilderter Naturpfad führt durch die einzigartige Dünenlandschaft und bietet auch dem Laien spannende geologische Informationen.

1867 wurde im Ramså-Gebiet Kohle gefunden. Schon früher hatten die Ramså-Bewohner bei Ebbe Kohle eingesammelt, die sie größtenteils für ihren Eigenbedarf als Brennmaterial nutzten. Nun erwog man die kommerzielle Ausbeutung der Vorkommen. Nach Probebohrungen erwies es sich aber, daß die Kohle nur in dünnen Lagen zwischen schiefrigem Gestein lag und zudem von schlechter Qualität war.

Südlich von Andenes wurde im See Endeletvatnet der 18 000 Jahre alte Schädel eines Hermelins gefunden. Da Hermeline sich von Lemmingen und anderen Kleintieren ernähren, die ihrerseits wiederum Pflanzen fressen, weiß man, daß die Nordspitze von Andøya zumindest in der letzten Eiszeit eisfrei gewesen sein muß. Das Gebiet um den See und die umliegenden Moore bei Haugnes stehen unter Naturschutz.

Unterkunft: Ånes Sommer- og Vintercamping, Ånes, ✆ 76 14 71 94. Kvalnesbrygga Dykkersenter, Kvalnes, ✆ 76 14 63 78, Fax 76 14 63 77: Camping- und Tauchzentrum, hier können Taucher ihre Flaschen auffüllen, Boots- und Ausrüstungsverleih.

Andenes

Größter Ort und Verwaltungszentrum der ca. 6000 Einwohner zählenden Gemeinde ist Andenes (ca. 3600 Ew.) an der Nordspitze der Insel, ein hübscher alter Fischerort mit einer Kirche, einem schönen altmodischen, 48 m hohen Leuchtturm von 1895, einem durch eine lange Mole geschützten Hafen und Aussicht auf die Mitternachtssonne (19. Mai bis 23. Juli). Die Kirche stammt aus dem Jahre 1876, ihre reiche mittelalterliche Innenausstattung hat sie dem Museum in Tromsø übergeben, nur ein Kruzifix aus dem Spätmittelalter und einige andere Gegenstände sind zurückgeblieben. Die ›Vorstadt‹, die nach dem Zweiten Weltkrieg, als der Flughafen eingerichtet wurde und neben der Fischindustrie die meisten Arbeitsplätze bot, förmlich aus dem Boden schoß, hat mit ihren langen Reihen von einförmigen Fertighäusern wenig Charme.

Gegründet wurde Andenes bereits um 1300. Das Zentrum des heutigen Ortes steht auf dem größten bekannten Kulturhügel Nordnorwegens, er ist 265 m lang (Ost-West-Richtung), 65 m breit und 3,5 m hoch. Die Funde der nur teilweise untersuchten Kulturschichten stammen aus dem 14.–17. Jh. Als im 17. Jh. viele der Fischerorte entlang der Küste an Bedeutung verloren, hielt sich Andenes durch die Einnahmen der niederländischen Walfänger, die vor der Küste von Andenes operierten, über Wasser.

In Andenes findet jeden Sommer das Hochseefischerei-Festival statt. Einen Besuch lohnt das **Polar- und Fischereimuseum** mit Spitzbergen- und Polarexpeditionsabteilungen (Mitte Juni–Ende Aug. tägl. 10–18 Uhr).

Zu einem Touristenmagnet haben sich die **Walsafaris** entwickelt, die von Mitarbeitern des 1987 eingerichteten Walforschungsinstituts begleitet werden. Das Forschungsinstitut bildet zusammen mit dem angeschlossenen Walmuseum das sogenannte **Walzentrum** (geöffnet: Ende Mai–Mitte Sept.; Mitte Juni–Mitte Aug. tägl. 8–20, Vor- und Nachsaison 8–16 Uhr; Abfahrt zur Walsafari tägl. 10.30 Uhr, bei entsprechender Nachfrage auch öfter). In Andenes kann man je nach Wetterlage von Mitte Mai bis Mitte

Mit Fluke und Blas: Wale

Wale sind lungenatmende Säugetiere, die ausschließlich im Meer leben. Es gibt rund 80 Arten unterschiedlichster Größe – von etwa 1,25–35 m Körperlänge und ca. 25 kg bis über 135 t Gewicht. Sie kommen in allen Meeren vor.

Nach der Ernährungsart unterscheidet man Zahnwale *(Odontoceti)* und Bartenwale *(Mysticeti)*. Die Zahnwale ergreifen mit ihren Zähnen größere Fische und Tintenfische und verschlingen sie, die Bartenwale dagegen haben ein Filtersystem von hornähnlichen Platten mit fein zerfasertem Innenrand, die Barten, mit denen sie Plankton und kleine Fische aus dem Wasser filtern, indem sie entweder mit offenem Maul durch Planktonfelder schwimmen und ab und zu das hängengebliebene Futter mit der Zunge wegkratzen oder große Mengen von Wasser aufnehmen und zwischen den Bartenplatten wieder hinauspressen. Von den Bartenwalen, die sich relativ spät entwickelt haben, gibt es nur zehn Arten, die meisten von ihnen gehören zu den sogenannten Großwalen. Die Mehrzahl der Wale, darunter auch der Pottwal, gehört zu den geselligeren Zahnwalen, die es bereits seit 30 Mio. Jahren gibt.

Die Wale haben sich an das Leben im Wasser angepaßt und erinnern in ihrer Gestalt an Fische. Die ehemaligen Vorderbeine sind zu Flossen umgewandelt, die Hinterbeine zurückgebildet, die Schwanzflosse, im Gegensatz zu der der Fische, senkrecht aufgestellt. Die Haut ist mit einer mehr oder minder starken Fettschicht (Blubber) unterlegt, die gegen die Kälte isoliert, aber auch als Energiereserve dient. Bei manchen Arten ist das Speckpolster bis zu einem halben Meter dick, bei Delphinen nur ein paar Zentimeter.

Wale gebären nach einer Tragzeit von 11–16 Monaten meist nur ein Junges, das bei der Geburt etwa ein Viertel der Länge des Muttertieres hat und, mit der sehr fettreichen Milch gesäugt, schnell heranwächst. Die Wale verständigen sich durch ein umfangreiches, teilweise im Ultraschallbereich liegendes Repertoire an Tönen und erfüllen das Meer mit Geräuschen und Lauten. In der Zeit, als es noch keine Dampfschiffe gab, erzählten sich die Seeleute von gespenstischen Geräuschen auf See, die man Meeresungeheuern zuschrieb. Inzwischen sind vor allem die Buckelwale bekannt für ihre ›Lieder‹, komplexe Sequenzen aus langen Klagetönen, Jammern, Quietschen und Klickgeräuschen. Diese Lieder, deren Funktion wohl gleichermaßen Revierverteidigung, Lok-

ken der Weibchen und Ausdruck von Aggression ist, enthalten, obwohl vielfach auf Tonbändern festgehalten und untersucht, immer noch mehr ungelöste als gelöste Rätsel. So hat man etwa herausgefunden, daß sie in Themen eingeteilt sind, die sich von Jahr zu Jahr ein wenig ändern.

Wale sind vorzügliche Schwimmer und Taucher. Sie können bis zu 3 km tief tauchen und notfalls länger als eine Stunde unter Wasser bleiben. Wer auf der Walsafari fotografieren möchte, muß den Moment des Tauchens abwarten, dann hebt sich der Wal mit dem ganzen Körper aus dem Wasser, bevor er hinabtaucht, wobei einen kurzen Moment nur die Schwanzflosse aus dem Wasser ragt. Wer diesen Augenblick verpaßt hat, muß auf den nächsten Wal warten. Nach dem Auftauchen pusten die Wale durch die Naslöcher (Spritzlöcher) Luft (Blas) aus, die in der kühlen Luft zu feinen Tropfen kondensiert und dann wie eine Wasserfontäne über dem Tier steht. Form und Intervalle des Blas sind oft arttypisch, hängen aber auch davon ab, ob der Wal gerade ruht, schwimmt oder frißt.

September an einer Walsafari teilnehmen, die eine 95 %ige Wahrscheinlichkeit bietet, Wale – Pottwale, Schwertwale, Zwergwale, Weißschnauzendelphine und auch Tümmler – zu beobachten. Nach Auskunft der Veranstalter fuhren im Sommer 1997 insgesamt 11 232 Touristen auf Walsafari, auf allen 161 Fahrten wurden Wale gesichtet, nur eine wurde wegen schlechtem Wetter abgesagt.

Die Pottwale sind natürlich die größte Attraktion dieser Touren. Sie halten sich etwa 15–20 Seemeilen nordwestlich von Andenes in einem relativ kleinen Gebiet am Rande des Kontinentalsockels auf. An dieser Stelle fällt der Meeresboden von etwa 200–300 m auf 1000 m und tiefer ab und bildet eine Bucht, die ungewöhnlich nah an die Küste heranführt. Die Nähe des Golfstroms ist der Grund dafür, daß die Wassertemperatur hier das ganze Jahr über bei ca. 10–13 °C liegt. Die günstigen Temperaturverhältnisse an der Kante des Kontinentalsockels und der lange arktische Sommer bewirken ein üppiges Planktonwachstum, und somit genügend Nahrung für die Wale.

Das Projekt der Walsafaris dient wissenschaftlichen Zwecken wie auch wirtschaftlichen Zielen. Mit an Bord sind bei jeder Fahrt Walforscher, die über das Projekt und den neuesten Forschungsstand informieren. Während der Fahrt werden die gesichteten Wale gezählt und für ihre spätere Identifizierung fotografiert. Wale können an ihrer Schwanzflosse identifiziert werden: Keine Fluke gleicht der anderen. Fotos von gut erkennbaren Schwanzflossen, auch aus anderen Teilen Skandinaviens, sind für die Forschung wichtig, um die Wanderungen der Wale nachzeichnen zu können. Denn obwohl sich männliche Pottwale jeden Sommer vor der Küste von Andenes aufhalten und die ganze Zeit unter Beobachtung stehen, ist noch unklar, wo sie im Herbst hinziehen und sich im Winter aufhalten.

Eine Tour dauert 4–5 Std., vorweg wird eine Führung durch das Walzentrum angeboten. Da die Boote nur bei gutem Wetter ausfahren, kann es, trotz frühzeitiger Anmeldung, in der Hochsaison nach einer Periode mit schlechtem Wetter zu mehreren Tagen Wartezeit kommen. (Information u. Buchung über Andøya Reiseliv AS (s. u. ›Info‹).

Nahe dem Walzentrum wurde 1995 ein spannendes Naturzentrum unter dem Namen **HISNAKUL** (HIStorie-NAtur-KULtur) eröffnet. Hier wird am Beispiel Andøyas mittels spezieller Themen wie Nordlicht, Leben der Seevögel, Moore und Fischerei gezeigt, wie Mensch und Natur zusammenwirken (Mitte Juni–Mitte Aug. tägl. 12–18 Uhr, Vor- und Nachsaison 13–16 Uhr).

Unterkunft: Nordlandia Andrikken Hotel, ✆ 76 14 12 22, Fax 76 14 19 33. Viking Hotel, ✆ 76 14 12 22. Lankanholmen Sjøhus, ✆ 76 14 28 50, Fax 76 14 28 55. Zentral am Hafen liegt die Jugendherberge Andenes Vandrerhjem Tusenhjem, ✆ 76 14 12 22 und 76 14 28 50, Fax 76 14 19 33. Andenes Camping, ✆ 76 14 14 12, Fax 76 14 19 33, Juni–Aug.

Versorgung: Läden verschiedenster Art, Banken, Post, Arzt, Apotheke, Tankstelle, Werkstätten usw.
Touristeninformation: Andøy Reiseliv AS, Postboks 58, N-8480 Andenes, ✆ 76 11 56 00, Fax 76 11 56 10, Ende Mai–Mitte Sept. tägl. 8–20, Rest des Jahres Mo–Fr 8.30–16 Uhr.

Von Andenes die Westküste entlang

Für den Rückweg von Andenes empfiehlt sich die ›Mitternachtssonnenküste‹, die Westseite von Andøya, die landschaftlich ausgesprochen reizvoll ist und sehr schöne Möglichkeiten zum Campen, Baden und Wandern mit Kindern bietet. Nur 1 km von Andenes entfernt kommt man an der Andøy-Raketenabschußbasis **Oksebåsen** vorbei, die 1962 in Betrieb genommen wurde. Hier kommen Wissenschaftler aller Nationen zusammen, um die Atmosphäre und das Phänomen des Nordlichts zu erforschen. Die Basis ist dem Norwegischen Raumfahrtzentrum unterstellt, einer unabhängigen Stiftung, die 1987 gegründet wurde, nachdem Norwegen vollwertiges Mitglied der europäischen Raumfahrtorganisation ESA geworden war.

Kurz vor Bleik liegt einer der längsten Sandstrände Norwegens, **Bleikstranda.** Hier kann man zwischen kleinen Dünen zum Dorf spazieren, bei gutem Wetter einen schönen Strandtag und nachts die Mitternachtssonne genießen.

Bleik ist ein altes, dicht bebautes, hübsches Fischerdorf mit ca. 600 Einwohnern. Vor dem Ort im Meer liegt die markante Felsinsel **Bleiksøya**, auf der etwa 40 000 Paar Lundevögel (Papageientaucher), Krähenscharben, Dreizehenmöwen, Trottellummen u. a. brüten. Das Betreten der Insel ist während der Brutzeit verboten. Von Bleik gibt es tägliche Fahrten zur Insel, der Ausflug dauert ungefähr 2 Std. Anmeldung in der Touristeninformation in Andenes (s. S. 207).

Von Bleik führt die Straße, am fischreichen See Bleiksvatnet entlang, zunächst von der Küste weg und durch das **Stavedal.** Das Stavedal ist ein hervorragender Ausgangspunkt für zahlreiche Wanderungen, z. B. auf den Sverigetind (509 m). Im Gebiet des Sverigetind können sehr aufmerksame Wanderer einen 2000–3000 Jahre alten steinernen Fangzaun sowie Reste alter Fanggruben und Jägerverstekke finden. Ab Stave verläuft die Straße wieder entlang der Küste mit Blick aufs offene Meer.

Auf der gesamten Strecke nach Nordmela liegen mehrere gute Angelseen, schöne Strände und Lagerplätze. Der Küstenstreifen ist breit und grün. Das Schärengebiet um den Fischerort **Nordmela** steht unter Naturschutz, in der Brutzeit von Anfang Mai–Ende August ist der Zugang verboten. Unterhalb des Bjørnskinnfjells führt die Straße nach Risøyhamn auf die Hauptstraße zurück.

Einen Abstecher wert ist das **Atelier Bølgeblikk** (Wellenblick) der Deutschen Suanna Hanika und des Niederländers Carel Goos, die seit Ende der 80er Jahre auf den Vesterålen seßhaft und echte Andøya-Fans sind. Das Atelier liegt, wie der Name besagt, mit Blick auf das Meer in dem kleinen Dorf **Bø**. Galerie und Werkstatt befinden sich im liebevoll eingerichteten ehemaligen Schulgebäude, alle Produkte sind in eigener Werkstatt entstanden. Die Auswahl reicht von Silber- und Goldschmuck über Aquarelle mit Phantasie- und Nordlandmotiven, Skulpturen aus verschiedensten Materialien wie Plexiglas und Stahl bis hin zu Messern aus Ebenholz,

Titan und Silber mit selbstgeschmiedeten Klingen. (Mai–Aug. Mo–Fr 9.30–17.30, Sept.–April 9.30–16.30 Uhr.)

Unterkunft: Havhusene Bleik, ✆ 76 14 57 40, Fax 76 14 55 51. Stave Café og Camping, ✆ 76 14 65 62, Fax 76 14 65 62: Der Campingplatz in Stave ist Ausgangspunkt für die täglichen Seehundsafaris in der Sommersaison (Infos: ✆ 76 11 56 00, in der Saison ✆ 76 14 18 20).

Die Südspitze

Eine Umrundung des südlichsten Zipfels der Insel ist wegen der schönen Aussicht über den Gavlfjord und die Berge im Norden Langøyas zu empfehlen. Die Straße ist in relativ gutem Zustand, wenn auch teilweise schmal und ungeteert.

An der Westseite liegen bei Sørmela und Sandnes schöne Sandstrände, dort hat man auch noch Blick auf die Mitternachtssonne; die Ostseite zum Risøysund liegt dagegen abends im Schatten der Berge.

Wanderung auf den Kvasstinden: Gut 3 km südlich von Åknes bietet sich die Besteigung des höchsten Gipfels (705 m) von Andøya mit einer schier überwältigenden Aussicht an.

Hinnøya – Norwegens größte Insel

Besteigung des Møysalen, dem ›Dach der Lofoten und Vesterålen‹. Fahrt durch den dramatischen Raftsund nach Digermulen, vor mehr als 100 Jahren hochgeschätztes Reiseziel Kaiser Wilhelms. Bergpartie auf den Digermulkollen mit Fernsicht über die mächtige Gebirgswelt Austvågøys und den berühmten Vestfjord.

Auf Norwegens größter Insel ragt der höchste Berg der Lofoten und Vesterålen, der Møysalen, aus einem Gebirgsmassiv mit Gipfeln von 800 bis über 1000 m Höhe. Nur der westliche Teil dieser durch tief ins Land hinein reichende Fjorde zerrissenen Insel gehört zu den Vesterålen. Hinnøya ist so groß, daß man hier eher das Gefühl hat, man befindet sich auf dem Festland, mit dem es aber durch eine Brücke verbunden ist.

Von Sigerfjord zum Møysalen

Von Sortland auf Langøya aus folgt man der E 10 über die Sortland-Brücke Richtung Lødingen. Die erste Abzweigung linker Hand führt in das **Osvoll-Tal,** in dem die Pfade auf die Berge Strandheia (642 m) und Kvalsauktind (767 m) ihren Ausgang nehmen. Am See Osvollvatnet gibt es gute Rast- und Bademöglichkeiten.

Der Ort **Sigerfjord** ist seit alters her für seine schönen Gärten und seine üppige Vegetation bekannt, die beredter Ausdruck des milden Klimas sind. In der Kapelle, die 1933 hier errichtet wurde, steht eine Statue König Olavs des Heiligen, die wahrscheinlich gegen Ende des 15. Jh. in der Hansestadt Lübeck gefertigt wurde.

Wanderung nach Kaljord: Kurz hinter Austpollen kreuzt der in diesem Teilabschnitt markierte A-Å-Pfad die E 10. Von dort oder von der Südseite des Sigerfjords kann man entlang der Grenze zur Provinz Troms auf zum größten Teil unmarkierten Wegen von hinten um das Møysal-Massiv herum wandern.

Die schmale Straße, die an der Ostseite des Sortlandsundes bei Austpollen von der E 10 abzweigt und immer am Sortlandsund ent-

lang zum Fährort Kaljord führt, ist landschaftlich ausgesprochen eindrucksvoll. Touristisch ist sie vergleichsweise wenig erschlossen, weil für diese wenig bekannte Verbindung zwischen Vesterålen und Lofoten noch bis Ende 1998 zwei Fährfahrten erforderlich waren, heute hingegen nur noch eine (Kaljord – Hanøy). Nach wie vor gilt diese abgelegene Strecke zwischen Vesterålen und Lofoten als Geheimtip.

Vom Sigerfjord führt die Autostraße an Fjorden und Buchten vorbei immer am Wasser entlang, vom Ufer oft durch üppige Wiesen getrennt, und passiert mehrere kleinere Ortschaften mit Läden und Poststationen. Einige Täler mit zu Fuß leicht erreichbaren Seen wie bei Djupfjord, Blokken, Fiskefjord bieten gute Gelegenheit zum Angeln.

Hennes, etwa 3 km vor Kaljord, ist ein hübscher Ort, dessen Zentrum mit Post, Laden und Café direkt am kleinen Hafen liegt. Hier beginnen die mit einer Bootsfahrt verbundenen organisierten Wandertouren auf den Møysalen. Man kann hier auch Zimmer mieten, am Hafen gibt es Stellmöglichkeiten für Wohnwagen und Camper sowie einen Anleger für private Segel- und Motorboote.

Der Møysalen, von Hadsel gesehen

Møysalen

Einzigartig, aber auch anstrengend ist die Tour auf den Møysalen, den höchsten Gipfel der Lofoten und Vesterålen (1262 m). Von seiner Spitze kann man die wilde, unberührte Bergwelt Hinnøyas bestaunen. Bei klarem Wetter reicht die Aussicht im Osten bis nach Schweden, im Südwesten über die gesamte Gebirgskette der Lofoten. Die geführten Touren (s. ›Infos‹ S. 216) beginnen am Bootskai in Hennes, etwa 3 km westlich von Kaljord, und dauern, einschließlich der Bootsfahrt durch den Lonkanfjord bis Nordbotn, dem Ausgangspunkt der Wanderung, ungefähr 9 Std.

Am **Lonkanfjord** hat es früher eine Lappensiedlung gegeben, außerdem findet man in diesem Gebiet Spuren von früherem Bergbau. Von hier aus wurde in der Zeit vor dem Ersten Weltkrieg Eisenerz verschifft, das von deutschen Unternehmen abgebaut wurde.

Wer den Møysalen auf eigene Faust bezwingen möchte und auf die Bootstour verzichtet, kann auch von Kaljord am Lonkanfjord entlang in 2–3 Std. nach Nordbotn wandern. Ohne ortskundigen Führer ist allerdings von einer Tour abzuraten. Møysalen-Besteiger sollten über gute Kondition verfügen und festes Schuhwerk mitbringen, da der Pfad über Gletscher führt. Die riskanten Stellen sind jedoch abgesichert.

Am Ende der Straße, 56 km von Sortland entfernt, liegt der kleine Fährort **Kaljord.**

Verkehr: Bis zu 4 × tägl. Busverbindung nach Sigerfjord, und weiter nach Kaljord.

Fähre: 2–3 x tägl. Kaljord–Hanøy, von wo man auf der neueröffneten Straße nach Fiskebøl kommen kann. Die Verwirklichung der geplanten Festlandverbindung der Lofoten weiter ostwärts wird noch einige Zeit dauern (fertig ist die Brücke über den Raftsund).

Schnellboot: 2 x tägl. verkehrt ein der Nordlandsekspressen zwischen Stokmarknes über Digermulen nach Svolvær; Hanøy und Kaljord werden nicht immer und dann nur bei Bedarf angelaufen.

Versorgung: Lebensmittelladen, Bank, Post, Autowerkstätten in Sigerfjord.

Nordlandboot ›Munin‹ im Trollfjord

Die Schlacht im Trollfjord

Im Trollfjord, einem 2 km langen und nur etwa 100 m breiten Seitenfjord des Raftsund, dessen steile nackte Felswände fast senkrecht ins Meer stürzen, fand im Jahre 1890 die berühmte Schlacht zwischen den Küstenfischern mit ihren Ruderbooten und der Besatzung der modernen Dampfschiffe statt, die Johan Bojer in seinem Buch: ›Die Lofotfischer‹ ausführlich beschreibt: Tagelang hatten die Fischer in Henningsvær vergeblich auf den Kabeljau gewartet, bis sie schließlich beobachten, daß die Seevögel ostwärts ziehen. Die Fischer folgen den Vögeln, rudern nach Kabelvåg und von dort mit vielen anderen Nordlandbooten wieder ostwärts in den Raftsund hinein. Es sind Wale gesichtet worden, und wo Wale sind, gibt es Heringe, und wo Heringe sind, gibt es Kabeljau. Doch am Trollfjord müssen sie feststellen, daß Dampfschiffe sich quer über den schmalen Fjord gestellt, ihre großen Netze ausgeworfen und den Zugang für alle Ruderboote gesperrt haben. Wutentbrannt und verbittert stürzen sich die Fischer auf die Dampfboote und erkämpfen sich mit Rudern und Bootshaken den freien Zugang zum Fjord und zum Kabeljau. Sie erringen den Sieg und können ungehindert fischen. Soweit der Roman.

Die Schlacht am Trollfjord war, historisch gesehen, der erste große Kampf zwischen kapitalkräftigen Unternehmern und armen Fischern um die Ressourcen des Meeres. Aber wie kam es eigentlich dazu? Den direkten Anstoß gab Ole Johann Kaarbø, ein umtriebiger, erfolgreicher Geschäftsmann, dem mehrere Dampfschiffe gehörten und der sein Geld u. a. mit dem Verkauf von Fischköder verdiente. Das war auch der Grund, warum er Ende Februar 1890 mit einem kleinen Dampfschiff im Raftsund unterwegs war. So erfuhr er als einer der ersten, daß sich große Mengen Fisch in dem von einer dicken Eisschicht bedeckten Trollfjord eingefunden hatten. Kaarbø versuchte auf Bitten einiger Fischer, die im eisfreien Teil des Fjordes fischten, das Eis mit seinem Dampfschiff aufzubrechen, was ihm aber nicht gelang. Daher machte er den Vorschlag, ein größeres Dampfboot als Eisbrecher zu holen, allerdings wollte er dafür von jedem der etwa 500 Fischerboote im Raftsund 1 Krone haben. Die Antwort war ein empörtes Nein. Eine Einigung kam nicht zustande. Die Gemüter erhitzten sich. Mit Zustimmung der Fischereiaufsicht beschloß nun Kaarbø, ein Sperrnetz quer über den Fjord, direkt an der Eiskante auszulegen. Diejenigen, die im abgesperrten Bereich fischen wollten, sollten ihm die Hälfte ihres Fanges abgeben, ein Vorschlag, in den einige der von den Fischern gewählten Vertreter einwilligten. Als dann aber unerwarteterweise ein gewaltiges Unwetter das Eis aufbrach, stürmten die Fischer mit etwa 600 Booten in den Fjord und begannen unter chaotischen Umständen, ihre Leinen auszulegen. Jetzt waren nur noch wenige bereit, einen Anteil abzugeben. Karrbø entschloß sich nun zu dem Schritt, der die Schlacht auslösen sollte: Mit vier Dampfbooten und zwei Netzbooten riegelte er den Fjord ab. Der Ausgang der nun folgenden Schlacht ist bekannt: Die Fischer erkämpften sich den freien Zugang. Vom 6. März bis Anfang April wurden im Trollfjord 1 Mio. Kabeljaue gefischt, ihr Wert wurde auf 240 000 Kronen veranschlagt.

Dies war aber nicht das Ende der Schlacht: Per Telegramm an das Innenministerium protestierten etwa 2000 Fischer gegen die Fjordabsperrung. Die in den nächten drei Monaten im Storting folgenden Diskussionen um die Rechte der Fischer einerseits und die der kapitalkräftigen Dampfbootbesitzer andererseits, in denen es vor allem um die Verwendung der kapitalaufwendigen Senknetze ging, waren heftig, die Argumente in vieler Hinsicht bis heute aktuell: Die um 1880 neueingeführten Senknetze nämlich waren um ein vielfaches effektiver als die normalen Fangleinen und Stellnetze. Sie wurden ins Meer gesenkt, unter dem Fischschwarm auseinandergezogen und, prall gefüllt, oben wieder zusammengezogen. Die einfachen Lofotfischer aber konnten sich diese Netze nicht leisten. Ein Nordländer etwa argumentierte im Parlament: »Die Fischer wissen, daß das Senknetz im Verhältnis zu den anderen die Gerätschaft des Kapitals ist. Wenn das Senknetz erst in Gebrauch kommt, werden viele jetzt noch selbständige, tüchtige Lofotfischer zu Dienern des Großkapitals erniedrigt werden.« Ein Oberlehrer aus Tromsø resümierte den Zorn der Fischer: »... Die Fischer fühlen sich klein und armselig gegenüber dem großen und mächtigen Kapital.« 1893 wurde die Fischerei mit Senknetzen u. a. als Folge der Schlacht im Trollfjord verboten.

In diesem Zusammenhang sei auch aus dem 1913 in Leipzig erschienenen Nordland-Buch von Karl Lausberg zitiert: »Die wenigen Dampfschiffe, die jetzt in Benutzung sind, werden von den Bootfischern mit scheelen Augen angesehen, und die norwegische Regierung hat ... Maßnahmen treffen müssen, um die kleinen Fischer gegen den Wettbewerb der modern eingerichteten Fischereifahrzeuge zu schützen. Sicherlich werden aber die einfachen und weltfernen Nordlandfischer nicht mehr lange gegen die neuzeitlichen Errungenschaften ankämpfen können.«

Unternehmungen: A/L Møysaltur in Hennes, ✆/Fax 76 15 62 44: geführte Touren auf den Møysalen, Anfang Juni–Ende Sept.; Übernachtungsmöglichkeit ist vorhanden, auch Angelfahrten und Bootsausflüge zum Trollfjord.

Am Raftsund

Hanøy (auf Austvågøy) am Eingang zum Raftsund mitsamt der vorgelagertenInsel **Brottøy** ist ein interessantes Ausflugsziel. Denn hier kann man noch nachempfinden, wie einsam die Menschen einst auf den Inseln lebten. Erst Ende der 1990er Jahre wurde die Straße von Fiskebøl nach Hanøy fertiggestestellt.

Anreise: s. S. 213 Fähre und Schnellboot.

Unterkunft: Brottøy Ferie og Fritid, Hanøy, ✆ 76 15 56 15.

Am ehemaligen Fährort **Kongselv** vorbei führt die Straße gen Süden am schmalen Sund entlang und bietet dem Fahrer ganz einzigartige Ausblicke auf die wilde Gebirgswelt Austvågøys. Kurz vor Digermulen verläuft die Grenze zu den Lofoten.

Der kleine Ort **Digermulen** auf dem südwestlichen Zipfel der Insel Hinnøya war als Tor zu den Naturschönheiten Raftsund und Trollfjord gegen Ende des 19. Jh. ein beliebtes Touristenziel, das im Sommer bei schönem Wetter täglich bis zu drei Ausflugsboote anliefen und das u. a. der deutsche Kaiser Wilhelm II. mehrmals aufsuchte. Das erste Mal ankerte die kaiserliche Flottille 1889 vor Digermulen. Zum Andenken an seine Besuche wurden zwei Gedenksteine auf dem Gipfel des vom Kaiser bestiegenen Digermulkollen errichtet, die im Zweiten Weltkrieg abgerissen und Ende der 1980er Jahre von der Bevölkerung Digermulens, die dem Kaiser als dem Begründer des Lofottourismus sehr günstig gesonnen ist, wieder aufgebaut wurden. Nach dem Krieg geriet Digermulen unverständlicherweise ins touristische Abseits.

Schon traditionell, wird noch heute jedes Jahr im Juli der ›Kaisermarsch‹ auf den **Digermulkollen** veranstaltet. Diese auch für Kinder gut geeignete Wanderung dauert etwa zwei Stunden, ist hervorragend gekennzeichnet und wird mit einer einzigartigen Aussicht über Austvågøys gewaltige Gebirgswelt, den Raftsund und den Vestfjord belohnt.

Noch auf dem Gebiet der Vesterålen befindet sich auf der anderen, nur mit dem Boot zugänglichen Seite des Raftsundes, in Höhe der Insel Ulvøy, der tief in die gewaltige Bergwelt Austvågøys eingegrabene **Trollfjord.** Von den Lofoten (Svolvær, s. S. 82) werden dorthin regelmäßig Bootstouren angeboten.

TIPS & ADRESSEN

Alle wichtigen Informationen rund ums Reisen – von Anreise und Urlaubsaktivitäten bis Auskünfte und Zeit – auf einen Blick.

Ein Sprachführer hält die wichtigsten Vokabeln griffbereit.

Literaturtips helfen bei der Einstimmung auf die Inselwelten.

INHALT

REISEVORBEREITUNG

Informationsstellen

Norwegisches Fremdenverkehrsamt
Postfach 11 33 17
20433 Hamburg
✆ 01 80/5 00 15 48
Fax 0 40/22 71 08 15
Internet:
www.norwegeninfo.com
www.visitnorway.com
www.aktiv-urlaub.com

Über das Norwegische Fremdenverkehrsamt erhält man Informationen über Norwegen und seine verschiedenen Regionen. In jedem Jahr wird der ›Offizielle Norwegenkatalog‹ herausgegeben, in dem viele nützlichen Tips und Adressen verzeichnet sind – z.B. Adressen der auf Skandinavien spezialisierten Reisebüros, der Fährlinien und Übernachtungsmöglichkeiten. Info-Pakete zu einzelnen Reisegebieten sowie zu vielen Spezialthemen wie Camping, Angeln usw. können per beigelegter Bestellkarte angefordert werden.

Königlich Norwegische Botschaft
... in Deutschland
Rauchstraße 1
10787 Berlin
✆ 0 30/50 50 50
Fax 50 50 55

... in Österreich
Bayerngasse 3
1037 Wien
✆ 01/7 15 66 92-93-94
Fax 7 12 65 52

... in der Schweiz
Bubenbergplatz 10
CH-3011 Bern
✆ 0 31/3 10 55 55
Fax 3 10 55 50

Einreisebestimmungen

Für die Einreise nach Norwegen genügt ein gültiger Personalausweis oder Reisepaß. Für Kinder bis 16 Jahren ist ein Kinderausweis erforderlich, ab 10 Jahren mit Bild.

Geld und Geldwechsel

Die Währungseinheit in Norwegen ist die Krone (NOK), sie entspricht 100 Øre. Die Einfuhr von Bargeld und Reiseschecks in beliebiger Höhe ist erlaubt, die Ausfuhr hingegen auf 5000 NOK beschränkt.

Reiseschecks und Euroschecks sind allgemein üblich. Kreditkarten werden nur an bestimmten Stellen (z. B. große Tankstellen und Hotels) akzeptiert.

Gesundheitsvorsorge

Das E 111-Formular der deutschen Krankenkassen gilt auch in Norwegen. Der Abschluß einer privaten Krankenversicherung ist dennoch anzuraten.

Da es auf vielen Inseln nur einen Arzt gibt und fast alle Arzneimittel rezeptpflichtig sind, lohnt es sich, die gängigen Medikamente mitzunehmen. Auch empfiehlt es sich – obwohl die Lofoten kein ausgesprochenes Mückengebiet sind – an Mückenmittel und Salbe gegen Juckreiz und Sonnenbrand zu denken.

Karten

Norwegenkarten gibt es viele. Empfehlenswert sind die neuen Karten von ›Statens Kartverk‹. Der Kartensatz für ganz Norwegen besteht aus fünf einzelnen Kartenblättern, die jeweils mit Stadtplänen und Namensregister versehen sind. Lofoten und Vesterålen befinden sich in ›Veikart Nordland‹. Sehr gut ist auch der Straßenatlas Norwegen im Maßstab 1: 300 000, mit vielen Stadtplänen und Informationen.

Eine im Rahmen einer Diplomarbeit an der Fachhochschule Karlsruhe erstellte Lofotenkarte im Maßstab 1:100 000 enthält viele Informationen wie Unterkünfte, Sehenswürdigkeiten. Das genannte Kartenmaterial sowie eine große Auswahl an Literatur sind über die folgende, auf Skandinavien spezialisierte Buch- und Landkartengroßhandlung erhältlich:

NORDIS Buch und Landkarten GmbH
Postfach 10 03 43
40767 Monheim
✆ 0 21 73/95 37 12
Fax 5 42 78
E-Mail: nordisbulk@ad.com
Internet: www. nordis.com/versand

Topographische Wanderkarten (Maßstab 1:50 000) sollte man erst vor Ort kaufen (s. S. 237, 247f.).

Kleidung

Auf den Inseln kann es mitten im Sommer schneien, wochenlang regnen, aber auch knallheiß werden. Man sollte sich also auf alles einrichten, vor allem aber auf ständige Wetterwechsel. Wichtig sind gute Regenkleidung, winddichter Anorak, ein dicker Wollpulli, Mütze, Gummistiefel, feste Wanderschuhe, darüber hinaus aber auch Shorts und Badeanzug.

Auf größeren Campingplätzen sowie in den meisten Jugendherbergen und Rorbu-Anlagen gibt es Waschmaschinen und Trockner. Es lohnt sich, ein Fernglas im Reisegepäck zu haben!

Körperbehinderte

In Norwegen haben sich viele öffentliche Einrichtungen, Hotels und auch Campingplätze auf die Bedürfnisse Behinderter eingestellt.

Die norwegische Eisenbahn (NSB) ist behindertengerecht eingerichtet, und auch die neuesten Fähren und einige Hurtigrutenschiffe sind für Gehbehinderte nutzbar.

Geeignete Übernachtungsmöglichkeiten sind den entsprechenden Broschüren des Norwegischen Fremdenverkehrsamtes zu entnehmen und Transportmittel direkt bei den Reedereien bzw. an Bahnhöfen und in Reisebüros zu erfragen.

Reisezeit

Die Hauptreisezeit auf den Lofoten und Vesterålen liegt zwischen Mitte Juni und Mitte August. Die Mitternachtssonne scheint je nach Breitengrad von Ende Mai/Anfang Juni bis Mitte/Ende Juli (je nördlicher, desto länger). Im Juni fällt die im Jahresdurchschnitt bei weitem geringste Niederschlagsmenge, der Juli ist der wärmste Monat.

Wer sich vor Anfang Juni und nach Mitte August nördlich des Polarkreises aufhält, wird außer einigen Übernachtungs- und Bootsverleihmöglichkeiten kaum touristische Angebote finden. Die meisten Museen sind geschlossen, organisierte Wandertouren und Bootsausflüge auf den nächsten Sommer verschoben. Man hat allerdings alle schönen Sandstrände, Buchten und Rastplätze für sich. Bis Ende Mai/Anfang Juni hängen übrigens noch die Fische an den Trockengerüsten – sind sie erst abgenommen und verpackt, sieht man während des ganzen Sommers kaum mehr Fischer bei der Arbeit. Ab Mitte August sind die Vogelfelsen verlassen, aber ab September locken die Inseln mit wunderschöner Herbstfärbung in den Bergen und stiller Einsamkeit.

Der Winter ist als Reisezeit noch nicht entdeckt, obwohl es neben dem aufregenden, von Januar bis April dauernden Lofotfischfang (blaues Meer, verschneite Berge, viele, viele Fischerboote) und dem lebendigen Treiben in den Fischerorten auch reichlich Gelegenheit zum Skifahren gibt. Die *Rorbuer* (Fischerhütten) sind winterisoliert, ab März werden die Tage wieder länger, und bereits im April sind sie nicht mehr ganz dunkel.

Niederschlag, Durchschnittswerte in mm

	Jan	Feb	Mrz	Apr	Mai	Juni	Juli	Aug	Sep	Okt	Nov	Dez	Jahr
Leknes (Vestvågoy)	143	112	98	70	46	45	64	67	117	166	141	155	1224
Kleiva (Sortland)	135	123	98	85	65	67	80	89	140	205	159	151	1397
Andøya	82	72	67	63	50	56	63	74	96	131	102	101	957

Temperatur, Durchschnittswerte in °C

	Jan	Feb	Mrz	Apr	Mai	Juni	Juli	Aug	Sep	Okt	Nov	Dez	Jahr
Røst	1,1	0,9	1,4	3,0	5,9	8,5	10,8	11,3	9,1	6,6	3,8	1,9	5,4
Kleiva	–2,1	–1,9	–0,9	1,9	6,4	10,2	12,5	12,2	8,4	4,6	0.8	–1,3	4,2
Andøya	–2,6	–2,1	–1,4	1,1	5,2	8,5	11,0	11,0	7,9	4,2	0,9	–1,2	3,2

Zoll

Wer sich auf die lange Fahrt über den Polarkreis begibt, wird sein Auto meist mit Vorräten beladen. Erlaubt sind die Einfuhr von Lebensmitteln für den Eigenbedarf, ausgenommen Fleisch (nur 3 kg in Konserven sind erlaubt), Milchprodukte, Eier, Kartoffeln, Pflanzen oder Pflanzenteile.

Preise für Alkohol und Tabak sind in Norwegen horrend. (Daher bietet sich Alkohol auch als Mitbringsel für norwegische Bekannte an.) Abgabenfrei sind für Personen ab 20 Jahren:1 l Spirituosen bis 60 % und 1 l bis 22 %, alternativ 2 l bis 22 % und 2 l Bier; (ab 18 Jahren) 200 Zigaretten oder 250 g Tabak. Gegen Verzollung dürfen noch mal 4 l Spirituosen/Wein und 10 l Bier mitgenommen werden.

Die Einfuhr von Waffen und Munition, Angelnetzen und Krebsfanggerätschaften ist streng verboten.

Hunde und Katzen dürfen mitgenommen werden, wenn eine tierärztliche Bescheinigung alle Einfuhrbestimmungen bestätigt, u. a. verschiedene Impfungen (vor allem gegen Tollwut) und Gesundheitstest. Formulare beim Tierarzt oder der Staatl. Norw. Tiergesundheitsverwaltung:
Statens dyrehelsetilsyn
Sentralforvaltningen
Postboks 8147 Dep., N-0033 Oslo
✆ 00 47/22 24 19 40 (Mo–Fr 8–15 Uhr), Fax 22 24 19 45, E-Mail: post@dyrehelsetilsynet.no

ANREISE

... mit dem Flugzeug

Die teuerste, aber auch bequemste Art der Anreise bietet das Flugzeug. Hauptflughafen mit Auslandsverbindung ist Oslo. In Norwegen gibt es ein gut ausgebautes Netz an inländischen Flugverbindungen. Die Flüge zu den Lofoten und Vesterålen (s. S. 224f. und im Reiseteil unter den jeweiligen Orten) gehen von Bodø aus, das direkt von Oslo über Trondheim angeflogen wird.

Vor allem im Sommer werden unterschiedliche Rabatte angeboten: Der ›Visit Scandinavia Air Pass‹ z. B. ermöglicht vergünstigte Flüge. Informationen können über das örtliche Reisebüro bezogen werden bzw. über die Lufthansa/SAS Call Center (auch Reservierung)
in Deutschland: ✆ 0 18 03/23 40 23
in Österreich: ✆ 0 71 34/56 78 90
im Internet: www.sas.se

... mit der Eisenbahn

Mit dem Zug gelangt man über Hamburg und Kopenhagen nach Oslo, von dort entweder nach Bodø, dem nördlichsten Punkt der Nordland-

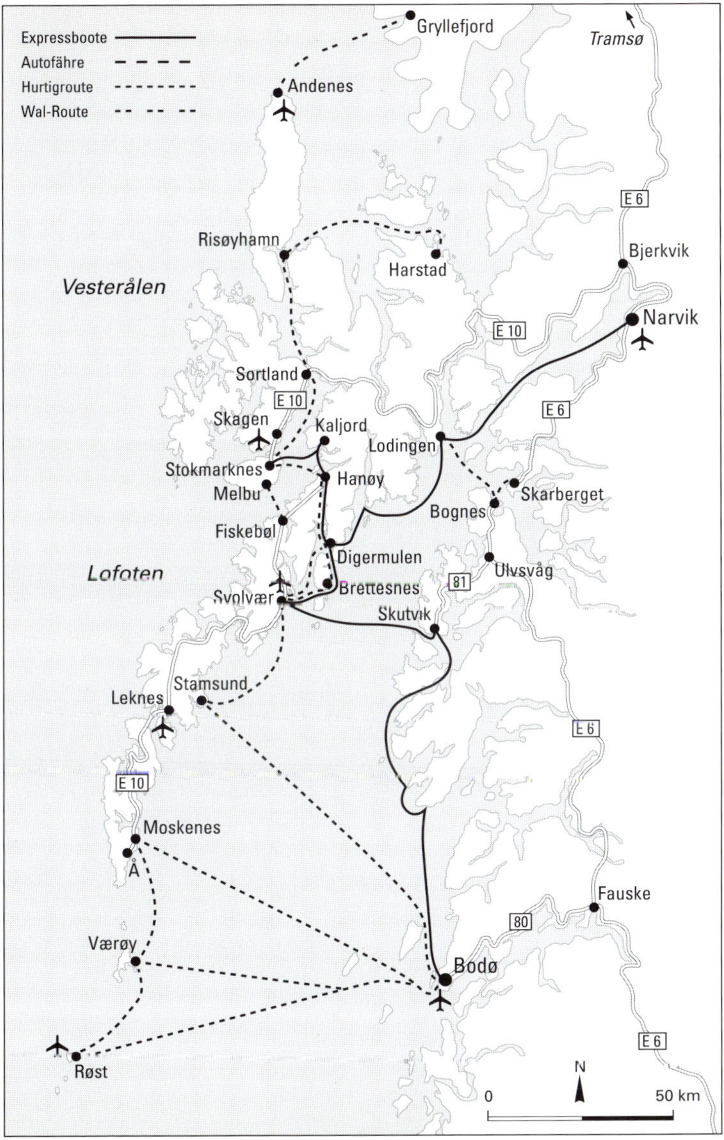
Expressboote
Autofähre
Hurtigroute
Wal-Route
Gryllefjord
Tramsø
Andenes
E 6
Risøyhamn
Harstad
Bjerkvik
Vesterålen
Narvik
E 10
Sortland
E 10
E 6
Skagen
Kaljord
Lodingen
Stokmarknes
Hanøy
Melbu
Skarberget
Bognes
Fiskebøl
Digermulen
Ulvsvåg
Lofoten
81
Brettesnes
Svolvær
Skutvik
Stamsund
Leknes
E 6
E 10
Moskenes
Å
Fauske
80
Værøy
Bodø
E 6
Røst
N
0
50 km

bahn, oder aber durch Schweden nach Narvik. Sowohl von Narvik als auch von Bodø aus hat man Bus-, Boot- und Flugverbindung zu den Lofoten/Vesterålen.

Zugfahren ist in Schweden billiger als in Norwegen, in beiden Ländern sind die Fahrkarten an Werktagen preiswerter als am Wochenende. Relativ günstig ist der **ScanRail Pass,** der auch Ermäßigung in vielen Bussen, Fähren, Jugendherbergen und einigen Hotels bietet. Er gilt für 21 Tage oder 1 Monat, für 5 Reisetage innerhalb von 15 Tagen oder für 10 Reisetage innerhalb eines Monats. Erhältlich ist der ScanRail Pass in Reisebüros sowie bei der Deutschen Bahn, der SBB/CFF und beim Österreichischen Verkehrsbüro.

Für Reisende bis 26 Jahren bietet sich das **InterRail Ticket** an, das einen Monat für ganz Europa gültig ist. Wer nur Skandinavien bereisen möchte, kann eines der preiswerteren ›InterRail-Zonentickets‹ erstehen. Norwegen gehört zur Zone B.

Bei vorgeplanter Gültigkeitsdauer bietet **Euro Domino** unbegrenztes Bahnreisen in Norwegen.

Info: *NSB Norges Statsbaner*
✆ 00 47/81 50 08 88-4
Internet: www. nsb.no

Entfernungen

Oslo – Svolvær: 1392 km
Bodø – Svolvær: 241 km
Narvik – Svolvær (via Skutvik): 138 km
Narvik – Sortland: 200 km
Tromsø – Sortland: 411 km
Nordkapp – Svolvær: 932 km
Sortland – Svolvær: 79 km
Sortland – Andenes: 100 km
Svolvær – Å: 130 km

Anschlüsse in Bodø und Narvik

Weiterfahrt von Bodø und Narvik auf die Lofoten/Vesterålen:

Schnellboote

Bodø – Svolvær – Stokmarknes (Nordlandsekspressen) 6 x pro Woche, Fahrtdauer von Bodø via Skutvik nach Svolvær 3 1/2 Std., von Svolvær (hier Busanschluß zu den West-Lofoten) via Digermulen nach Stokmarknes (hier Busanbindung nach Sortland) 1 1/2 Std.

Narvik – Svolvær (Nordlandsekspressen) 6 x pro Woche, Fahrtdauer Narvik (Zugverbindung von Schweden) via Lødingen nach Svolvær (hier Anschluß an die südwärtsgehenden Hurtigrute) 3 1/4 Std.

Busse

Fauske (korrespondiert mit Zug von Trondheim bzw. Bus von Bodø) – Lødingen – Harstad: 1 x tägl., Fahrtdauer (241 km) 5 1/4 Std.

Narvik – Harstad – Sortland – Svolvær: 3 x tägl., am Wochenende nur 1 x tägl., Fahrtdauer Narvik – Harstad (130 km) 2 1/4 Std., Harstad – Sortland (81 km) 2 Std. 5 Min., Sortland – Svolvær (80 km) 2 Std. 25 Min.

Flugzeug

Auf den Lofoten und Vesterålen gibt es folgende Flugplätze: Røst, Værøy, Svolvær und Leknes auf den Lofoten, Andenes und Skagen (nördlich Stokmarknes) auf den Vesterålen, die werktags von Bodø aus mindestens 2 x täglich angeflogen werden. Im Sommer gibt es viele Rabatte.

Sonderpreise für Flugreisen bei der Fluggesellschaft Braathens SAFE erhalten alle Personen mit festem Wohnsitz außerhalb von Norwegen.
Info im Reisebüro oder bei
Braathens SAFE
P.O.Box 55, N-1330 Fornebu
Info: ✆ 00 47/67 59 70 00
Buchungen: ✆ 67 58 60 00
Fax 67 59 13 09
Internet: www.braathens.no

Nach Røst und Værøy besteht jeweils eine Hubschrauberverbindung.
Info beim Fremdenverkehrsamt oder direkt bei der Fluggesellschaft:
Widerøe
Postboks 131, Vollsveien 6
N-1324 Lysaker
Buchungen: ✆ 81 00 12 00
Fax 67 11 61 95
Internet: www.wideroe.no

... mit dem Bus

Der Bus ist eine Alternative zum Auto und Zug. Mit dem **NOR-WAY Buss-Pass** kann man an 7 bzw. 14 zusammenhängenden Tagen unbegrenzt reisen. Direktverbindungen Deutschland – Norwegen:
Berlin – Rostock – Göteborg – Oslo, ganzjährig 1 x pro Woche, im Sommerhalbjahr 2 x pro Woche.
Hamburg – Flensburg – Kristiansund – Stavanger, ganzj. 3 x pro Woche
Info:
NOR-Way Bussekspress AS
Karl Johansgt. 2, N-0154 Oslo
✆ 00 47/81 54 44 44
Fax 23 00 24 49
E-Mail: rute-informasjon@norway.no
Internet: www.nor-way.no
oder:
Deutsche Touring GmbH
Adenauerallee 74, ZOB
20097 Hamburg
✆ 0 40/24 98 18, Fax 24 94 95

... mit Auto und Fähre

Autoreisezüge gibt es keine, Autofähren nach Norwegen gibt es viele. Am einfachsten ist es, sich in einem Reisebüro mit den Prospekten der einzelnen Fährlinien zu versorgen. Geld sparen kann, wer sich genau informiert und die verschiedenen Angebote der Gesellschaften vergleicht. Auf folgende Punkte sollte man achten: Am Wochenende sind die Fährfahrten oft erheblich teurer. Wer zwischen Ende Juni – Mitte August nach Norwegen reist, muß frühzeitig buchen. Man spart nicht nur Wartezeit, sondern auch Geld – ein am Terminal gekauftes Ticket kann bis zu 30 % teurer sein.

Kinder reisen je nach Schiffsgesellschaft bis 4, 5 oder 6 Jahren gratis, bis zu 11, manchmal auch 16 Jahren zahlen sie nur den halben Preis.

Wer mit dem **Campingbus** oder **Wohnwagen** reist, sollte sich genau nach Länge und Höhe erkundigen, von der ab der Pkw-Preis nicht mehr gilt – es gibt große Unterschiede. Ab 5 bzw. 6 m Länge und 1,85–2,20 m Höhe muß mehr bezahlt werden. Es zählt dabei nicht nur die Höhe, die in den Autopapieren eingetragen ist, Gepäckträger und Aufbauten werden mitgerechnet. Wegen der hohen Aufpreise lohnt sich manchmal ein Umpacken für die Dauer der Überfahrt.

Fähren vom Festland

Color Line
Norwegenkai, 24143 Kiel-Gaarden
Info-✆ 04 31/7 30 00
Ticket-✆ 7 30 03 00, Fax 7 30 04 00
Internet: www.color-line.de
Generalagentur Schweiz:
Chemin des Curtils, 1261 Le Vaud
✆ 0 22/3 66 42 60, Fax 3 66 41 78
Generalagentur Österreich:
Color Line, c/o ÖAMTC Reisebüro
Schubertring 1–3, 1010 Wien
✆ 01/71 19 90, Fax 7 11 99 14 73
Kiel (D) – Oslo (N): 1 x tägl., Dauer $19\frac{1}{2}$ Std.
Hirtshals (DK) – Oslo (N): bis zu 6 x pro Woche, Dauer $8\frac{1}{2}$ Std., in der Nacht $12\frac{1}{2}$ Std.
Hirtshals (DK) – Kristiansand (N): bis zu 5 x tägl., mit Schnellfähre $2\frac{1}{2}$ Std., mit Großfähre $4\frac{1}{2}$ Std., über Nacht bis zu $10\frac{1}{2}$ Std.
Frederikshavn (DK)– Larvik/Moss (N): tägl. Abfahrt, Tagesüberfahrt 6 Std., Nachtüberfahrten 8–11 Std.
Hirtshals (DK) – Larvik (N) – Moss (N): in der Saison tägl. mindestens eine Abfahrt, Überfahrtsdauer am Tag $7\frac{1}{2}$ Std., in der Nacht $11\frac{1}{2}$ Std.

Stena Line:
Schwedenkai 1, 24103 Kiel
✆ 01 80/5 33 36 00, 04 31/90 99
Fax 01 80/5 33 36 05
Internet: www.stenaline.de
E-Mail: info.de@stenaline.com
Kiel (D) – Göteborg (S): 1 x tägl., Übernachtfahrt 13 Std.
Frederikshavn (DK) – Göteborg (S): mehrmals tägl., mit Fährschiff 3 Std. 15 Min., mit Stena Line Express 2 Std.
Grenaa (DK) – Varberg (S): 2 x tägl., Fahrtdauer 4 Std.
Frederikshavn (DK) – Oslo (N): 6–7 x pro Woche, Fahrtdauer ab Frederikshavn tagsüber $8\frac{1}{2}$ Std., ab Oslo über Nacht $12\frac{1}{2}$ Std.

Fjord Line: Karl Geuther GmbH & Co, Martinistr. 58, 28195 Bremen
✆ 04 21/1 76 03 62, Fax 1 85 75
E-Mail: Fjordline@bre.geuther-group.de
Hanstholm (DK) – Egersund (N): 7 x pro Woche (davon an 3 Tagen eine frühe und eine späte Abfahrt); 3 x pro Woche weiter nach Bergen

Scandlines: Buchung über Reisebüros oder Bahnhöfe
✆ 0 18 05/72 26 35 46 37
Internet: www.scandlines.de
Puttgarden (D) – Rødby (DK): Abfahrt alle $\frac{1}{2}$ Std., Fahrzeit 45 Min.
Rostock (D) – Gedser (DK): 2 x tägl., Fahrtdauer 2 Std.
Rostock (D) – Trelleborg (S): 3–4 x tägl., Fahrtdauer 5 Std. 45 Min.
Sassnitz/Mukran (D) – Trelleborg (S): 5 x tägl., Fahrtdauer 3 Std. 45 Min.

Günstig sind das
Schweden Ticket: Puttgarden – Rødby und Helsingør – Helsingborg (Abfahrt alle 20 Min.) bzw. Rostock – Gedser und Helsingør – Helsingborg;
Norwegen Ticket: Puttgarden – Rødby und Kopenhagen – Oslo (1 x tägl.) bzw. Rostock – Gedser und Kopenhagen – Oslo

TT-Line:
Mattentwiete 8, 20457 Hamburg
✆ 0 40/3 60 14 42, Fax 3 60 14 07
Internet: www.TTLine.de
E-Mail: info@TTLine.com
Travemünde (D) – Trelleborg (S): 4 x tägl., ca. $7\frac{1}{2}$ Std.
Rostock(D) – Trelleborg (S): 2-3 x tgl., Fahrtdauer 2 Std. 45 Min.

Zur **Weiterfahrt innerhalb Norwegens** bietet sich die E 6 an, die in Helsingborg beginnt und über Oslo und den Polarkreis bis zum Nordkapp hinaufführt. Die E 6 ist mit einer Autobahn nicht vergleichbar, man ›schafft‹ keine vergleichbaren Kilometer, abgesehen davon, daß außerhalb von geschlossenen Ortschaften eine Geschwindigkeitsbegrenzung von 90 km/h gilt.

Eine Alternative ist die **Anreise durch Schweden.** Ab Trelleborg, Helsingborg oder Göteborg (alles Fährorte) folgt man der E 4 in Richtung Stockholm über Jönköping nach Mjölby, wo sie nach Stockholm abzweigt. Nordlandfahrer müssen hier Richtung Norden nach Östersund weiterfahren. Wenn man genug hat von den schwedischen Wäldern, bieten sich mehrere Möglichkeiten an, nach Norwegen und auf die E 6 zu gelangen. Die glatteste Verbindung führt von Östersund auf der E 3 in nordwestlicher Richtung nach Trondheim.

Fähren in Norwegen

Wer auf die Lofoten möchte, muß eine Fähre nehmen, die Vesterålen lassen sich bis auf eine kurze Fährverbindung vor Narvik, die die E 6 unterbricht, auf dem Landweg erreichen. Grundsätzlich gilt: Wer nur um des Geldes willen den viel längeren Landweg in Kauf nimmt, spart insgesamt nicht viel, denn die Fähren sind im Verhältnis nicht so teuer, wie man es in Norwegen erwarten sollte, wohingegen das Benzin ein echter Luxus ist.

Vorbestellungen sind nur für die Strecke Bodø – Værøy – Røst – Moskenes in der Hochsaison nötig, die Telefonnummern der entsprechenden Schiffslinien sind in den Fahrplänen angegeben, Information und Buchung sind selbstverständlich auch in den örtlichen Touristeninformationen möglich.

Angaben zu Fähren (von Süden nach Norden):

Bodø (norwegisches Festland) – Værøy – Røst – Moskenes (Lofoten)
Die Autofähre verkehrt 1–2 x tägl., Fahrtdauer Bodø – Røst 4½–5 Std.; Bodø-Værøy 3½–5 Std.; Bodø – Moskenes 3½–5 Std. Der Fahrplan ist ziemlich unregelmäßig, die Inseln/Orte werden nicht immer in der gleichen Reihenfolge, die Inseln Værøy und Røst auch nicht auf jeder Fahrt angelaufen. Man muß den Fahrplan schon genau studieren, damit man auch dort hinkommt, wo man hin will. Reservierung für Autos: ✆ 00 47/76 11 82 18, Fax 76 11 82 01

Skutvik (Festland) – Svolvær (Lofoten)
Auf einigen Fahrten via Skrova, in der Sommersaison tägl. etwa alle 2–3 Std. zwischen 6 und 23 Uhr, Fahrtdauer 2 Std.

Um nach Skutvik zu gelangen, verläßt man die E 6 bei Ulvsvåg und folgt der Straße 81 bis an ihr Ende (36 km). Auf dem Weg passiert man den Hamsund-Hof, wo der norwegische Literaturnobelpreisträger Knut Hamsun aufgewachsen ist.

Bognes (Festland) – Skarberget (Festland) – Lødingen (Vesterålen)
Die Fähre über den Tysfjord nach Skarberget verkehrt in der Hochsaison bei Bedarf alle 40 Min., Fahrtdauer 25 Min.

Bognes (Festland) – Lødingen (Vesterålen)
Bis zu 12 x tägl., Fahrtdauer 60 Min. Die Fähre erspart den langen Landweg über Narvik. Hinter Lødingen gelangt man auf die E10, die durch Vesterålen führt, wo sich zwei Möglichkeiten bieten, die Lofoten per Fähre zu ereichen:

Vesterålen – Lofoten
Die Fähre **Melbu – Fiskebøl** verkehrt bis zu 12 x tägl., Fahrtdauer 25 Min. Wer über die Vesterålen auf die Lofoten anreist, hat noch eine andere, wenig bekannte, aber landschaftlich ausgesprochen reizvolle Alternative: Am Sigerfjord biegt man von der E10 auf die 822 ab, folgt dieser 40 km bis ans Ende zum Fährort Kaljord: Fähre **Kaljord – Hanøy,** 2–3 x tägl., Fahrtdauer 35 Min.; Info: *Nordtrafikk AS,* ✆ 00 47/76 11 11 11.
Von Hanøy gelangt man mit dem Auto weiter nach Fiskebøl.

Whale Route
Mai–August verkehrt 3 x tägl. eine Fähre zwischen Andenes (Andøya) und Gryllefjord (Senja), Fahrtdauer 1 Std. 40 Min. Sie ermöglicht die bequeme Weiterreise Richtung Tromsø.

... mit der Hurtigrute (Postschiff)

Eine schöne und bequeme Möglichkeit, die Fjordküste Norwegens kennenzulernen, ist eine Fahrt mit dem Postschiff, das zwischen Bergen und Kirkenes verkehrt. Die Lofoten und Vesterålen werden täglich aus nördlicher und südlicher Richtung per Häfen in Stamsund und Svolvær (Lofoten), Stokmarknes, Sortland und Risøyhamn (Vesterålen) angelaufen. Bei gutem Wetter macht der Hurtigrutendampfer einen Abstecher in den Trollfjord! Eine ausführliche Broschüre über die Hurtigrute in deutscher Sprache ist über das norwegische Fremdenverkehrsamt erhältlich.

Wer an einer streckenweisen Automitführung interessiert ist, muß präzise planen und sich lange im voraus festlegen. Die alten Dampfer haben nur für 4–6 Autos Platz, die neuen nehmen bis zu 50 Autos auf.
Informationen/Buchungen über das Reisebüro oder die *NSA – Norwegische Schiffahrts-Agentur*
Kleine Johannisstraße 10
20457 Hamburg
✆ 0 40/37 69 30, Fax 36 41 77
Internet: www.hurtigruten.de

UNTERWEGS AUF DEN INSELN

... mit dem Bus

Alle größeren Orte auf den Lofoten und Vesterålen, die an der E 10 liegen, sind täglich mehrmals mit dem Bus zu erreichen. Zwischen Svolvær und Sortland fährt der Bus 4–5 x tägl. Auf den Lofoten sind **Svolvær** und **Leknes** die Verkehrsknotenpunkte. Von diesen beiden Orten gehen alle

Busse auch zu den abgelegenen Ortschaften aus. Verkehrsknotenpunkt der Vesterålen ist **Sortland**, von hier aus fahren die Busse zu den verschiedenen Inselteilen und aufs Festland ab.

Für beide Inselgruppen gilt, daß die abgelegenen Ortschaften selten angefahren werden, manchmal nur 2–3 × in der Woche.

Informationen

Von der Verkehrsgesellschaft *Lofoten Trafikklag* gibt es einen ausführlichen Plan aller Busverbindungen (auch zu den kleinsten und selten angefahrenen Siedlungen), erhältlich in der Buszentrale am Hafen in Svolvær. Bestellen kann man Infomaterial

für die Lofoten: *Lofoten Trafikklag*
Postboks 183, N-8370 Leknes
✆ 00 47/76 06 40 40
Fax 76 08 06 12
Internet:
www.lofoten.com/trafikklaget/

für die Vesterålen: *Nordtrafikk Buss*
Postboks 314, N-8401 Sortland
✆ 00 47/76 11 11 11
Fax 76 11 11 12

... mit dem Boot

Die Lofotinseln **Værøy** und **Røst** haben, neben der Fährverbindung von Bodø und Moskenes, 6 x bzw. 3 x wöchentlich Schnellbootverbindung mit Reine und Moskenes. Die Ortschaften im **Kirkefjord**, die ohne Straßenanbindung sind, werden 2 x täglich von Reine aus mit dem Lokalboot angefahren. Haltestellen sind: Rostad, Kirkefjord und Vindstad, einige andere Ortschaften werden nur auf Anfrage angefahren.

Das Schnellboot von Bodø nach Sortland verbindet die Orte auf den Inseln von Svolvær, im **nordöstlichsten Teil von Austvågøy** und im **südwestlichen Teil von Hinnøya**, von denen einige weder Straßen- noch Fährverbindung haben, mit der Außenwelt. Von Bodø werden die Orte Skutvik, Skrova, Svolvær, Brettesnes, Ulvåg, Digermulen, Hanøy, Kaljord, Stokmarknes, Sortland angelaufen. An fünf Tagen in der Woche verkehrt das Boot von Svolvær über Digermulen nach Øksneshamn, von dort Bus nach Lødingen.

Die **Øksnes/Vestbygd-Inseln** werden vom Lokalboot zwischen Myre und Sandset bedient, angelaufen werden Breistrand, Barkestad und Tinden.

... mit dem Mietauto

In mehreren Lofot- und Vesterålorten, vor allem an den Verkehrsknotenpunkten wie Sortland oder solchen mit Flughafen wie Leknes, Svolvær, Skagen (nördlich Stokmarknes) und Andenes gibt es Filialen der großen, in ganz Europa tätigen Autoverleiher *(bilutleie)* wie Avis oder Hertz.

... mit dem Taxi

Da die Verbindung in abgelegene Ortschaften spärlich ist, bietet sich manchmal ein Taxi an, z. B. wenn der Ausgangspunkt einer Wanderung nicht der Endpunkt sein soll. Telefonnummern der Taxis erfährt man am besten in den Touristenbüros, sie sind aber auch in den meisten Touristenbroschüren abgedruckt.

UNTERKUNFT

Informationen

Beim norwegischen Fremdenverkehr in Hamburg kann man kostenlose Verzeichnisse über norwegische Campingplätze, Hotels und Jugendherbergen anfordern.

Für die Provinz Nordland gibt es vom *Nordland Reiselivs* A/S (s. S. 245) eine jährlich erscheinende Broschüre mit vielen Übernachtungsmöglichkeiten, die man in allen nordnorwegischen Touristeninformationen erhält. Ebenso geben die Regionen Lofoten, Vesterålen und Andenes ausführliche Informationsbroschüren heraus, in denen Übernachtungsmöglichkeiten angegeben sind.

Die Unterkünfte sind in drei Rubriken eingeteilt: Hotels/Pensionen/Jugendherbergen, Motel/Camping und Rorbu/Sjøhus. Neben Preisen enthalten die Listen Informationen über Anzahl der Hütten oder Zimmer, Ausstattung, Einrichtungen für Behinderte und Allergiker, Bootsverleih usw.

Wer im Hauptreisemonat Juli länger an einem Ort wohnen möchte, muß schon Monate vorher buchen, das gilt besonders für die begehrten Rorbuer, die man auch von Deutschland aus buchen kann.

Campingplätze/Hütten

Auf den Lofoten und Vesterålen gibt es sehr schön gelegene Campingplätze aller Kategorien und Preisklassen, die auf den Karten von Kümmerli & Frey (s. S. 220) eingezeichnet sind.

Auf allen größeren Plätzen befinden sich Kiosk, Duschen, Waschmaschinen sowie Kochplatten, Kühlschrank und Kinderspielplatz. Die Benutzung zusätzlicher Einrichtungen muß extra bezahlt werden. Viele Campingplatzbesitzer vermieten auch kleine Hütten *(hytter)* mit 2–6 Betten. Die Preise hängen von Größe und Ausstattung der Hütte ab.

Camping-Infos über den Fremdenverkehrsverein oder bei:
Reiselivsbedriftenes Landforening
Postboks 5465 Majorstua
N-0305 Oslo
✆ 00 47/23 08 86 20
Fax 23 08 86 21
E-Mail: firmapost@RBL.no
Internet: www.camping.no
Norges Automobil Forbund (NAF)
Storgt. 2, N-0155 Oslo
✆ 00 47/22 34 14 00, Fax 22 33 13 72

Hüttenvermittlung
FJORDTRA Reisebüro
Volgersweg 5, 30175 Hannover
✆ 05 11/3 88 34 34, Fax 3 88 34 35
Den Norske Hytteformiddling
Boks 3404 Bjølsen, N-0406 Oslo
✆ 00 47/22 35 67 10
Fax 22 71 94 13
Katalogbestellung in Deutschland:
✆ 04 31/97 04 94, Fax 97 04 96
Internet: www.hytte.com

Hotels, Pensionen, Fischerheime, Zimmer

Es gibt Hotels aller Preisklassen auf den Lofoten und Vesterålen, sie liegen in der Mehrzahl in den Verwaltungs- und Verkehrszentren. In der Regel sind die Zimmer, verglichen mit allen anderen Übernachtungsmöglichkeiten, sehr teuer. Viele norwegische Hotelketten bieten jedoch Rabatte und billigere Sommertarife an. Information über das norwegische Fremdenverkehrsamt in Hamburg.

Wenn Touristeninformation und Bank geschlossen haben: In Hotels ist es oft möglich, Schecks einzulösen, zu telefonieren, Post aufzugeben und Touristeninformationen, Broschüren und Veranstaltungskalender zu erhalten.

Billiger als Hotelzimmer sind Pensionen und Fischerheime *(fiskerhjem)* sowie Privatquartiere, die oft mit dem Schild *rom* (Zimmer) oder *husrom* ausgewiesen sind.

Familien- und Jugendherbergen

Die norwegischen Jugendherbergen *(ungdomsherberge / vandrerhjem)* sind für jedermann zugänglich, ungeachtet des Alters. Auch Nicht-Mitglieder dürfen – allerdings gegen Aufpreis – übernachten. Viele Jugendherbergen sind in alten Fischerhäusern untergebracht, liegen direkt am Wasser und bieten Bootsvermietung und Kochgelegenheiten. Die Preise variieren stark, die billigeren sind in der Regel die gemütlicheren. Viele der kleineren Jugendherbergen haben nur im Sommer geöffnet.

Information
Norske Vandrerhjem
Dronningensgate 26, N-0154 Oslø 1
✆ 00 47/23 13 93 00
Fax 23 13 93 50
E-Mail: hostels@online.no
Internet: www.vandrerhjem.no

Rorbuer/Sjøhus

Ursprünglich wurden die **Rorbuer** (Fischerhütten) für die Lofotfischer als Unterkünfte gebaut (s. S. 67 ff.). Heute sind sie Markenzeichen für die Lofoten und stehen im Sommer, Herbst und teilweise auch im Winter den Touristen zur Verfügung. Die Qualität ihrer Ausstattung reicht von sehr einfach bis luxuriös, alle Preislagen sind vertreten. Die Rorbuer, die es in fast allen Fischerdörfern gibt, stehen immer am Wasser und bieten oft Gelegenheit, Einblick in das Fischermilieu zu bekommen (vor allem die älteren). Zur Rorbu-Anlage gehört in den meisten Fällen auch ein Boot. Spätestens wenn man ein Rorbu plus Boot angemietet hat, sollte man sein Angelglück versuchen (lesen Sie dazu auch S. 234), billige und recht gute Angelruten gibt es an jeder größeren Tankstelle zu kaufen!

Sjøhus (Seehäuser) sind meist größere, neuere Gebäude, die in vielen Fällen im Erdgeschoß eine Fischannahme beherbergen und im oberen Stockwerk für Touristen ausgebaute Zimmer anbieten. Küche, eventuell ein Aufenthaltsraum und die Toilette werden oft von mehreren Mietern benutzt.

Rorbuer und Sjøhus sind auf allen Inseln mit einem eigenen Schild (Hütte auf Pfählen bzw. Haus) gut ausgeschildert. Für einen richtigen Lofoturlaub ist die Übernachtung in einem Rorbu fast obligatorisch.

ESSEN & TRINKEN

Restaurants

In den letzten Jahren ist das Restaurantangebot auf den Lofoten ständig erweitert worden. Zu vielen Hotels gehören Restaurants, stimmungsvoller aber sind die meist auf Fisch spezialisierten Restaurants und Cafés, die in alten Gebäuden wie Fischerhütten, Wohnhäusern, Trankochereien oder in ehemaligen Fischannahmestellen untergebracht sind, auf den Vesterålen ist das z. B. *Dampe-riet* in Straumsjøen/Langøya, auf den Lofoten die *Gammelbua* in Reine/-Moskenesøy, das *Gammel-Brygga Kafé*, das zu den Henningsvær-Rorbuer in Henningsvær/Austvågøy gehört, oder das *Bekkhaugen-Café* und das *Brygga-Restaurant* in Å/Moskenesøy.

Lofotspezialitäten

Nordlandspezialität ist natürlich der Fisch: ›Lofotkonfekt‹ nennt man den **Stockfisch**, der – in Wind und Sonne getrocknet – hart wie Holz geworden ist. Um ein Stück Stockfisch genießen zu können, muß man es mit dem Hammer oder einem Stein erst weichklopfen, bis es faserig ist: Beim Klopfen löst sich die Haut ab, die man nicht mitißt. In Touristeninformationen kann man das ›Konfekt‹ portionsweise teuer erstehen. Mit Kartoffeln wird der Stockfisch auch als einfaches Mittagessen serviert. Dazu wird er mindestens drei bis vier Tage in fließendem Wasser eingeweicht. Während dieser Prozedur erhält der Kabeljau viel von seiner ehemaligen Konsistenz zurück. Gut eingeweicht, wird er etwa 1 Minute in Salzwasser gekocht und zieht weitere 15 Minuten im heißen, aber nicht mehr kochenden Wasser.

Vor allem im Herbst und Winter wird der **Lutefisk** serviert. Dieses Gericht wird ebenfalls aus Stockfisch bereitet, der eine Woche lang in Wasser, dann in einer Lauge, danach

Stockfisch italienisch

Die Gerichte, die die Norweger aus ihrem Stockfisch kreiert haben, sind kulinarisch nicht besonders aufregend. Die Italiener, Hauptabnehmer des Trockenfisches der besten Qualität, sind da kreativer, ihre Rezepte sind ausgesprochen lecker. Voraussetzung für alle Rezepte ist auch hier das Einweichen des Stockfisches. Die Genuesen kochen den Stockfisch dann mit Zwiebeln, Möhren, Knoblauch, Petersilie, Tomaten, Anchovis, Paprika und Kartoffeln, Öl und verschiedenen Kräutern. Die Einwohner von Messina auf Sizilien bevorzugen als Zutaten Zwiebeln, Tomaten, Pinienkerne, Rosinen, Kapern, schwarze Oliven und Kartoffeln. Der Stockfisch wird in Stücke geschnitten und in Weißwein gedünstet.

wiederum in Wasser gelegt wird, wobei er eine gelbgraue, geleeartige Konsistenz annimmt. Diese glibbrige Masse wird gekocht und mit Kartoffeln, Rübenpüree und Speck serviert. Die Inselbewohner finden den Lutefisk lecker, Auswärtige sind oft weniger begeistert.

Ein norwegisches Nationalgericht ist **Rakørret**, die ebenfalls eine lange Zubereitungszeit hat. Eine frischgefangene Forelle wird ausgenommen, gewaschen, innen und außen gesalzen und auf der Außenseite zusätzlich mit Zucker bestreut. Dann wird der aufgeschnittene Fisch zwischen Holzscheite gelegt und, mit Holz oder Stein beschwert, mehrere Monate lang ›entsaftet‹. Er wird wie die ebenfalls in frischer Lofotluft getrockneten Schinken mit **Flatbrød** (einem dünnen Knäckebrot) gegessen, dazu trinkt man Bier, Wein oder einen Aquavit.

Noch nicht genug der Lofotspezialitäten: **Mølje** (›Mischmasch‹) ist seit jeher ein typisches Fischeressen gewesen. Es bestand aus gekochtem Fisch, Rogen und Leber und wurde mit Kartoffeln serviert. Ein wenig abgewandelt und verfeinert wird das Gericht in jedem Restaurant mit Flatbrød serviert, wenn auch Kenner behaupten, daß es echtes Mølje nur im Winter zur Laichzeit des Kabeljaus geben könne.

In saurer Sahne oder weißer Currysauce werden **Kabeljauzungen** serviert. Das Heraustrennen der Zungen war und ist vor allem Aufgabe der Jugendlichen in den Fischerdörfern, die sich damit einen kleinen Nebenverdienst sichern.

Apropos **Alkohol** zum Essen: Die Problematik ist vermutlich jedem Norwegenreisenden hinreichend bekannt. Alkohol ist teuer und bei weitem nicht überall zu bekommen. Auf den Lofoten ist Bier in speziellen *Ølutsalg* zu erwerben. Davon gibt es mehrere in den großen Orten. Spirituosen und Wein sind nur in staatlichen *Vinmonopolet*-Läden und dazu noch zu saftigen Preisen zu kaufen. (Der einzige auf den Lofoten befindet sich in Svolvær, auf den Vesterålen in Sortland.) Die meisten Restaurants haben Schankerlaubnis für Wein und Bier. Am Wochenende wird allerdings kein Schnaps serviert, und Jugendliche erhalten Spirituosen erst mit 18 Jahren

URLAUBSAKTIVITÄTEN

Angeln

Wer eine Angel im Gepäck hat, muß selten auf ein leckeres Mittagessen oder Abendbrot verzichten, denn Fisch gibt es in Hülle und Fülle – es ist fast ein Kunststück, keinen an die Angel zu bekommen. Im Meer wimmelt es von Dorsch, Seelachs und Schellfisch, in den zahlreichen Bergseen schwimmen Lachs, Forelle und Saibling. Das Fischen im Meer steht allen frei und ist kostenlos. Die meisten Rorbu-Vermieter und Übernachtungsbetriebe verleihen Boote. Einheimische wissen am besten, wo und wann der Fisch beißt. Es werden auf allen Inseln mehrstündige Angelausflüge auf Fischkuttern angeboten. Neben dem Fischen auf dem Meer ist es aber auch möglich, vom Land aus zu angeln.

Für das Befischen der Süßwasserseen muß von Anglern, die über 16 Jahre alt sind, eine staatliche Angellizenz erworben werden, die in allen Postämtern erhältlich ist. Die Gebühr wird auf vorgedruckten Zahlkarten überwiesen. Daneben ist für einige Gewässer zusätzlich der Erwerb einer Angelkarte *(fiskekort)* erforderlich, deren durchaus erschwinglicher Preis von Gültigkeitsdauer, Größe des Gebietes und Fischart/-qualität abhängt. Für die Seen in Gemeindebesitz – wie zum Beispiel diejenigen auf Moskenesøy – ist keine zusätzliche Angelkarte notwendig. Für Seen in Privatbesitz ist sie dagegen erforderlich, oder es muß die Erlaubnis der Besitzer eingeholt werden. Man sollte sich in den Touristeninformationen nach den örtlichen Gegebenheiten erkundigen. Dort kann man auch die Angelkarten erwerben, ebenso wie in Sportgeschäften, Kiosken und auf Campingplätzen.

Netze und Geräte für den Krebsfang dürfen weder eingeführt noch benutzt werden, die mitgebrachten Angelgeräte sollten unbedingt desinfiziert sein.

Ausführliche **Informationen** zum Thema Angeln verschickt das Norwegische Fremdenverkehrsamt in Hamburg (s. S. 219).

Ausflüge

Auf den Lofoten und Vesterålen werden eine Reihe von organisierten Ausflugsfahrten angeboten. Für die Touren empfiehlt es sich, einen warmen Pullover, Regenkleidung und feste Schuhe mitzunehmen, auch etwas Proviant kann nicht schaden. Ein gutes Fernglas ist ebenfalls immer von Nutzen. Für die meisten Ausflüge gibt es eine Ermäßigung für Kinder.

Zu den Klassikern gehören folgende Bootsausflüge (von Norden nach Süden; weitere Informationen dazu finden Sie im Reiseteil unter den jeweiligen Orten):

Walsafari Ab Andenes (Andøya), Dauer 4–5 Std., Mahlzeit an Bord sind im Preis inbegriffen
Ab Stø (Langøya), Fahrtdauer 7–8 Std.

Wal-, Seehund- und Vogelsafaris Ab Nyksund (Langøya), Dauer 6–8 Std.
Vogelinsel Bleiksøya Bootsfahrt ab Andenes oder Bleik (Andøya), Dauer ca. 2 Std.
Møysalen Geführte Wanderung mit Bootsfahrt zum Ausgangspunkt der Bergtour, ab Hennes/Kaljord auf Hinnøya, gute Kondition erforderlich, Dauer ca. 9 Std.
Trollfjord Bootstour ab Svolvær (Austvågøy), Dauer ca. 2½ Std.
Storbåthellaren Bootstour zur Steinzeithöhle auf Flakstadøy, ab Flesa (Vestvågøy) oder Nusfjord
Refsvikhöhle Bootstour zu den 3000 Jahre alten Höhlenmalereien auf der Außenseite von Moskenesøy, Ausgangsorte: Hamnøy, Reine, Moskenes, Å (bei der Anmeldung klären), Dauer ca. 5 Std.
Vogelfelsen auf Værøy oder Røst Bootstour von Værøy und Røst aus. Auf Værøy kann man die Tour zum Vogelfelsen (Dauer ca. 1 Std.) mit einer Tour zum verlassenen Ort Mostad kombinieren. Auf Røst wird man auf der Vogelinsel Vedøya abgesetzt und hat einige Stunden Zeit, sich umzusehen.

Schwertwalsafari in Tysfjord (zwar nicht zu den Lofoten und Vesterålen gehörig, aber auf dem Weg gen Norden): Mitte Oktober Beginn der Schwertwalsafairs im Tysfjord und inneren Ofotfjord. Nähere Information ✆ 00 47/76 94 33 09.

Von vielen Orten auf den Lofoten und Vesterålen werden Angelfahrten und Meersafaris angeboten. Das Projekt **Fischerbootferien** auf Moskenesøy bietet folgende Touren:

Fischer für einen Tag Dauer ca. 4 Std.
Meersafari Auf der Suche nach Robben, Adlern, Scharben, Walen wird auch geangelt, die Unternehmung dauert ca. 5 Std.
Angeltour im Vestfjord Dauer ca. 2½ Std.
Segeln und Rudern mit Nordlandbooten Inklusive Angeln und Zubereitung der gefangenen Fische, Dauer ca. 4 Std.

Die meisten der genannten Touren werden auch zur Zeit der Mitternachtssonne angeboten. Es gibt auf allen Inseln die Möglichkeit, Boote mit Skipper zu chartern und verschiedene Ausflugsziele miteinander zu kombinieren, die Touristeninformationen geben Auskunft.

Baden

Auf den Lofoten und Vesterålen gibt es zahlreiche feinsandige weiße Strände, und die Wassertemperatur bewegt sich aufgrund des Golfstroms im Juli/August zwischen 14–16° C; im flachen Wasser, z. B. am Ramberg-Strand, kann es auch mal 18–20° C haben. Da viele der Badestrände auf der westlichen Außenseite der Inseln liegen, hat man in den meisten Fällen das Vergnügen, dem Lauf der Sonne bis Mitternacht und weit darüber hinaus folgen zu können.

Golf

Im Sommer 1998 wurde bei Hov auf Gimsøya ein kleiner, landschaftlich traumhaft gelegener 6-Loch-Golfplatz eröffnet. Vorbild sind die frühen, im 15. Jh. in Schottland angelegten Golfplätze. Der Platz ist im Sommer 24 Std. pro Tag geöffnet.

Kanu- und Kajakfahren

In größeren Übernachtungsbetrieben ist es möglich, Kanus zu mieten und damit auf den Seen und stillen Fjordarmen zu paddeln. Bei großem Andrang werden zuerst die Übernachtungsgäste versorgt. Die Touristeninformationen in Svolvær und Sortland können Auskunft geben, wo man Kanus und Kajaks mieten kann.

Verleihe auf den Lofoten
Kanus: *Knutmarka Feriesenter*
Svolvær, ✆ 00 47/76 07 21 64
Kajaks: *Jann's Adventure Lofoten*
✆ 00 47/76 07 89 27
Nord-Norsk Klatreskole
✆ 00 47/76 07 49 11
Henningsvær

Im *Naturzentrum in Sortland* werden neben Paddeln (Kanu und Kajak) auch andere **Outdoor-Aktivitäten** angeboten, u. a. Klettern, Bergwandern und Angeln. Die Führungen dauern von 3 Std. bis zu einer Woche, Ausgangspunkt nach Wunsch. Info: ✆ 00 47/76 12 40 08.

Ein Magnet für Paddler und Wassersportfreunde ist das allsommerlich in Sortland veranstaltete 5tägige **Arctic Sea Kayak Race.** Die Profis legen innerhalb von 5 Tagen 280 km mit dem Kajak zurück, Start in Sortland. Das Programm umfaßt auch kürzere Wettbewerbe, Technik-Kurse und ein breitgefächertes Wassersportangebot (s. S. 178).

Klettern

Den Kletterern jucken beim Anblick der Lofotwand mit ihren alpinen Gipfeln die Finger, und der Anblick täuscht nicht. Die Lofoten, vor allem Austvågøy und Moskenesøy, sind ein Traum für jeden Kletterer. Der *Lofoten Tindeklubb*, Postboks 3, N-8301 Svolvær, hat einen Kletterführer für Austvågøy herausgegeben, der in der Touristeninformation in Svolvær erhältlich ist. Darin sind nur die Kletterrouten eingezeichnet, nicht aber die Wege bis zum Einstieg. Am besten setzt man sich mit den Mitgliedern des Tindeklubbs in Verbindung, ihre Telefonnummern und Namen sind im Führer angegeben.

In Henningsvær organisiert die *Nord-Norsk Klatreskole* (Nordnorwegische Kletterschule) Kurse, verleiht und verkauft auch die Ausrüstung. Außerdem bietet sie im Sommer regelmäßig die Besteigung der ›Svolvær-Geiß‹, dem berühmten Felsen von Svolvær (Abb. S. 78/79) an:
✆ 00 47/76 07 49 11
Fax 76 07 46 46

Auch auf den Vesterålen gibt es eine Reihe herausfordernder Gipfel. Der markante Reka auf Langøya gilt z. B. als sehr schwierig, dort trainierten norwegische Kletterer für Himalaya-Expeditionen. Eine Herausforderung für Normaltouristen ist eine Tour auf den Møysalen.

Radfahren

Die meisten Straßen auf den Lofoten führen am Wasser entlang, mit wunderschönem Blick auf die Bergketten der Nachbarinseln. Es sind nur wenige Steigungen zu bewältigen, und die vorhandenen Anstiege halten sich, verglichen mit dem Rest von Norwegen, in erträglichen Grenzen. Kurz und gut: Die Lofoten und Vesterålen sind ein Fahrradparadies, vor allem in der Vor- und Nachsaison, wenn man die zum großen Teil recht schmalen Straßen nicht mit Kolonnen von Wohnwagen und Campingbussen teilen muß. Fahrräder werden von der Touristeninformation in Svolvær sowie von vielen Übernachtungsbetrieben vermietet.

Informationen über Radfahren in Norwegen:
Sykkelturisme i Norge, SND
Postboks 448 Sentrum
N-0104 Oslo
✆ 00 47/22 00 25 00
Fax 22 42 96 11
E-Mail: hns@snd.no
Internet: www.bike-norway.com

Reiten

Diese Art der Fortbewegung gehört sicherlich zu den faszinierendsten Möglichkeiten, die abwechslungsreiche Insellandschaft kennenzulernen. Im *Lofoten Heste- og Fritidssenter* (Lofoten Pferde- und Freizeithof) in der Nähe von Fygle (auf Vestvågøy) kann man Unterricht nehmen und ausreiten, ✆ 00 47/76 08 19 95 oder 76 08 17 76.

Auch in mehreren Orten auf den Vesterålen ist es möglich, sich die schönen Vierbeiner zu leihen, u. a. in Risøyhamn (Andøya), *Andøy Ridesenter,* ✆ 76 14 72 97. Weitere Informationen in den Touristenbüros.

Segeln

Die norwegische Küste, der über weite Strecken ein vor den Unbilden des offenen Meeres schützender Schärengürtel vorgelagert ist, eignet sich ganz hervorragend zum Segeln. Es ist ein Traum, in einem der kleinen, nordnorwegischen Fischerdörfer Anker zu werfen. Die Gästeliegeplätze in den Häfen können darum in der Hochsaison mitunter recht knapp werden. Eine gute Vorbereitung und aktuelles Kartenwerk sind unerläßlich.

In allen Touristen-Broschüren sind die Gästehäfen und ihre Einrichtungen vermerkt. Nützliche Informationen bieten die Bücher: ›Gästehäfen in Norwegen‹ und ›Wir kreuzen in norwegischen Gewässern‹ von Erling Welle-Strand.

In Å (Moskenesøy) und Kabelvåg (Vestvågøy) werden Segelfahrten auf alten Nordlandbooten angeboten.

Seekarten erhält man bei:
Norges Sjøkartverk
Postboks 60, N-4001 Stavanger
✆ 00 47/51 85 87 00
Fax 51 85 87 01
Internet: www.statkart.no

Surfen

Zum Surfen gibt es hervorragende Gewässer, z. B. in Ramberg (Flakstadøy) oder in Buksnesfjord (Vestvågoy). Jedes Jahr finden hier Regatten statt, u. a. auch die nordnorwegische Surfmeisterschaft Ende Juli.

Eine offizielle Surfboardvermietung ist an mehreren Orten in Vorbereitung, einige Hotels verfügen aber schon heute über eine Anzahl von Brettern.

Im *Turistsenter Kinnarps,* Stokmarknes (Hadseløya) werden Surfkurse abgehalten und Ausrüstung vermietet: ✆ 00 47/76 15 29 99, Fax 76 15 29 95.

Tauchen

Es gibt sehr viele interessante Tauchgewässer auf dem Gebiet der Lofoten und Vesterålen. Die Möglichkeiten, Ausrüstung zu mieten und Tauchkurse zu belegen, sind aber noch nicht sehr zahlreich; es lohnt sich jedoch, in den Touristeninformationen genau nachzufragen.

Allgemeine Informationen:
Norges Dykkerforbund
Hauger Skolevei 1, N-1351 Rud
✆ 00 47/67 56 88 00
Internet: www.ndf.no

Lofoten: Tauchsafaris *(Dykkesafari)* auf Austvågøy bietet an:
Lofotdykk
Kaiveien 15, 8310 Kabelvåg
✆ 00 47/94 18 64 32 oder
76 07 82 71
Verleih von Taucherausrüstungs auf Vestvågøy:
Kræmmervika Rorbuer
Ballstad, ✆ 00 47/76 06 09 20

Vesterålen: Ein Treff für Taucher ist auch das *Kvalnesbrygga Camping og Dykkersenter* (Camping und Tauchzentrum) auf Andøya, 20 km südlich von Andenes, auch Bootsverleih:
✆ 00 47/76 14 63 78
Fax 76 14 63 77.

Wandern

Wandern auf den Lofoten und Vesterålen mit ihrer teilweise alpinen Hochgebirgswelt und grandiosen Blicken auf das Meer ist ein unvergleichliches Erlebnis. Es ist allerdings nicht ganz so bequem wie beispielsweise in den seit Jahrzehnten touristisch erschlossenen Nationalparks in den Gebirgen Jotunheimen, Rondane oder Dovre.

Der *Lofoten Turlag* und *Vesterålen Turlag,* Wandervereine, die dem norwegischen Tourist-Verein (DNT) angeschlossen sind, wurden erst gegen Ende der 1980er Jahre gegründet, der Lofoten Turlag verfügt über eine Hütte auf Moskenesøy, der Vesterålen Turlag über drei Hütten. Die meisten Wanderungen müssen daher, wenn man kein Zelt dabei hat, zurück in die Zivilisation führen. Entweder, indem man den Hinweg zurückgeht, oder, indem man zu einem Punkt an der Straße wandert, an dem man sich abholen lassen kann. Die Pfade sind bisher nur zum Teil mit Steinhaufen oder einem roten ›T‹ markiert. An einem Netz markierter Wege wird gearbeitet, eines der Endziele ist ein durchgängig markierter Pfad von ›A nach Å‹, von Andenes (Andøya) im Norden der Vesterålen nach Å (Moskenesøy) am südlichen Lofotzipfel.

Zum Wandern sind topographische Wanderkarten im Maßstab 1:50 000 erforderlich, in die man den Verlauf des Pfades selbst einzeichnen muß. Die Vorlagen dazu erhält man in den örtlichen Touristenbüros, wo man sich auch über die Länge und den Schwierigkeitsgrad der Wanderung informieren kann. Man sollte sich auch genau erkundigen, wie steil und ausgesetzt der Weg ist.

Achtung: Was für die Inselbewohner normal ist, kann für nicht schwindelfreie Flachlandbewohner schon zur Schwitzpartie werden. Festes Schuhwerk, warme Kleidung, ein Kompaß und Notverpflegung sind auch bei kürzeren Touren erforderlich. Wer auf Gummistiefel schwört (in feuchten Moorgebieten und nach Regenschauern durchaus verständlich), braucht solche, die festen Halt bieten und ein sicheres Profil haben. Nie vergessen: Das Wetter kann schnell umschlagen und so mancher Pfad läßt sich auch bei gutem Wetter nur schwer finden.

Die Lofoten und Vesterålen Wandervereine geben jedes Jahr ein Programm mit geführten Touren heraus, an denen Mitglieder, aber auch Nichtmitglieder teilnehmen können. Einige dieser Touren, beispielsweise zur Außenseite oder zu den kleineren Inseln ohne Lokalbootanbindung, sind ohne Führer gar nicht oder nur schwer möglich, bei manchen Touren erspart man sich durch Boots- oder Busanfahrt die Sorge, wie man an seinen Ausgangspunkt zurückkommt.

Auch wer kein Gruppenwanderer ist, sollte sich das Programm einmal genauer ansehen. Diese Touren bieten auch die Gelegenheit, naturbegeisterte Insulaner kennenzulernen und etwas über Lokalgeschichte, Fauna und Flora zu hören. Die Turlag-Programme liegen in jeder Touristeninformation aus. In der Regel wird ein kleiner Unkostenbeitrag erhoben.

Allgemeine Informationen:
Norwegischer Gebirgswanderverein (DNT)
Storgaten 3, Postfach 7 Sentrum
N-0101 Oslo
✆ 00 47/22 82 28 22
Fax 22 82 28 01
Internet: www.turistforeningen.de
DNT-Vertretung in Deutschland:
Helga Rahe
Drostestraße 3, 48157 Münster
✆ 02 51/32 46 08, Fax 32 68 46

Wintersport

Der Winter ist die aufregende Zeit des Lofotfischfangs. Auf den Bergen liegt von Januar bis April Schnee, die Temperaturen schwanken um den Gefrierpunkt. Vor allem auf Austvågøy und Vestvågøy, aber auch auf Hadseløya gibt es gute Möglichkeiten zum Skifahren.

Auf Vestvågøy gibt es ein ausgedehntes System von Langlaufloipen. In Gravdal, Hagskaret und Stamsund sind in den letzten Jahren beleuchtete Loipen und Skilifte eingerichtet worden. Querfeldein können auch ungeübte Langläufer überall, u. a. auf den weniger alpinen Inseln wie Andøya und Hadseløya, ganz hervorragend laufen.

Beleuchtete Langlaufloipen und einen Skihang mit Flutlicht und Lift (1000 m) bietet das *Knutmarka Feriesenter* in Svolvær (Austvågøy), ✆ 76 07 21 64. Geführte Ski- und Klettertouren bietet an: *Nordnorsk Klatreskole,* N-8330 Henningsvær (Austvågøy), ✆ 00 47/76 07 49 11, Fax 76 07 46 46.

KLEINER SPRACHFÜHRER

Die Lofotinger sprechen einen relativ gut verständlichen Dialekt des Norwegischen. Wer die Sprache schon etwas kann, kommt hier besser zurecht als beispielsweise in Westnorwegen.

Eine Besonderheit der norwegischen Grammatik soll kurz erwähnt werden, weil man immer wieder auf sie trifft: Die bestimmten Artikel werden an das Hauptwort geängt.

en bil (männlich) = ein Auto
bil**en** = das Auto
et hus (sächlich) = ein Haus
hus**et** = das Haus
ei hytte (weiblich) = eine Hütte
hytt**a** = die Hütte

Für die unbestimmte Mehrzahl wird **-er** an das Wort gehängt, für die bestimmte Mehrzahl **-ene**:

ei hytte = eine Hütte
hytter = Hütten
hyttene = die Hütten

en rorbu = eine Fischerhütte
rorbuer = Fischerhütten
rorbuene = die Fischerhütten

en lofot = ein Luchsfuß
lofoten = der Luchsfuß

Was für uns die Lofoten sind, ist in der richtigen Übersetzung also eigentlich bloß der Lofot. (Trotzdem gewaltig und schön.)

Die Norweger nennen sich beim Vornamen und duzen sich. Am besten stellt man sich mit Vor- und Nachnamen vor:
Jeg [jai] *heter…,* (ich heiße …) oder *jeg er …* (ich bin …).

Aussprache
Hier sind nur einige der Unterschiede zum Deutschen aufgeführt:

g	vor i und y wie j, sonst wie g
gj	wie j
k	wie i und j wie ch in ›ich‹
kj	ch wie in ›ich‹
o	häufig wie ein deutsches u, manchmal aber auch langes oder kurzes o
s	scharfes s wie in ›naß‹
sj, skj	wie sch
sk	vor i und y wie sch
u	wie ü, in seltenen Fällen wie u
v	wie w
y	zwischen ü und i
æ	wie ä (liegt zwischen dem a und e)
ø	wie ö
å	kurzes offenes o wie in ›hoffen‹

æ, ø, å stehen am Ende des norwegischen Alphabets.

Wochentage
mandag
tirsdag
onsdag
torsdag
fredag
lørdag
søndag

Zahlen

1	en	7	sju	13	tretten	19	nitten
2	to	8	åtte	14	fjorten	20	tjue
3	tre	9	ni	15	femten	21	tjueen
4	fire	10	ti	16	seksten	100	hundre
5	fem	11	elleve	17	sytten	200	tohundre
6	seks	12	tolv	18	atten	1000	tusen

Allgemeines

ja	ja
nein	nei
nicht	ikke
danke/tausend Dank	takk/tusen takk
bitte (bittend)	vær så snill å ...
bitte (etwas gebend)	vær så god
Guten Tag!	God [gu] dag!
Guten Morgen!	God morgen! [morn]
Guten Abend!	God kveld!
Gute Nacht!	God natt!
Hallo!	Hei!
Tschüß!	Ha det (bra)!
Entschuldigung!	Unnskyld!
deutsch	tysk
Deutscher	tysker
Deutschland	Tyskland
Norwegen	Norge
norwegisch	norsk
Sprichst du/sprechen Sie Deutsch?	Snakker du/De tysk?
Ich spreche kein Norwegisch	Jeg snakker ikke norsk.
Ich spreche etwas Norwegisch.	Jeg snakker litt norsk.
Ich verstehe nicht.	Jeg forstår ikke.
Ich heiße ...	Jeg heter ...
Wie heißt du/heißen Sie?	Hva heter du/De?
Wo ist ...?	Hvor er ...?
Was kostet das?	Hva koster det?
teuer	dyr
Wieviel Uhr ist es?	Hvor mange/Hva er klokka?
Wann ...?	Når ...?
Um 2, 3, 4 ... Uhr	Klokka 2, 3, 4 ...
heute/gestern/morgen	i dag/i går/i morgen
ein Tag, eine Woche	en dag, ei uke
Sommer	sommer
Winter	vinter

Unterkunft

Übernachtung	overnatting
Hotel	hotell
Zimmer	rom
Campingplatz	campingplass
Fischerhütte, Rorbu	rorbu
Seehaus	sjøhus
Hütte	hytte
Bett	seng
Dusche	dusj
warmes Wasser	varmt vann
Kochplatte	kokeplate
Rechnung	regning
bezahlen	betale

Essen

Frühstück	frokost
Mittagessen (kalt)	lunsj
warme Mahlzeit	middag
Tagesgericht	dagens rett
Buffet	kaldtbord
essen	spise
trinken	drikke
Ich möchte gerne haben …	Jeg vil gjerne ha …
… ein Tasse Kaffee	… en kopp kaffe
– mit Milch	– med melk
– mit Zucker	– med sukker
… eine Tasse Tee	… en kopp te
… ein Glas Milch	… et glass melk
… ein Bier	… en øl
… Saft	… saft
… Mineralwasser	… mineralvann
… Wasser	… vann
Speisekarte	meny
Brot/ein Stück Brot	brød/et stykke brød
Butter	smør
Marmelade	syltetøy
Honig	honning
Käse	ost
Aufschnitt	pålegg
Ei	egg
– gebraten	– stekt
– gekocht	– kokt
Salz	salt

Fisch	fisk
Fleisch	kjøtt
Wurst	pølse
Gemüse	grønnsaker
Kartoffeln	poteter
Wurzeln, Möhren	gulrøtter
Kohl	kål
Tomate	tomat
Gurke	agurk
Obst	frukt
Apfel/Äpfel	eple/epler
Banane	banan
Erdbeere	jordbær
Heidelbeere	blåbær
Himbeere	bringebær
Preiselbeere	tyttebær

Unterwegs

Wo ist …?	hvor er …?
Touristeninformation	turistinformasjon
Post	postkontor
Brief	brev
Briefmarke	frimerke
Telefon	telefon
Tankstelle	bensinstasjon
geschlossen	stengt
geöffnet	åpen
Benzin/Diesel	bensin/diesel
geradeaus	rett fram
nach rechts	til høyre
nach links	til venstre
langsam!	sakte!
fahr langsam	kjør sakte
verboten	forbudt
Parkverbot	parkering forbudt

Auf der Landkarte

Bach	bekk
Tal	dal
Fluß	elv
Berg	fjell
Meer	hav
See	sjø

Wasserfall	foss
Sund, Meerenge	sund
Gipfel	tind, topp
Steinhaufen	varde
Binnensee	vatn
Moor	myr
Bucht	vik, våg
Hof	gård
Fischerdorf	vær
Insel	øy

Fische

Dorsch, Kabeljau	torsk, skrei
Köhler	sei
Lengfisch	lange
Lumbfisch	brosme
Makrele	makrell
Schellfisch	hyse
Hering	sild
Forelle	ørret
Lachs	laks
Garnele	reke

Seevögel

Dreizehenmöwe	krykkje
Papageientaucher	lunde
Trottellumme	lomvi
Krähenscharbe	skarv
Tordalk	alke
Eissturmvogel	havhest
Baßtölpel	havsule

REISEINFORMATIONEN VON A BIS Z

Auskunft in Norwegen

... auf dem Festland
Informationszentrum
im Hauptbahnhof Oslo
tägl. 9–20 Uhr

Norges Informasjonssenter
Brynjulf Bullsplass 1
(gegenüber dem Rathaus)
N-0250 Oslo 2
✆ 22 83 00 50, Fax 22 83 81 50
Mo–Fr 9–16 Uhr, in der Saison erweiterte Öffnungszeiten, Juli–Aug. tägl. 9–20 Uhr

Nordland Reiselivs A/S
Postboks 434, N-8001 Bodø
✆ 75 54 52 00, Fax 75 54 52 10
Internet: www.nordlandreiseliv.no
E-Mail:
nordland@nordlandreiseliv.no

... auf den Inseln
Destination Lofoten
Boks 210, N-8301 Svolvær
✆ 76 07 30 00, Fax 76 07 30 01
E-Mail: tourist@lofotposten.no

Vesterålen Reiselivslag
Boks 243, N-8401 Sortland
✆ 76 12 15 55, Fax 76 12 36 66
Internet: http://www.nordlandreiseliv.no/vesteraalen
E-Mail: vestreg@online.no

Andøy Reiseliv
P. P. Box 58, N-8480 Andenes
✆ 76 11 56 00, Fax 76 11 56 10
Internet: www.whalesafari.no
E-Mail: post@whalesafari.no

Die zahlreichen örtlichen Touristeninformationen sind mit **i** gekennzeichnet. Englisch wird auf alle Fälle gesprochen, in größeren Orte auch deutsch.

Autofahren

Die Verkehrsregeln in Norwegen unterscheiden sich nicht wesentlich von den deutschen. Wie hier besteht Anschnallpflicht. Auf engen Straßen und an Engpässen hat immer das berganfahrende Auto Vorfahrt. Auch tagsüber muß mit Abblendlicht gefahren werden. **Höchstgeschwindigkeiten:** außerhalb geschlossener Ortschaften 90 km/h, für Busse 80 km/h, für Anhängergespanne 70 km/h; in geschlossenen Ortschaften 50 km/h. Eine norwegische Meile entspricht 10 km, auf den Straßenschildern stehen aber Kilometerangaben. Die **Promillegrenze** liegt bei 0,5.
Benzin ist teurer als in Deutschland, Diesel billiger. Es gibt verschiedene Benzinsorten: Wer Benzin bleifrei fährt, muß 95 Oktan tanken, wer Super bleifrei will, tankt 98 Oktan. Norweger können unversteuerten Diesel *(avgiftsfri)* tanken, Touristen ist das verboten. Sie dürfen nur den versteuerten, teureren Dieselstoff tanken. Zuwiderhandlungen werden mit hohen Bußgeldern bestraft.
Pannenhilfe des norwegischen Automobilclubs *(Norges Automobil Forbund – NAF)* wird allen Mitgliedern des *AIT* (und Automobilclubs, die Mitglied in der *Alliance Internationa-*

le de Tourisme sind) geboten. Notruftelefone gibt es an den wichtigsten Hauptverkehrs- und Paßstraßen, im Sommer regelmäßige NAF-Patrouillie entlang dieser Strecken. Mit einem Auslandsschutzbrief werden die Kosten für die Pannenhilfe zu Hause erstattet; wichtig ist allerdings, daß die gerufene Abschleppfirma in Auftrag des NAF tätig wurde.
NAF Notrufzentrale, Oslo
✆ 81 00 05 05, Fax 22 42 88 30

Nichtmitglieder des AIT können sich im Schadensfall wenden an:
Viking Redningstjeneste
✆ 22 08 60 00
Notruf-✆ 80 03 29 00
Falking Redningskorps
✆ 22 95 00 00
Notruf-✆ 80 03 38 80

Diplomatische Vertretungen

Bundesrepublik Deutschland
Oscarsgate 45
N-0258 Oslo
✆ 22 55 20 10, Fax 22 44 76 72

Österreich
Thomas Heftyesgate 19–21
N-0244 Oslo
✆ 22 55 23 48, Fax 22 55 43 61

Schweiz
Bygdøy Allé 78
N-0268 Oslo
✆ 22 43 05 90, Fax 22 44 63 50

Feiertage, Feste, Festivals

Gesetzliche Feiertage: 1. Januar, Gründonnerstag, Karfreitag, Ostermontag, 1. Mai, 17. Mai (Nationalfeiertag), Christi Himmelfahrt, Pfingstmontag, 25./26. Dezember.

Die norwegischen Sommerferien dauern etwa zwei Monate, von Mitte Juni bis Mitte August.

Wichtigstes Datum ist der **23. Juni,** die Mittsommernacht, mit Feuer und festlichen Veranstaltungen in ganz Norwegen, besonders natürlich im Land der Mitternachtssonne.

Sowohl auf den Lofoten als auch auf den Vesterålen finden viele Fischereiwettbewerbe und Dorffeste statt. Die Orte wechseln von Jahr zu Jahr und werden in den Touristenbroschüren bekanntgegeben. Nachfolgend eine grobe Übersicht:

Lofoten
1. Samstag im März Tag des Kabeljaus
Ende März Weltmeisterschaft im Kabeljauangeln in Svolvær
Ende Mai–Anfang Juli Lofot-Abenteuer Sommer: Kulturfestival mit Ausstellungen, Theater, Konzerten, Segelregatten usw.
Ende Mai Lofoten-Marsch *(Lofotmarsjen)* von Ramberg nach Å, in Etappen von 15 oder 35 km
Ende Juni/Anfang Juli Vestfjord-Segelregatta von Bodø über Grotøy nach Svolvær
Juli Wöchentliche Konzerte in der Kirche von Flakstad
2. Julihälfte Digermulen-Festtage mit ›Kaisermarsch‹ (s. S. 216)

Vesterålen
Ende Juni Vesterålen-Festival, abwechselnd in Stokmarknes und Sortland mit Kultur- und Sportveranstaltungen sowie Handelsmesse
Anfang Juli Meeresangelfest in Andenes

Ende Juli Fünftägiges ›Arctic Sea Kayak Race‹, Kajakfestival, Paddelstrecke in verschiedenen Teilen der Vesterålen insgesamt 280 km
Ende Juli ›Sommer-Melbu‹, internationales Kulturfestival in Melbu
Mitte/Ende Juli Fischerfeste und -wettbewerbe in Hovden und Bø
Anfang August Hadsel-Marathon ab Hadsel
Ende Oktober Naturfestival Tysfjord, Programm: Schwertwalsafari, Vorträge und Filme über Tiere, regionale Kultur- und Naturgeschichte, Info-✆ 75 77 32 00, Fax 75 77 32 99

Fotografieren

Filmmaterial ist in Norwegen teuer, daher sollte man sich mit Filmen am besten schon zu Hause eindecken und mit der Entwicklung der Filme bis zur Rückkehr warten. Wer die reiche Vogelwelt, eventuell auch Wale fotografieren möchte, sollte ein gutes Teleobjektiv dabeihaben.

Gesundheit

Die Telefonnummer des nächsten Arztes finden Sie im Telefonbuch auf der zweiten Seite unter *legevakt*, Zahnärzte unter *tannlege* in den Gelben Seiten. Pro Gemeinde praktiziert häufig nur ein Arzt. Ärztlich versorgt wird man auch in der Krankenstation *(helsestasjon)* der Gemeindezentren.
Krankenhäuser *(sykehus/sjukehus)* findet man nur in Gravdal/Vestvågøy und Stokmarknes/Hadseløya.
Apotheken gibt es nur in größeren Orten, Medikamente werden meist nur gegen Rezept ausgegeben.

Internet/E-Mail

Nochmals zusammengefaßt sind hier die wichtigsten Info-Adressen:
Norwegisches Fremdenverkehrsamt
www.norwegeninfo.com
www.visitnorway.com
www.aktiv-urlaub.com
Nordland Reiselivs A/S
www.nordlandreiseliv.no
E-Mail:
nordland@nordlandreiseliv.no
Destination Lofoten
www.lofot-tourist.no
E-Mail: tourist@lofotposten.no
Vesterålen Reiselivslag
www.nordlandreiseliv.no/vesteraalen
E-Mail: vestreg@online.no
Andøy Reiseliv
www.whalesafari.no
E-Mail: post@whalesafari.no
Norsk Hytteferie
www.hytte.com
Norske Vandrerhjem
www.vandrerhjem.no
E-Mail: hostels@online.no

Karten

Zum Wandern sind topographische Karten unerläßlich. Die nautischen Lofotkarten (1:50 000) mit topographischen Angaben sind leider sehr ungünstig aufgeteilt (immer mehr Wasser als Land); auf Austvågøy läßt sich z. B. kaum eine Wanderung mit nur einer Karte unternehmen. Vestvågøy hat den rühmlichen Anfang gemacht, seine vielen topographischen Kartenausschnitte zu einer Überblickskarte zusammenzufassen, auf der sogar einige Wanderpfade eingezeichnet sind, die man auf anderen topographischen Karten nach

Vorlagen (Touristeninformation) selber eintragen muß. Andere Gemeinden planen noch eine die Gemeinde bzw. Insel umfassenden Karte.

Lobenswerte Pionierarbeit hat der *Vesterålen Turlag* geleistet: Er hat die zahlreichen topographischen Wanderkarten über das gesamte Gebiet der Vesterålen und Hinnøya zu einer einzigen Karte zusammengesetzt, auf den Maßstab 1:100 000 verkleinert und in leuchtendem Rot alle Wanderpfade und Hütten eingezeichnet (Adresse s. S. 239).

Medien

Deutsche **Zeitungen** gelangen mit etwa drei Tagen Verspätung auf die Lofoten/Vesterålen und sind nur in wenigen großen Orten erhältlich. In vielen Übernachtungsbetrieben gibt es **Fernsehzimmer**. Die Nachrichten beginnen um 19.30 Uhr; die auch ohne Sprachkenntnisse leicht verständliche Wetterkarte erscheint kurz vor 20 Uhr. Spielfilme werden in Originalsprache mit norwegischen Untertiteln gesendet. Mit etwas Glück kann man englische oder deutsche Filme im Programm finden.

Es gibt einige **Touristen-Radioprogramme** in verschiedenen Sprachen. Information in den Fremdenverkehrsämtern.

Museen

Im Routenverlauf wurde bereits auf Museen sowie Galerien heimischer Maler hingewiesen. Nachfolgend sind alphabetisch nach Orten jene Museen aufgeführt, die besonders eindrucksvoll Geschichte und Leben auf den Inseln vermitteln.

Lofoten

Å Norwegisches Fischereidorfmuseum *(Norsk Fiskeværmuseum)*
20.6.–20.8. tägl. 10–18, Rest des Jahres Mo–Fr 10–15.30 Uhr, S. 146f.
Lofoten Trockenfischmuseum *(Tørrfiskmuseum)*
Juni Mo–Fr 11–16, ca. 20. 6.–ca. 20.8. tägl. 11–17 Uhr, S. 147

Borge Lofotr Wikingermuseum
Ende Mai–Anfang Sept.. tägl. 10–19 Uhr, S. 102

Fygle Vestvågøy-Museum
Juni–Aug. Mo–Fr 11–16 Uhr

Sakrisøy Dagmars Puppenmuseum *(Dukkemuseum)*
Juni–Aug. tägl. 10–20, Vor- und Nachsaison Sa/So 12–17 Uhr, S. 139

Svolvær Kriegserinnerungsmuseum Lofoten
100 m vom Hurtigruten-Anleger, Mitte Juni–Mitte Aug. tägl. 11–16 und 18–22 Uhr; Dokumentation der Rolle der Lofoten im 2. Weltkrieg, S. 80

Storvågan Lofot-Museum
15.6.–15.8. tägl. 9–21 Uhr, Vor- und Nebensaison 16.5.–14.6./16.8.–31.8. tägl. 9–18 Uhr, im Rest des Jahres Mo–Fr 9–15 Uhr, S. 92

Sund Fischereimuseum und Schmiede
Juni–Mitte Aug. tägl. 10–19, Vor- und Nachsaison tägl. 10–17 (18) Uhr, S. 134ff.

Vesterålen

Alsvåg Øksnes Heimatmuseum *(Bygdemuseum)*
im Sommer Mo–Fr 10–17, Sa/So 12–17 Uhr, S. 191

Andenes Polar- und Fischereimuseum

Mitte Juni–Ende Aug. tägl. 10–18 Uhr, S. 204
HISNAKUL-Naturzentrum
Mitte Juni–Mitte/Ende Aug. tägl. 12–18, Vor- und Nachsaison 13–16 Uhr, S. 207
Walzentrum
geöffnet Ende Mai–Mitte Sept., Mitte Juni–Mitte Aug. tägl. 8–20, Vor- und Nachsaison 8–16 Uhr, S. 204f.
Melbu Vesterålen-Museum
Mitte Juni–Mitte Aug. tägl. 10–17, Rest des Jahres Mo–Fr 9–15 Uhr, S. 197
Norwegisches Fischereiindustriemuseum
Mitte Juni–Mitte Aug. tägl. 11–17, Rest des Jahres Mo–Fr 10–14 Uhr, S. 197
Sortland Jennestadt Handelsplatz
8 km nördlich von Sortland, Di–Fr 11–17, Sa/So 12–17 Uhr, S. 179
Stokmarknes Hurtigruten-Museum
Mitte Juni–Mitte Aug. tägl. 10–17, Rest des Jahres Mo–Fr 9–15 Uhr, Diashow, S. 193
Vinjesjøen Bø Heimatmuseum *(Bygdemuseum)*
Mitte Juni–Mitte Aug. Mo, Fr 10–15, Di–Do 10–18, Sa 12–15, So 15–18 Uhr, S. 184

Notruf

Feuerwehr 1 10
Krankenwagen 1 13
Polizei 1 12

Auf den Lofoten/Vesterålen gibt es nur zwei Krankenhäuser:
in Gravdal auf Vestvågøy,
✆ 76 08 00 00
und in Stokmarknes auf Hadseløya,
✆ 76 11 70 00

Öffnungszeiten

Es gibt kein einheitliches Ladenschlußgesetz in Norwegen.
Geschäfte haben normalerweise von 9–17 Uhr geöffnet, Do bis 18 Uhr, in den größeren Orten ist oft 10–18/20 Uhr üblich. Am Sonnabend schließen die Läden unterschiedlich um 13, 14 bzw. 18 Uhr, Kioske und große Tankstellen, die teilweise wie kleine Supermärkte ausgestattet sind, haben oft bis 22 Uhr oder sogar rund um die Uhr geöffnet.
Banken in den größeren Orten sind im Sommer Mo–Fr zwischen 8 und 16.30/17 Uhr geöffnet.

In kleinen Ortschaften sind die Öffnungszeiten vor allen in der Ferienzeit kürzer, die Zeiten variieren von Ort zu Ort.

Post

Postämter haben in der Regel von 8/8.30–16/17 Uhr geöffnet. Das gilt auf den Lofoten jedoch nur für die größeren Orte. Die Postämter der kleinen Dörfer haben kürzere, sehr unregelmäßige Öffnungszeiten.

Postlagernde Briefe empfängt man am besten: poste restante, N-8301 Svolvær oder N-8401 Sortland.

Für das Telefonieren ist das Telegrafenamt zuständig, s. u.

Telefonieren

Telefonieren kann man in den öffentlichen Telefonzellen oder in den Telegrafenämtern (nicht in der Post). In jeder Telefonzelle hängt eine gut verständliche Gebrauchsanleitung in deutscher Sprache. Telefonkarten sind in Narvesen- und MIX-Kiosken sowie in Postämtern erhältlich.

Es gibt keine Ortsvorwahl.

Vorwahlen aus Norwegen
nach Deutschland – 00 49
nach Österreich – 00 43
in die Schweiz – 00 41
Vorwahl nach Norwegen
für Deutschland, Österreich und die Schweiz – 00 47

Toiletten-Entsorgung

Für jene, die mit dem Wohnmobil unterwegs sind, werden die Entleerungsstationen für Toiletten sicherlich ›entlastend‹ sein.
Lofoten Auf Vestvågøy: Esso Leknes, an der E 10. Auf Moskenesøy: Fredvang Strand og Skjærgårdscamping, an der E 10, Moskenes Fiskeindustris Bobilcamp, E 10.
Vesterålen Auf Andøy: Andenes Camping, Str. 82. Auf Langøya: Sortland, Havna Service Esso an der E 10; Esso Myre an der Str. 821.

Verhalten in der Natur

In Norwegen gilt das ungeschriebene Jedermannsrecht *(allemannsretten)*, das allen erlaubt, sich überall in der Natur aufzuhalten, eigentlich auch, sein Zelt in einer Entfernung von mindestens 150 m zum nächsten bewohnten Haus aufschlagen zu dürfen. Der touristische Massenandrang sowie das rücksichtslose, umweltfeindliche Verhalten einiger Camper haben in den letzten Jahren jedoch zu Einschränkungen dieses Jedermannsrechts geführt. Die Zeiten sind somit vorbei, in denen man sein Zelt beliebig in freier Wildbahn aufschlagen konnte.

Zelte, Wohnwagen und -mobile gehören auf die durchweg schön gelegenen Campingplätze. Offenes Feuer ist in der Zeit vom 15. 4.–15. 9. verboten.

An Fluß- und Seeufern sowie auf Holmen und Inseln brüten viele Vögel, in den Schären leben Robben. Schrecken Sie diese Tiere nicht auf! Beim Besichtigen der Vogelfelsen sollte man sich genau an die Vorschriften und Gebote halten und respektieren, daß viele der Vogelinseln während der Nistzeit nicht zugänglich sind. Alle Touristen tragen die Mitverantwortung dafür, daß die Zahl der Vogelkolonien nicht immer noch weiter zurückgeht.

Zeit

In Norwegen gilt die mitteleuropäische Zeit. Die Sommerzeit, in der die Uhren um eine Stunde vorgestellt werden, dauert von Ende März–Ende September.

Das Angenehme am nordländischen Sommer aber ist, daß einem die Uhrzeit egal sein kann, weil es 24 Stunden am Tag nicht dunkel wird. Um Mitternacht kann man von einem Fischerboot aus auf dem Meer angeln, über einen weißen Sandstrand galoppieren oder auf dem Gipfel eines Berges sitzen. Die Sonne scheint immer, und wenn nicht, wird es zumindest nicht dunkel. Aber Achtung! Wegen der Sommerzeit steht die Mitternachtssonne erst um 1 Uhr am Himmel.

LESETIPS

Bojer, Johan: Die Lofotfischer, München o. J. (vergriffen, nur in Bibliotheken erhältlich)

Gläßer, E.: Norwegen, Natur- und Kulturlandschaften vom Skagerak bis nach Finnmark (DuMont Kunst-Reiseführer), Köln

Gjærevoll O., Jørgensen: Gebirgsblumen in Skandinavien, Trondheim 1979 (auch in deutscher Sprache in norwegischen Buchläden erhältlich)

Hamsun, Knut: Benoni, Die Landstreicher, August Weltumsegler, Nach Jahr und Tag (Übersetzung von J. Sandmeier und S. Angermann), in: K. H. Sämtliche Romane und Erzählungen, Bd. 2 und 4, München 1977

Heinzel, H., Fitter, R., Parslow, J.: Pareys Vogelbuch, Berlin/Hamburg 1988 (Ein Vogelbuch sollte man unbedingt dabei haben)

Lofotboka, Værøy, jährlich erscheinendes Lofotenjahrbuch zu verschiedenen Themen (in norwegischer Sprache)

Möbius, Michael/Ster, Annette: Nord-Skandinavien (DuMont, Richtig Reisen), Köln

Möbius, Michael/Ster, Annette: Norwegen (DuMont, Richtig Reisen), Köln

Wassmo, Herbjørg: Das Haus mit der blinden Glasveranda (München 1984), Der stumme Raum (1985), Gefühlloser Himmel (1987)

VERZEICHNIS DER KARTEN & PLÄNE

ABBILDUNGS- & QUELLENNACHWEIS

Abbildungsnachweis

Archiv für Kunst und Geschichte, Berlin S. 63
Claudia Banck, Schwerin S. 42, 60, 71, 97, 98, 112, 117, 163, 166/167, 174/175, 190 (2), 196/197
Trym Ivar Bergsmo, N-Stokmarknes S. 32/33, 159
Fridmar Damm, Köln S. 118, 162
Hvalsafari AS, N-Andenes S. 34 (Hanne Strager)
Gerold Jung, Ottobrunn S. 20, 68, 82/83, 85, 170/171 o.
Lofoten Tourist Enterprise AS, N-Sørvågen S. 134
Karl-Heinz Möbius, Hagen Umschlaginnenklappe hinten, S. 1
Museum für Kunst und Kulturgeschichte der Hansestadt Lübeck S. 51 (Herbert Jäger)
Nordis picture pool, Essen S. 16 (Rosing), 30 (Storvik), 126/127 (Hermansen), 155 (Jensås)
Nordnorsk Kunstner Sentrum, N-Svolvær S. 66
Okapia, Frankfurt/Main S. 206 (Gohier)
Alf Oxem, N-Sortland S. 21, 55, 61, 170 u. li., 178/179, 180, 187, 188, 212
PhotoPress, Taufkirchen S. 27 (Fuhrmann)
Annette Ster, N-Kabelvåg Titelbild, Umschlaginnenklappe vorne, Umschlagrückseite (3), S. 2/3, 125, 128, 140, 142, 156, 160/161, 198
Kjell Ove Storvik, N-Kabelvåg S. 33, 38/39, 44/45, 74/75, 78/79, 89, 90, 96, 103, 106, 115, 145, 146, 170/171 u. Mitte, re., 209
Helge Sunde, N-Bergen S. 10/11, 18/19, 43, 80, 129, 138/139, 150/151, 184/185, 191, 213
Andreas Werth, Celle S. 1, 94/95, 105, 110, 136

Karten und Pläne: DuMont Buchverlag, Köln

Quellennachweis

S. 9 aus: Bjørnstjerne Bjørnson, Småstykker – En ny feriereise, S. 233, in Bjørnstjerne Bjørnson Samlede Værker, Bind II, Guldendalske Boghandel, MDCCCCXIIII, übersetzt vom Norsk Språksenter AS, Tromsø
S. 64 aus: Knut Hamsun, Die Landstreicher, Paul List Verlag, München
S. 65 aus: Herbjørg Wassmo, Das Haus mit der blinden Glasveranda, dtsch. Übersetzung von Ingrid Sack, © 1984 Droemer Knaur Verlag, München
S. 68, 69 aus: Johan Bojer, Die Lofotfischer, Biedersteinverlag, München
S. 149 aus: Edgar Allan Poe, Das gesamte Werk in 10 Bänden, Bd. 4, Pawlak Verlag, Herrsching, © Hans Wollschläger, Bamberg

Wir danken den genannten Verlagen bzw. Copyright-Inhabern für die Abdruckgenehmigung.

REGISTER

Während im Norwegischen die Buchstaben æ, ø und å am Ende des Alphabets stehen, werden sie hier – dem deutschen Sprachgebrauch entsprechend – in das Alphabet eingereiht, und zwar wurde æ wie ä, ø wie ö und å wie a behandelt.

Personen- und Sachregister

Ortsregister

Danksagung

Herzlich danken für ihre Hilfe bei der Materialsammlung möchte ich Janne Aftret und Erwin Fulterer (Vesterålen Reiselivslag, Sortland), Marit Lund Horseide (Kulturkontor, Ramberg), Ottar Schiøtz (Lofoten Tourist Enterprises, Sørvågen), Bernd Disselmann (Lofoten Turlag, Leknes), Willy Vestå (Vesterålen Turlag, Sortland), Kjell Ove Storvik (Kabelvåg) und Kjell Breivik (Kgl. Norwegisches Generalkonsulat, Hamburg). Für Lektorat und Mitarbeit danke ich Margarete Graf (DuMont Buchverlag, Köln), Karl-Heinz Bornmüller (Bargteheide) und Berndt Doeckel (Hamburg).

Mein herzlicher Dank gilt unseren norwegischen Freunden Bente Willassen, Svein Grønbech (Fygle) und Bente Benjaminsen (Sortland).

Nicht zuletzt aber möchte ich mich bei meinen Reisegefährten für ihre Unterstützung und Geduld bedanken: Michael Stolle (Hamburg), meinen Eltern Irmtraud und Günther Banck (Groß Boden) sowie meiner Tochter Marie-Helen (Schwerin).

Bitte schreiben Sie uns, wenn sich etwas geändert hat!
Alle in diesem Buch enthaltenen Angaben wurden von der Autorin nach bestem Wissen erstellt und von ihr und dem Verlag mit größtmöglicher Sorgfalt überprüft. Gleichwohl sind – wie wir im Sinne des Produkthaftungsrechts betonen müssen – inhaltliche Fehler nicht vollständig auszuschließen. Daher erfolgen die Angaben ohne jegliche Verpflichtung oder Garantie des Verlages oder der Autorin. Beide übernehmen keinerlei Verantwortung und Haftung für etwaige inhaltliche Unstimmigkeiten. Wir bitten dafür um Verständnis und werden Korrekturhinweise gerne aufgreifen:

DuMont Buchverlag, Postfach 10 10 45, 50450 Köln
E-Mail: reise@dumontverlag.de

DUMONT
Richtig-Reisen

»Den äußerst attraktiven Mittelweg zwischen kunsthistorisch orientiertem Sightseeing und touristischem Freilauf geht die inzwischen sehr umfangreich gewordene, blendend bebilderte Reihe ›Richtig Reisen‹. Die Bücher haben fast schon Bildbandqualität, sind nicht nur zum Nachschlagen, sondern auch zum Durchlesen konzipiert. Meist vorbildlich der Versuch, auch jenseits der ›Drei-Sterne-Attraktionen‹ auf versteckte Sehenswürdigkeiten hinzuweisen, die zum eigenständigen Entdecken abseits der ausgetrampelten Touristenpfade anregen.«

Abendzeitung, München

»Die Richtig Reisen-Bände gehören zur Grundausstattung für alle Entdeckungsreisenden.«

Ruhr-Nachrichten

»Zum einen bieten die Bände der Reihe ›Richtig Reisen‹. dem Leser eine vorzügliche Einstimmung, zum anderen eignen sie sich in hohem Maß als Wegweiser, die den Touristen auf der Reise selbst begleiten.«

Neue Zürcher Zeitung

Weitere Informationen über die Titel der Reihe DUMONT Richtig Reisen erhalten Sie bei Ihrem Buchhändler oder beim DUMONT Buchverlag • Postfach 10 10 45 • 50450 Köln
http://www.dumontverlag.de